KB145377

유니티 게임 오디오 개발

유니티 게임 오디오 개발

게임 오디오의 기본 개념부터
오디오 및 이펙트 개발까지

마이클 랜햄 지음
문기영 옮김

Packt> 에이콘

모든 음악을 사랑하고 진정으로 느끼는 법을 알려주신 아버지, 레슬리에게

| 지은이 소개 |

마이클 랜햄^{Micheal Lanham}

페트로웹^{petroWEB} 사에서 근무하는 솔루션 아키텍트^{solutions architect}로서, 현재 캐나다 앨버타주에 위치한 캘거리에 거주하며 고차원의 공간 검색 능력을 가진 통합 GIS^{geospatial information system} 프로그램을 개발 중이다. 15년 이상 PC 게임과 모바일 게임을 개발해온 전문적인 게임 개발자로 2007년에 유니티 3D와 손잡으며 개발자, 컨설턴트, 그리고 다양한 유니티 게임 및 그래픽 프로젝트의 관리자로 활동했다.

저서로는 『움직이는 증강 현실 게임 개발』(에이콘, 2018)이 있다.

저술하는 데 있어 지지와 협조를 보내준 팩트출판사 팀에게 진심으로 감사한다. 헌신적인 전문가들과 함께하는 즐거운 작업이었다. 특히 레쉬마 라만, 제이슨 페레이라에게 감사를 전한다. 편집장인 레쉬마는 내가 이 책에 대해 가졌던 비전을 이해하고 양해해주었으며, 콘텐츠 개발 편집자인 제이슨과는 함께 작업할 수 있어서 만족스러웠고, 필요한 시기에 많은 협조를 해줬다. 물론 어떤 책이든 검수자들의 헌신과 노고 없이는 초고를 뛰어넘기가 어렵다. 그러므로 작업에 참여한 모든 검수자의 헌신과 노고에 깊은 감사를 전한다.

가족과 친구의 지원 없이 책을 쓰기란 거의 불가능할지도 모른다. 그런 점에서 아바는 테스터와 아이디어 제공자로서 도움을 주었고, 여러 권의 책을 집필하는 동안 없어서는 안 될 자산이 됐다. 그리고 론다가 해줬던 지원들, 예를 들어 초기에 그려준 다이어그램, 음악에 대한 소견, 그리고 초고에 대한 검토가 없었다면, 이 책의 완성은 불가능했을 것이다. 책의 집필 과정은 즐거웠고 위에서 언급한 모든 이들의 노고로 완성될 수 있었음을 다시 한번 말씀드리고자 한다.

| 기술 감수자 소개 |

프란세스코 사피오 Francesco Sapio

이탈리아의 로마에 위치한 사피엔자 대학교에서 컴퓨터과학과 제어공학을 전공해 최우등으로 조기 졸업했다. 현재는 동 대학교에서 인공지능과 로봇공학에 대한 석사학위를 준비 중이다.

유니티 3D Unity 3D 와 언리얼 Unreal 엔진의 전문가이자 노련한 게임 디자이너이며, 메이저 그래픽 프로그램을 사용하는 경험 많은 개발자다. 로마의 사피엔자 대학교에서 '헤아 2: 새로운 지구 Gea 2: A New Earth'를 개발했는데, 이것은 고등학생들에게 물리학의 개념을 알려주는 교육용 게임이었고 데이터웨어 게임스 Dataware Games 사에서 개발한 '스티커 북 Sticker Book' 시리즈는 어린이용 게임의 크로스 플랫폼 시리즈였다. 컨설턴트로서 참여했던 대표적인 예는 엔터테인먼트 게임 앱스 Entertainment Game Apps 사에서 킥스타터 Kickstarter 사의 지원을 받아 제작된 게임 'Prosperity-Italy 1434'와 사피엔자 대학교에서 개발한 온라인 협력 아이디어화 시스템인 'Innovoice'가 있다. 그리고 다양한 연구 프로젝트에 참여했는데, 사피엔자 대학교에서 개발한 'Belief-Driven-Pathfinding'은 비디오 게임상의 경로 추적에 쓰이는 새로운 기술로서 2016년에 DiGRA-FDG 컨퍼런스에서 발표됐고, 왕립 멜버른 기술대학교에서 참여했던 아니마 프로젝트 Project Anima 에서 게임용 추천 시스템을 개발했다.

팩트출판사를 통해 여러 권의 책을 출간하기도 했는데, 게임 개발을 주제로 왕성하게 집필하는 작가다. 최근의 저서 『유니티 2D 디펜스 게임은 이렇게 만든다』(에이콘, 2018)는 게임 개발의 놀라운 여정으로 여러분을 이끈다. 성공한 저서인 『Unity UI Cookbook』 (Packt, 2015)은 번역되어 해외로 출간됐고, 독자들에게 유니티로 구현하는 게임의 유저

인터페이스를 재미있고 실용적으로 만드는 방법을 제시하고 있다. 간략한 전자 가이드북으로는 『What do you need to know about Unity』가 있고, 공동 집필한 저서로 『Unity 5.x 2D Game Development Blueprints』(Packt, 2016)가 있다. 검수한 책으로 팩트출판사에서 출간한 『Game Development Patterns and Best Practices』(2017) , 『Game Physics Cookbook』(2017) , 『Mastering Unity 5.x』(2017), 에이콘출판사에서 출간한 『Unity 5.x by Example』(2016), 『유니티3D 게임 스크립트』(2015)가 있다.

또한 음악가이자 작곡가로 단편 영화와 비디오 게임의 사운드 트랙을 만들기도 했다. 몇 년 동안 배우 겸 댄서로 활동했으며, 로마 브란카치오 극장의 귀빈이기도 하다. 게다가 로마에 있는 Associazione Culturale Torraccia에서 어린이를 위한 엔터테이너로 자원봉사도 한다.

마지막으로 그는 수학, 철학, 논리학, 퍼즐 풀이를 좋아하지만, 그 무엇보다도 비디오 게임 개발을 사랑하는 사람이다. 게임 디자인과 프로그래밍에 대한 그의 열정에 감사를 표한다.

감수자의 정보는 www.francescosapio.com에서 확인할 수 있다.

| 감사의 글 |

먼저 부모님이 보내주신 무한한 인내와 열의, 그리고 지지에 감사드린다. 가족들 모두에게 감사하며, 특히 나에게 라틴어로 '더 높은 곳을 향하여' 또는 '역경을 넘어 별까지'라는 명언을 해주시며 더 나은 삶을 살도록 격려해주신 조부모님께 감사드린다. 마지막으로 사랑하는 모든 지인에게 감사를 전하며, 특히 나의 사랑하는 사람에게 이 말을 전하고 싶다. "당신의 도움에 진심으로 감사하며, 사랑합니다."

| 옮긴이 소개 |

문기영(progc@naver.com)

1999년부터 게임 산업에서 일을 시작했으며, 나모인터랙티브에서 프리랜서로 모바일 게임을 개발했다. 소노브이에서 테크니컬 프로그래머로 일하며 인공지능 시스템, 망토 물리 시뮬레이션, 텍스처 셰이딩 시스템을 개발했다. 이후 EA 캐나다로 이직한 후, AI 프로그래머로서 Xbox 360, PS3용 게임들을 개발하고 Practice Mode, CPU AI, Referee Rule System을 만들었으며, 애니메이션 프로그래머로서 User celebration을 개발했다.

EA 캐나다를 그만둔 후에는 한국으로 돌아와 해머 게임 스튜디오를 창업해 아이폰 게임 〈Attack of the Pig〉를 개발했으며, 3대 플랫폼인 PC, 아이폰, 안드로이드를 모두 지원하는 자체 엔진 DeadEngine을 제작했다. 이후 〈팔라독〉을 개발한 페이즈캣에서 테크니컬 디렉터로 일했으며 캡콤코리아, EA 코리아를 거쳐 현재는 엔드림에서 근무하고 있다.

저서로는 고등학교 3학년 때 저술한 『비주얼 베이직 6 게임 만들기』(피씨북, 2000)를 비롯해 『게임 개발 테크닉』(정보문화사, 2002), 『게임 프로그래밍으로 배우는 C#』, 『유니티 2D 모바일 게임 개발』(에이콘, 2014), 『아이들과 함께하는 코딩 놀이』(에이콘, 2018)가 있으며, 번역서로는 에이콘출판사에서 출간한 『언리얼 게임 엔진 UDK 3』(2012), 『언리얼 UDK 게임 개발』(2014), 『유니티 2D 플랫포머 게임 개발』(2015), 『언리얼 엔진 4 블루프린트 비주얼 스크립팅』(2016)이 있다.

흔히 말하는 AAA 타이틀 게임은 그래픽 품질과 게임성뿐만 아니라 사운드 품질도 좋아야 합니다. 하지만 개발 일정에서 마지막 단계로 미뤄지는 경우가 대부분이었고 촉박한 일정 속에서 개발된 사운드의 품질이 좋을 리 없었습니다. 10여 년 전에는 게임에서 사용하는 사운드라고 해봐야 단순히 특정 사운드를 조건에 따라 재생하는 것이 다였지만, 이제는 시대가 많이 변했습니다.

이 책은 유니티 엔진을 사용하는 모든 사운드 디자이너와 프로그래머를 위한 책입니다. 기초적인 음악 및 작곡, 오디오 믹서, FMOD 및 리퍼 툴 사용법, 캐릭터 립싱크를 구현하는 방법, 오디오의 시각화, 어댑티브 오디오를 적용하는 방법, 마지막으로 유니티에서 제공하는 프로파일러를 통한 성능 측정 및 해결 방법을 다루고 있습니다.

책을 번역하는 동안 제가 EA 캐나다에서 근무할 당시의 기억이 많이 떠올랐습니다. 당시에 오디오 프로그래밍 팀이 따로 존재했고, 많은 기술적 투자가 이뤄져 있었습니다. 믿겨지지 않겠지만 〈피파〉라는 게임에는 관중의 반응 소리를 위해 신경망을 도입했고 이러한 예들은 어댑티브 오디오를 적용한 좋은 사례라고 볼 수 있습니다.

AAA 타이틀 수준의 사운드를 구현하려면 굉장히 많은 부분에 대한 투자가 필요합니다. 시간이 많이 지났음에도 불구하고 여전히 국내에는 오디오 프로그래밍의 중요도가 상당히 낮다고 느끼고 있으며, 아직도 개선이 필요한 부분이 많다고 생각합니다. 이 책에서 다루는 내용이 국내의 사운드 디자이너, 오디오 프로그래밍을 하는 분들에게 도움이 되었으면 합니다.

끝으로, 회사에서 일도 해야 하고, 번역도 해야 하고, 아이들과 놀아줘야 했는데 시간이 지나 뒤돌아 보니 무엇 하나 제대로 한 게 없는 것 같다는 느낌이 듭니다. 무사히 번역이 마무리될 수 있었던 것은 주변 모든 분들께서 도와주신 덕분이라 생각합니다. 사랑하는 가족, 에이콘출판사 임직원 여러분, 편집자분께서 많이 고생하셨습니다. 이 자리를 빌려 감사하다는 말씀을 드리고 싶습니다.

감사합니다.

문기영 드림

| 차례 |

게임의 재미와 플레이 가능성을 높여주는 신기한 사운드 이펙트부터 게임과 씬 전반에 음산한 분위기를 주는 음악까지, 어떤 게임이든 오디오는 필수적이다. 하지만 신규 개발자나 인디 개발자가 게임을 개발하는 데 있어 가장 간과하기 쉬운 부분 중 하나이기도 하다. 대신에 그래픽이나 그 밖의 시각 효과에 어마어마한 공을 들이지만, 제작의 후기 단계에 이르기까지 오디오 부분은 연기한다. 그들이 이렇게 하는 이유는 좋은 음악이 좋은 게임을 만드는 데 필수 요소라는 건 알지만 AAA급 게임의 오디오 품질을 갖는 것이 무리라고 생각하기 때문이다. 물론 이것은 사실과는 거리가 멀다고 할 수 있는데, 특히 품질 좋은 오디오 시스템은 유니티와 다양한 상업적 플러그인과 툴을 이용해 제작이 가능하기 때문이다.

이 책에서는 유니티와 다양한 상업적인 툴과 플러그인에 내장되어 있는 광범위한 오디오 프레임워크에 대해 소개하려고 한다. 오디오 개발 툴을 사용하는 데는 사운드와 믹싱, 음악에 대해 어느 정도의 지식이 필요하다. 책의 내용을 따라가다 보면 오디오 개발의 필수 요소들, 오디오 소스 실행의 기본부터 공간 사운드, 믹싱, 이펙트, 그리고 다이내믹한 어댑티브 오디오 시스템까지 마스터할 수 있을 것이다. 그리고 게임 오디오로 쓰이는 FMOD 스튜디오나 작곡하는 데 쓰이는 리퍼^{Reaper} 처럼 전문적인 지식도 배우게 될 것이다. 유니티와 오디오에 대한 사전 지식 없이도 이 책을 통해 충분히 새롭고 흥미로운 콘텐츠를 접하게 될 것이고, 고급 개발자에게도 역시 유용할 것이다.

▌ 이 책의 구성

이 책은 유니티로 게임 오디오 개발을 시작하기 위한 기본 요소들부터, 고급 상용 툴을 이용해 전문적인 게임 오디오를 사용하고 작곡하는 방법까지 다루고 있다. 각 장은 이전 장의 내용을 기반으로 쓰였기 때문에 순차적으로 읽기를 권한다. 각 장을 요약해보면 다음과 같다.

1장, '유니티로 구현하는 게임 오디오 소개' 유니티를 소개하고, 오디오 애셋 가져오기, 오디오 소스 기본 요소, 입체 음향 설정 등 첫 프로젝트와 소프트웨어 설치에 대해 알려준다.

2장, '오디오 스크립트' 유니티에서 스크립트 기본 요소와 간단한 음악 키보드를 만들어본다. 이어서 무기 스크립팅, 사운드 이펙트, 물리, 환경 사운드와 음악 구현에 대해 알아본다.

3장, '오디오 믹서 소개' 오디오 믹서의 기본 요소인 오디오와 이펙트의 믹싱을 소개하고, 나아가 믹서 신호 라우팅과 덕 볼륨 이펙트 ^{Duck Volume effect}에 대한 내용을 다룬다.

4장, '고급 오디오 믹싱' 믹서의 파라미터 스크립팅, 스냅샷, 스냅샷 트랜지션, 오디오 트랜지션 존 개발 같은 오디오 믹서의 고급 기능을 살펴본다.

5장, '어댑티브 오디오를 위한 오디오 믹서의 사용' 어댑티브 오디오를 소개하고 어댑티브 음악을 믹싱하는 기술을 다룬다. 그 외에, 사운드와 음악에 어댑티브 오디오를 구현하는 방법도 알아본다.

6장, 'FMOD 소개' FMOD 스튜디오의 설치에서부터 유니티 오디오 믹서와 FMOD의 유사점 및 차이점을 다룬다.

7장, '다이내믹하고 어댑티브한 오디오를 위한 FMOD' 이전에 다뤘던 예시들을 기반으로 FMOD를 사용하기 위해 필요한 변환 및 적용 방법에 대해 알아본다. 이 장에서는 FMOD 스튜디오를 다루기 위한 다양한 고급 기법들을 알아볼 것이다.

8장, '게임 오디오 시각화' FFT 윈도잉이라는 수학적인 기술을 사용해 사운드가 어떻게 주파수로 분석되는지에 대한 배경지식을 배운다. 이러한 기술은 아주 멋진 오디오 비주얼

댄싱 라이트와 그래픽을 만드는 데 사용된다.

9장, '캐릭터 립싱크와 보컬' 이전의 예제를 기반으로 하여 실시간으로 캐릭터 립싱크 데모를 만드는 방법을 알려준다. 캐릭터의 뼈와 버텍스 애니메이션, 음소를 가진 립싱크 애니메이션, 유니티로 녹음하기를 다룬다.

10장, '작곡' 몇 가지 단순한 음악 이론을 사용해 리퍼^{Reaper}로 작곡하는 데 필요한 기본 사항들을 소개한다. 리퍼의 설치, 미디^{MIDI}, 가상 악기, 오디오 렌더링과 레코딩을 다룬다.

11장, '오디오 퍼포먼스와 문제 해결' 유니티와 FMOD를 사용한 오디오 퍼포먼스의 배경지식을 알려준다. 퍼포먼스의 분석에서부터 퍼포먼스 이슈의 최적화와 문제 해결에 관한 팁과 트릭을 다룬다.

▍ 준비 사항

이 책을 완벽하게 이해하려면, 기본 지식을 배우고 게임 오디오 개발을 마스터하려는 열정이 필요하다. 이전의 게임과 오디오 개발 지식은 필요하지 않다. C#, 자바스크립트, C++ 같은 C 언어로 스크립팅하는 방법을 알면 도움은 되겠지만, 필수 요소는 아니다. 악기를 연주할 수 있거나 음악 이론을 이해하는 것도 책의 내용을 좀 더 쉽게 이해하도록 도울 수는 있겠지만, 꼭 필요한 부분은 아니다. 하지만 책에 실린 예제들을 따라 해보려면 윈도우 XP+, 맥 OS, 또는 리눅스가 설치된 PC나 노트북이 필요하다.

▍ 이 책의 대상 독자

이 책은 게임에 더 나은 사운드를 만드는 법을 배우고 싶거나, 게임상의 오디오 작동에 관해 더 알고 싶은 사람들을 대상으로 한다. 개별적인 개발자나 인디 개발 팀에 맞는 책이기도 하지만, 사운드 디자이너나 오디오 애호가에게도 좋은 책이 될 것이다.

▌ 편집 규약

이 책에서는 정보의 유형에 따라서 텍스트의 스타일이 바뀐다. 각 스타일은 다음과 같은 의미를 지닌다.

문장 속에서 코드는 다음과 같이 표기한다.

"위 코드는 audioSource 오브젝트와 transpose라 부르는 정수형 변수를 저장한다."

코드 블록은 다음과 같이 표기한다.

```
if (note >= 0 && audioSource != null)
{ // 키가 눌리면
    audioSource.pitch = Mathf.Pow(2, (note+transpose) / 12.0f);
    audioSource.Play();
}
```

코드의 특정 부분을 강조할 때는 굵은 글씨체로 표현한다.

```
public int transpose = 0;
private List<int> notes = new List<int>();
private int index = 0;
public bool record;
public bool playback;
```

메뉴나 대화상자처럼 컴퓨터 화면에 표시되는 단어는 다음과 같이 고딕체로 표기한다.

"**Keyboard** 컴포넌트에서 **Record** 설정 옆에 있는 체크박스를 클릭한다. **Game** 뷰에서 마우스를 클릭해 가상 악기를 연주하는 키를 입력해본다."

 주의를 요하거나 중요한 메시지는 이와 같이 나타낸다.

독자 의견

독자 여러분의 의견은 언제든지 환영한다. 이 책을 어떻게 생각하는지 부담 없이 이야기 해준다면 좋겠다. 더 유익한 책을 만드는 데 있어 독자의 의견은 무엇보다 중요하다.

일반적인 의견은 이 책의 제목을 메일 제목으로 해서 feedback@packtpub.com으로 보내면 된다.

특정 분야의 책을 쓰거나 기여하는 데 관심이 있다면 www.packtpub.com/authors에 있는 저자 가이드를 참조하기 바란다.

고객 지원

팩트출판사의 구매자가 된 독자에게 도움이 되는 몇 가지를 제공하고자 한다.

예제 코드 다운로드

http://www.packtpub.com에 회원 가입해 팩트출판사의 도서를 구매한 모든 독자는 책에 등장하는 예제 코드 파일을 직접 내려받을 수 있다. 다른 곳에서 도서를 구매한 독자는 http://www.packtpub.com/support에 접속해 등록하면 이메일로 직접 받아볼 수 있다.

에이콘출판사의 도서정보 페이지 http://www.acornpub.co.kr/book/unity-game-audio에서도 예제 코드를 내려받을 수 있다.

이 책에 수록된 코드는 깃허브에도 올려져 있고, 주소는 https://github.com/PacktPublishing/Game-Audio-Development-with-Unity-5X이다. https://github.com/PacktPublishing/에는 다른 책의 코드와 동영상도 올라와 있으니 확인해 보길 바란다.

컬러 이미지 다운로드

이 책에서 사용한 스크린샷이나 도표의 컬러 이미지를 PDF 파일로 제공한다. 컬러 이미지는 책의 내용을 이해하는 데 도움을 줄 것이다. 파일은 https://www.packtpub.com/sites/default/files/downloads/GameAudioDevelopmentwithUnity5x_ColorImages.pdf에서 내려받을 수 있다.

에이콘출판사의 도서정보 페이지 http://www.acornpub.co.kr/book/unity-game-audio에서도 내려받을 수 있다.

오탈자

내용을 정확하게 전달하려고 최선을 다했지만, 실수가 있을 수 있다. 팩트출판사의 책에서 텍스트나 코드상의 문제를 발견해서 알려준다면, 매우 감사하게 생각할 것이다. 그러한 참여를 통해 다른 독자에게 도움을 주고, 다음 버전에서 책을 더 완성도 있게 만들 수 있다. 오자를 발견한다면 http://www.packtpub.com/submit-errata에서 Errata Submission Form 링크를 통해 구체적인 내용을 알려주기 바란다. 보내준 내용이 확인되면 웹사이트에 그 내용이 올라가거나, 해당 서적의 정오표 섹션에 그 내용이 추가될 것이다.

https://www.packtpub.com/books/content/support를 방문해 검색창에 해당 타이틀을 입력하면 지금까지의 정오표를 확인할 수 있다. 한국어판은 에이콘출판사의 도서정보 페이지 http://www.acornpub.co.kr/book/unity-game-audio에서 찾아볼 수 있다.

저작권 침해

인터넷에서의 저작권 침해는 모든 매체에서 벌어지고 있는 심각한 문제다. 팩트출판사에서는 저작권과 사용권 문제를 아주 심각하게 인식하고 있다. 어떤 형태로든 팩트출판사 서적의 불법 복제물을 인터넷에서 발견한다면 적절한 조치를 취할 수 있게 해당 주소나 사이트명을 알려주길 부탁한다.

의심되는 불법 복제물의 링크를 copyright@packtpub.com으로 보내주기 바란다.

저자와 더 좋은 책을 위한 팩트출판사의 노력을 배려하는 마음에 깊은 감사의 마음을 전한다.

질문

이 책에 관련된 질문이 있다면 questions@packtpub.com으로 문의하기 바란다. 온 힘을 다해 질문에 답해드리겠다. 한국어판에 관한 질문은 이 책의 옮긴이나 에이콘출판사 편집 팀(editor@acornpub.co.kr)으로 문의할 수 있다.

01

유니티로 구현하는
게임 오디오 소개

유니티^{Unity}로 구현하는 게임 오디오 개발에 함께하게 된 것을 환영한다. 유니티는 대표적인 크로스 플랫폼 게임 엔진으로서, 게임을 좀 더 쉽게 개발할 수 있도록 다양한 특징을 지니고 있다. 이 책은 독자가 게임 오디오와 유니티 그리고 게임 개발을 해본 적이 없어도 이용이 가능하다. 여러분이 초보 개발자의 입장에서 습득한다는 가정하에 시작해보겠다. 새로운 장마다 처음 접하는 개념과 추가적인 자료들이 소개될 것이다. 오디오 개발에 대한 기본적인 지식을 갖춘 경험 있는 유니티 개발자인 경우, 처음 2개 장 정도는 대충 훑어보면 된다. 하지만 초보 개발자든 경력 개발자든 관계없이, 뒷장의 경우는 AAA급 품질의 오디오 개발을 위한 지식을 알려주는 유니티의 특징이나 툴들이 다양하게 언급될 것이다.

1장에서는 유니티의 기본 사항을 비롯해 프로젝트와 씬에 오디오를 추가하는 방법을 알려줄 것이다. 첫 번째 장이므로, 게임 오디오를 간략하게 소개하고 유니티의 설치 및 환경 설정에 대해 다룰 것이다. 그런 다음 핵심적인 유니티 요소와 기능을 소개하겠다.

1장에서 다루는 내용은 다음과 같다.

- 게임 오디오의 소개
- 유니티 시작하기
- 유니티로 오디오 가져오기
- 오디오 소스와 리스너
- 3D 사운드와 입체 음향

이 책 대부분의 장에서는 내용을 이해한 후 각 예제를 풀어보기를 권장한다. 직접 예제를 풀어봄으로써 개념을 보강할 수 있고, 다음 장에서 소개되는 복잡한 내용에 대한 기초 지식을 쌓을 수 있다. 예제를 푸는 데 필요한 자료는 책에서 다운로드한 소스 코드나 온라인에서 언제든 이용 가능하다. 그러므로 인터넷 연결이 필수적이다. 해당 장의 내용을 충분히 이해했거나 풀이한 예제를 확인하고 싶을 경우, 책에서 안내하는 다운로드 페이지에서 제공받을 수 있다.

▌ 게임 오디오의 소개

컴퓨터나 비디오, 혹은 모바일 게임을 해본 사람이라면, 듣기 좋은 게임 오디오가 무엇인지 이미 알고 있을 것이다. 즐겨 하는 몇 가지 게임에서 들었던 음악을 선호할지도 모른다. 하지만 누군가가 오디오의 작곡이나 믹스에 대해 물어볼 때, 전문가가 아니라면 어떻게 게임과 오디오가 믹스되는지를 설명하기는 힘들 것이다. 이 절에서는 게임 오디오의 기본 개념을 소개하고, 이후의 장들에서도 다룰 것이다.

메인 게임 오디오 요소

게임 오디오는 영화나 텔레비전용으로 만들어지는 오디오와 달리, 일반적으로 아래에 요약된 세 가지 특징을 갖는다.

- **음악**^{music} : 테마와 배경 음악을 포함하며 인게임^{in-game} 음악, 예를 들어 라디오 소리나 밴드 연주 또는 특정 오디오 이펙트들도 포함한다. 게임에 쓰일 독특한 음악을 만들거나 구하는 일은 애셋 스토어^{asset store}의 음악 트랙에서 저작권을 사서 스튜디오에서 트랙 한 곡을 녹음하는 것만큼 복잡하다. 10장 '작곡'에서 독특한 음악을 작곡하는 방법에 대해 알아볼 것이다.

- **사운드**^{sound} (음향): 일반적으로 사운드 이펙트를 포함하며, 예를 들어 문이 삐걱거리는 소리, 폭발음, 발자국 소리, 찰칵 하는 소리, 삐 하는 소리 등 다양한 것이 있다. 대개의 사운드 디자이너와 개발자는 원하는 사운드를 찾으려고 사운드 이펙트 사이트를 유/무료로 이용하기도 한다. 스스로 사운드 이펙트를 녹음하는 방법도 있는데, 이를 통해 자연적으로 **폴리**^{Foley} 아티스트가 된다. 10장 '작곡'에서는 소프트웨어로 독특한 사운드 이펙트를 만드는 몇 가지 기술에 대해 알아볼 것이다.

 폴리(Foley) 아티스트란 전통적으로 영화나 텔레비전용 사운드 이펙트를 만드는 사람인데, 지금은 게임용으로도 만들고 있다. '폴리'의 어원은 초기 영화의 실시간 사운드 이펙트를 담당했던 잭 폴리(Jack Foley)라는 인물이다. 오늘날 작업은 더 이상 실시간으로 이뤄지지 않지만, '폴리'라는 이름은 사운드 이펙트를 만들고 녹음하는 사람을 지칭하는 것으로 쓰인다.

- **보컬**^{vocal} : 게임에 보컬이 추가된 것은 상대적으로 최근이다. 처음에 보컬은 컷씬이나 인트로에서 사용됐지만, 현재는 AAA급 게임의 메인 요소가 됐다. 대부분의 AAA급 게임은 잘 알려진 배우에게 보컬을 부탁해 게임의 인기를 높인다. 9장 '캐릭터 립싱크와 보컬'에서 보컬을 만드는 세부 내용을 다룰 것이다. 다른 장에서는 보컬 큐^{cue}의 이용에 대해 알아볼 것이다.

게임 오디오 디자인은 영화 및 텔레비전과 여러 부분에서 비슷한 반면, 구현에서 달라진다. 영화에서 쓰이는 오디오는 직선적인 일정한 패턴을 따르지만, 게임에서 쓰이는 오디오는 비선형$^{non-linear}$이며 다이내믹^{dynamic}하고 어댑티브^{adaptive}하다. 어댑티브 사운드와 음악을 다루는 절에서 게임 오디오가 어떻게 다이내믹하고 어댑티브한지 다룰 것이다.

다이어제틱 사운드와 논다이어제틱 사운드

'다이어제틱^{diegetic}'이란 단어를 들어본 적이 없다면 난감해할 수도 있을 것이다. 이는 걱정할 필요가 없으며, 다이어제틱이란 동작과 대화의 부분으로 씬이나 스크린에서 들을 수 있는 오디오를 말한다. 반대로 논다이어제틱$^{non-diegetic}$이란 씬이나 스크린에 쓰이지만 보이지 않는 오디오를 말한다. 아래에 정리된 다이어제틱 및 논다이어제틱 사운드 예시를 보면 이해가 쉬울 것이다.

- 다이어제틱 사운드
  - 사운드 이펙트: 폭발, 총격, 자동차 엔진, 충돌
  - 음악: 밴드 합주, 화면상 악기 연주, 자동차 라디오
  - 보컬: 인물의 대화, 목소리, 군중소리
- 논다이어제틱 사운드
  - 사운드 이펙트: 지갑에 들어가는 동전, 게임에서 활동의 변화를 나타내는 소리, 발자국 같은 화면 밖의 사운드 이펙트
  - 음악: 무서운 배경 테마 음악, 색다른 테마, 보스의 테마 음악
  - 보컬: 내레이션, 캐릭터 보컬 큐, 으스스한 목소리

이 단어들이 지금은 다소 추상적으로 들리겠지만, 어댑티브 사운드와 음악을 다루는 절에서 논다이어제틱 사운드의 사용에 친숙해질 것이다. 게임 오디오를 제대로 개발하는 방법 중 하나는 논다이어제틱 사운드를 잘 구축하는 데 있다는 사실을 알게 될 것이다.

> ℹ️ 사운드 디자이너가 영화나 텔레비전에서 사용하는 다양한 용어들을 게임 오디오에서도 빌려
> 쓰거나 공유한다는 사실을 이미 눈치챘을 것이다. 우연히 그렇게 된 것이 아니라, 수년간 영화
> 와 텔레비전으로 제작된 오디오 디자인의 원칙을 게임 회사가 똑같이 사용해왔기 때문이다.
> 이 책의 후반부에서는 전통적으로 영화와 텔레비전에 쓰였지만 지금은 유니티로 플러그인되
> 어 있는 다양한 상용 **DAU**(Digital Audio Workstations)에 대해 알아볼 것이다.

오디오 레이어와 그룹

사실상 모든 디지털 게임에서 이미 언급한 세 가지 기본 오디오 요소는 이펙트를 포함하
고, 뚜렷한 레이어^{layer}와 그룹^{group}으로 나뉜다. 이것은 작곡과 개발을 간소화해주고 중
요한 오디오 요소들을 분리한다. 게임을 하는 동안 각 레이어가 따로 연주를 한다고 생각
할 수 있겠지만, 플레이어의 관점에서 보면 모든 레이어가 믹스되어 들릴 것이다. 아래는
오디오를 그룹으로 나누는 데 사용할 기본 레이어에 대한 설명이다.

- **주변과 환경 오디오**: 다이어제틱과 논다이어제틱 오디오를 모두 포함하며, 예를 들
  면 폭포, 파도, 새의 지저귐, 소란스러운 식당, 군중, 윙윙대는 발전소, 또는 밴드
  연주 음악 등이다. 이 그룹은 오디오 사운드 클립에 한정되지 않고, 리버브^{reverb},
  에코^{echo}, 디스토션^{distortion} 또는 기타 환경 오디오 이펙트를 포함한다. 2장 '오디
  오 스크립트'에서 배경 오디오 이펙트에 대해 세부적으로 알아볼 것이다.

- **다이렉트 피드백 오디오**: 씬과 인터페이스에서 플레이어의 인풋에 직접적으로 반
  응할 필요가 있는 사운드 요소를 포함한다. 다이어제틱 사운드의 예를 보면 총
  격, 재장전, 수류탄 투척, 폭발이 있을 때 나는 소리 등이 있다. 논다이어제틱 사
  운드의 예를 보면 총에 맞는 소리, 보스의 음악, 보컬 큐, 대화 등이 있다. 2장
  '오디오 스크립트'를 시작할 때 이러한 부분들을 다룰 것이다.

- **인터페이스 오디오**: 게임 인터페이스의 한 부분으로 활성화된 사운드를 포함하며,
  전형적인 예로 버튼 클릭이나 알림음이 있다. 깊이 파고들지는 않을 텐데, 그 이
  유는 인터페이스 사운드는 대개 표준이고, 인터페이스로 이동이 용이한 그 밖의

오디오를 관리하는 데 같은 원칙을 사용하기 때문이다.

- **배경 음악과 테마 음악**: 이 분야는 따로 설명이 필요 없으며, 선호하는 게임을 즉각적으로 떠올릴 수 있을 것이다. 하지만 배경 음악은 다이내믹하게 변할 수 있기 때문에 다양한 조건에서 게임의 톤을 바꿔줘야 한다. 이러한 형태의 오디오 변화를 어댑티브 음악$^{adaptive\ music}$이라 하고, 어댑티브 사운드와 음악을 다루는 절에서 심도 있게 다룰 것이다. 2장 '오디오 스크립트'에서는 배경 음악의 사용에 대해 소개할 것이다.

이것들은 기본 오디오 요소들을 그룹으로 나눈 레이어에 대한 기초적인 정의일 뿐이다. 책의 나머지 부분을 통해 오디오를 그룹화하거나 레이어화할 수 있는 다양한 방법들을 접하게 될 것이다. 3장 '오디오 믹서 소개'에서 오디오 그룹의 사용과 정의에 대해 자세하게 다룰 것이다.

지금까지 오디오의 기본 전문용어를 훑어봤고, 이제 유니티에서 사용해볼 차례다. 먼저 유니티의 다운로드와 설치에 대해 알아보자.

▌ 유니티 시작하기

이 절에서는 유니티를 설치해본 적이 없다는 가정하에 순차적으로 다운로드하고 설치하는 실습을 하게 될 것이다. 이미 유니티를 설치해본 경험이 있다면 빠르게 훑어보고 필요한 부분들이 제대로 설치됐는지 확인하길 바란다.

유니티 다운로드

유니티를 다운로드하기 위한 순서는 다음과 같다.

1. URL 주소 https://store.unity.com/을 즐겨 쓰는 웹 브라우저에 입력하거나 링크를 클릭한다.

2. 페이지가 로드되면, 여러 가지 라이선스 옵션이 보일 것이다. 우리에게 필요한 것은 퍼스널^{Personal} 유니티 라이선스다. 그러므로 다음과 같이 **Personal** 라이선스 페이지에서 **Download now** 버튼을 클릭한다.

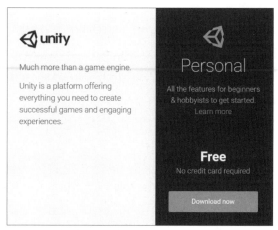

▲ 퍼스널 유니티 라이선스 다운로드 버튼의 모습

3. 새 페이지가 로드되면 **Download Installer**라는 큰 녹색 버튼이 보일 것이다. 버튼을 클릭해 사용 중인 웹 브라우저에 유니티 다운로드 어시스턴트^{Unity Download Assistant}를 내려받는다.

4. 다운로드가 완료되면 다른 프로그램처럼 창을 연다. 유니티 다운로드 어시스턴트는 상대적으로 용량이 작아서 빠르게 다운로드된다.

5. 일반적으로 새 소프트웨어를 설치할 때 보이는 보안 알람에 동의한다. 설치가 시작되면 다음과 같은 화면이 뜬다.

> 보안 제한이나 계정 설정 때문에 소프트웨어를 설치할 수 없다면, 관리자에게 연락해 접근 권한을 달라고 하거나 해당 소프트웨어를 설치해주도록 부탁한다. 책의 과정을 따라가며 몇 가지 소프트웨어를 다운로드해서 예제를 완료해야 하는데, 그러려면 새 소프트웨어를 설치할 수 있어야 한다.

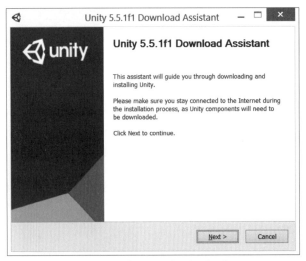

▲ 유니티 다운로드 어시스턴트의 모습

6. 계속 진행하려면 Next를 클릭한다. 아래와 같이 다음 페이지에서 확인을 선택해
   유니티 라이선스에 동의한다.

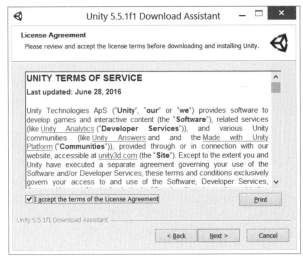

▲ 유니티 서비스 조건 페이지

7. 계속하려면 Next를 클릭한다. 다음 페이지에서는 32비트와 64비트 아키텍처 중에서 고르도록 옵션을 제공할 것이다. 대부분의 경우 디폴트로 64비트를 고르는 것이 최선이며, 계속 진행하도록 Next를 클릭한다.

8. 다음 페이지에서는 설치하고 싶은 유니티 컴포넌트를 고른다. 여기서 유니티와 함께 설치하는 여러 가지 컴포넌트를 선택한다. 책의 예제들을 따라 하기 위해 디폴트 컴포넌트를 설치할 필요가 있다. 하지만 안드로이드나 iOS처럼 다른 컴포넌트가 필요하다면, 선택해도 무방하다. 하지만 아래에 표시된 세 가지 메인 요소는 꼭 설치하길 바란다.

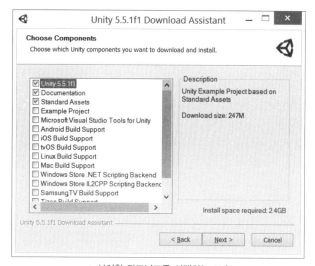

▲ 설치할 컴포넌트를 선택하는 모습

9. 선택을 마친 후, 계속 진행하기 위해 Next를 클릭한다. 다음으로 나오는 대화창 두 페이지 정도는 디폴트를 유지하면서 설치 다운로드와 유니티의 설치가 이뤄지도록 기다린다. 잠시 시간이 걸릴 수 있으므로 설치가 완료되길 기다리는 동안 음료를 한 잔 마시는 것도 좋을 것이다.

유니티의 설치 과정은 일반적으로 순조롭지만, 만약 어떤 이슈가 생긴다면 설치자가 제공하는 해결 방법을 따르는 것이 좋다. 그렇게 하고도 이슈가 해결되지 않는다면, 유니티 포럼을 검색하고 확인해본다. 유니티의 개발자 커뮤니티는 방대한데, 신입이 겪고 있는 이슈를 잘 도와줄 뿐만 아니라 누군가가 이미 맞닥뜨린 이슈와 유사한 경우가 많다.

설치자가 유니티 설치를 완료하고 나면, 다음의 지시사항을 따른다.

1. 설치의 마지막 페이지에서 유니티를 바로 시작하라는 옵션이 뜰 것이다. 그 옵션을 선택하고 종료한다.

2. 프로그램을 시작할 때 방화벽에 예외를 준다는 알림이 뜨면 수락한다. 유니티가 시작되면 다음과 같은 로그인 화면이 뜰 것이다.

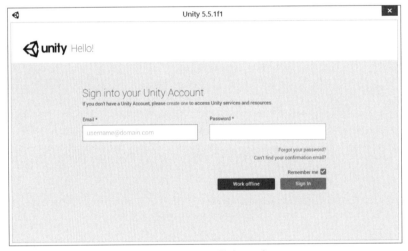

▲ 유니티 로그인, 환영 스크린

3. 이전에 유니티를 설치해본 경험이 없다면 유니티 계정을 만들어야 한다. 위의 스크린샷에 표시된 것처럼 파란색의 **create one** 텍스트를 클릭하면 유니티의 등록 창으로 들어가게 될 것이다. 거기에서 계정 설치를 마치고 난 후 이 페이지로 돌아온다.

4. 이제 유니티 계정을 만들었으면 이메일 주소와 비밀번호를 대화창에 입력하고 Sign In 버튼을 클릭한다. 가입 후, 바로 프로젝트 페이지로 들어가게 될 것이다.

유니티 개발자가 되는 첫 단계를 완료했다. 다음 절에서는 새 프로젝트를 만들고 유니티 인터페이스를 살펴보자.

유니티 소개

이제 유니티를 설치했으니, 본론으로 들어가서 프로젝트를 만들고 인터페이스를 간략하게 살펴보자. 새로운 유니티 프로젝트를 만들려면 다음의 순서를 따른다.

1. 유니티 실행이 처음이라면, 이 단계에서 새 프로젝트 만들기를 수락하는 버튼이 뜰 테니 NEW를 클릭한다. 이 책의 또 다른 절에서 이 부분을 빠뜨렸다면 유니티를 실행하고 계정에 로그인하길 바란다. 그리고 유니티 시작 페이지의 제일 위에 있는 NEW 프로젝트 버튼을 클릭한다.

2. 프로젝트 대화창이 열릴 것이다. 다음과 같이 프로젝트명을 GameAudioBasics로 입력하고, 그 밖의 설정은 디폴트를 유지한다.

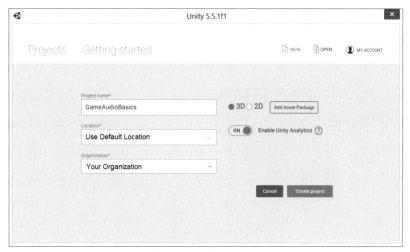

▲ 유니티에서 새로운 프로젝트 만들기

3. 프로젝트명을 입력한 후 Create Project를 클릭한다.

4. 유니티는 대화창을 닫고 나면 프로젝트가 초기화되고 인터페이스를 로드하고 있다는 진행 중 대화 플래시를 띄울 것이다. 로딩을 마치면 다음과 유사한 화면이 뜰 것이다.

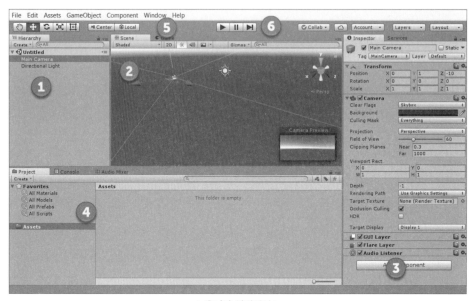

▲ 유니티 인터페이스

ℹ️ 이전에 유니티를 실행했거나, 프로(Pro) 같은 라이선스를 사용했을 경우 다른 화면이 나타날 것이다. 어떤 테마를 적용하는 것과는 별개로 메뉴에서 **Window > Layouts > Default**를 선택함으로써 디폴트 레이아웃으로 돌아갈 수 있다.

이제 유니티를 실행하고 메인 창과 요소들이 어떻게 쓰이는지 살펴보자. 위의 스크린샷에 나왔던 번호를 아래의 목록에 있는 용어들과 매치해 살펴본다.

- **Hierarchy 창**(계층구조 창, ①): 이 창은 최근에 보여준 씬과 유니티에서 **게임오브젝트** GameObject라 부르는 씬 요소들을 보여준다. 그리고 현재 창에 Untitled로 지정된 씬이 있어야 한다. 씬 옆의 화살표를 클릭해 확대한 후, 아래의 아이템을 클릭한

다. 선택에 따라 다른 창들이 어떻게 변하는지 살펴보길 바란다.

- **Scene 뷰**(씬 뷰, ②): 게임 프로젝트를 위한 디자인 캔버스로, 씬 창이나 뷰를 생각하면 된다. 여기서 마우스나 색깔이 있는 방향 화살표를 이용해 대상을 선택하거나 움직이게 할 수 있다. 자유롭게 대상을 선택하고 움직여보자. 실제로 작업하기 전에 새로운 씬을 만들 것이므로 이리저리 움직여보면서 씬 뷰에서 어떻게 조작하는지 알아보자.

- **Inspector 창**(인스펙터 창, ③): 이 창은 최근에 선택한 게임오브젝트의 속성과 컴포넌트를 편집하도록 허용해준다. 유니티로 작업하면 대부분의 시간을 이 창에서 값을 편집하며 보내게 될 것이다. 그러므로 게임오브젝트의 속성을 편집하며 자유롭게 살펴보길 보길 바란다.

- **Project 창**(프로젝트 창, ④): 이 창은 전체 유니티 프로젝트에서 여러분이 갖고 있는 리소스와 애셋을 모두 보여준다. 현재 프로젝트는 거의 공백에 가깝다. 하지만 새로운 애셋을 곧 추가할 것이므로 걱정하지 않아도 된다.

- **Game 뷰**(게임 뷰, ⑤): 이 창은 게임이 플레이어에게 어떻게 보일지 알려준다. 오로지 플레이어가 보는 것을 보여주기 때문에 Scene 뷰와는 다르다. 게임 창 탭을 클릭하면 바닥과 하늘 레이어를 보게 될 것이다. 왜냐하면 아직 흥미로운 것들을 추가하지 않았기 때문이다.

- **플레이 모드**(⑥): 이것은 유니티 인터페이스의 제일 위에 있는 일련의 버튼으로, 에디터에서 게임의 실행을 제어한다. 이 버튼으로 게임 플레이를 계속하거나 일시 정지할 수 있다. 플레이를 클릭하면 Game 뷰가 나타날 것이다.

고급 레벨에서는 유니티 인터페이스의 메인 요소를 다룰 것이며, 세부사항에 얽매이지 않을 것이다. 유니티의 모든 기능을 사용할 수 있는 전문가가 되려면 수개월에서 수년이 걸릴 수 있으므로 미리 스트레스 받지 말고, 예제를 푸는 데 필요한 관련 지식에 집중하도록 한다.

지금까지는 비어 있는 프로젝트와 씬을 보고 있었다. 다음 절에서는 유니티 애셋 스토어로 프로젝트 가져오기를 해보자.

프로젝트 애셋 다운로드 및 가져오기

유니티의 중요한 특징 중 하나는 유니티 애셋 스토어^{Unity Asset Store}라 할 수 있다. 게임 개발은 복잡한 과정으로 품질 좋은 애셋, 예를 들어 3D 모델, 애니메이션, 텍스처, 사운드, 음악, 셰이더 등을 개발하기 위해 다양한 분야의 전문적인 기술이 필요하다. 만약 여러분의 개발 팀이 혼자이거나 소그룹의 개발자 및 아티스트로 구성되어 있을 경우, 프로젝트용 애셋을 개발하는 데 기술이나 시간이 부족할 수 있다. 다행히 유니티 애셋 스토어는 전문적인 품질의 애셋을 합리적인 가격으로 제공하고, 경우에 따라서는 무료로 제공하기도 한다. 유니티 자체적으로도 스토어에서 고품질의 샘플 프로젝트를 무료로 제공하고 있다. 책에 있는 샘플 프로젝트들을 오디오 개발 연습을 위한 기초로 이용할 것이다.

아래에 있는 설명을 따라 프로젝트를 다운로드한 후 가져와 이 장의 나머지 예제에 사용해보자.

1. 메뉴에서 Window > Asset Store를 선택한다. Asset Store^{애셋 스토어}라고 부르는, Scene과 Game 뷰 사이의 새로운 탭을 열 것이다.

2. 창에 새 페이지가 로드되면 창의 상단에 검색란이 뜰 것이다. 'unity viking village'를 입력하고 다음에 보이는 것처럼 검색 버튼을 클릭한다.

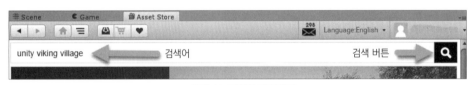

▲ 애셋 스토어에서 검색하기

3. 검색을 완료하면 검색 결과 목록이 뜰 것이다. 목록의 첫 번째 검색 결과는 Unity Technology의 Viking Village이다. 이 아이템을 클릭하면, 다음과 같은 애셋 페이지가 보일 것이다.

▲ Viking Village 애셋 페이지

4. 스크린샷에 보이는 파란색 Download 버튼을 클릭하면, 애셋의 다운로드가 시작
   된다.

5. 애셋이 다운로드되면 진행 중이라 뜰 것이다. 다운로드하는 데 약간의 시간이
   소요되므로 좋아하는 음료 한 잔 마시며 잠시 기다린다.

6. 다운로드가 완료되면 Import라고 뜰 것이다. 프로젝트를 유니티로 가져오기 위
   해 버튼을 클릭한다. 다음에 나와 있듯이 완료된 프로젝트임을 알리는 대화창이
   바로 뜰 것이다.

▲ 프로젝트 가져오기 경고창

7. 프로젝트 가져오기를 계속하려면 Import를 클릭한다. 이 시점에서는 저장할 것
   이 없기 때문에 새 프로젝트를 가져온다.

8. 대화창은 가져오기 진행 과정을 보여준다. 다음과 같이 Import Unity Package가 뜨고 난 후 몇 분 정도 걸릴 것이다.

▲ 유니티 패키지 가져오기 대화창

9. Import Unity Pakage 대화창은 프로젝트의 일부로 가져오는 모든 애셋을 보여준다. 목록을 스크롤해보고 가져온 아이템을 살펴본다. 그리고 프로젝트 가져오기를 완료하기 위해 대화창의 **Import**를 클릭한다.

10. 가져오기 마지막 단계의 진행을 알리는 대화창이 뜰 것이다. 애셋을 로드하는데 몇 분이 소요되므로 음료 한 잔의 여유를 갖는다.

> 우리가 가져온 프로젝트 애셋은 약 900MB로 꽤 큰 용량이다. 하지만 앞으로 책을 통해 이 프로젝트를 계속 재사용할 것이므로, 한 번만 이 작업을 하면 된다. 일반적으로 애셋 스토어에서 내려받는 애셋은 대개 100MB 이하다.
>
> 프로젝트를 가져오는 데 걸린 시간은 애셋과 콘텐츠의 용량을 결정한다. 예를 들어, 텍스처 같은 애셋은 압축해야 하므로 로드하는 데 시간이 더 걸릴 것이다. 참고로 우리가 로드하는 샘플 프로젝트에도 압축된 애셋이 다수 포함되어 있다.

11. 가져오기 작업이 끝나면 Project 창이 새로운 애셋 폴더들을 보여줄 것이다.

이제 기본 프로젝트 가져오기를 마쳤으므로, 앞으로 이 책을 진행하는 데 도움이 되는 메인 씬과 다양한 기능들을 간략하게 알아보자.

마을 둘러보기

프로젝트 로딩이 끝나면 아래의 설명을 따라 프로젝트 씬을 로드하고, 애셋을 살펴보자.

1. Project 창에 있는 Scenes 폴더를 클릭한 후 The_Viking_Village.unity 파일을 더블클릭해 씬을 연다. 다음 그림에 Project 창의 모습이 나타나 있다.

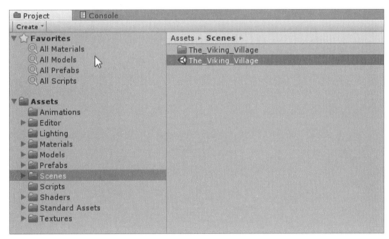

▲ 프로젝트 씬 열기

2. 씬을 로드하고 나면 Hierarchy 창이 오브젝트로 가득 채워진 모습을 볼 수 있다. 뷰를 보기 위해 Scene 뷰 탭을 클릭하면 다음과 유사한 화면이 뜰 것이다.

▲ 계층 구조와 씬 뷰의 모습

3. 이전 스크린샷에서 본 것처럼 에디터의 플레이 버튼을 눌러 씬을 시작하고 게임을 구동한다.

4. 게임이 시작되면, Game 뷰가 자동으로 뜰 것이다. 다음 명령어들을 사용해 배경을 탐색해보자.

   - W, A, S, D: 표준 1인칭 게임의 이동 키. 이 키를 사용하거나 화살표 키를 이용해 돌아다닌다.

   - 마우스: 방향을 제어한다.

   - 스페이스바: 점프에 사용된다. 매뉴얼 모드에서 스페이스바를 빠르게 두드리면 카메라가 허공을 맴돌거나 날아다니게 된다.

   - C: 이 키를 누르면 경로를 따라다니는 카메라, 매뉴얼 또는 1인칭 카메라 모드로 변경된다.

   - Esc: 마우스 잠금을 해제하고, 에디터에서 마우스가 다시 보이게 한다.

5. 배경을 탐색하고 가능한 한 많이 돌아다녀 보자. 다음 작업을 할 준비가 되면 Esc 키를 눌러 마우스를 다시 보이게 하고, 게임을 멈추기 위해 플레이 버튼을 다시 누르자.

6. 게임을 실행해봤다면 주변을 돌아다닐 때 모든 것이 조용하다는 사실을 알게 될 것이다. 운 좋게도 이 씬이 우리의 오디오 개발을 위한 완벽한 캔버스가 될 것이다. 다음 절에서 다룰 내용이 바로 이것이다.

유니티를 설치하고 첫 프로젝트를 로드한 것은 유니티 게임 개발자가 되는 첫 단계였다. 이 과정을 충실히 해낸 것을 축하하며, 다음 장에서 오디오 개발의 기본에 대해 더 배워보자.

▌ 유니티로 오디오 가져오기

애셋 스토어에서 콘텐츠를 내려받는 것 외에도, 유니티 프로젝트로 콘텐츠를 가져오는 방법은 다양하다. 가장 간단하고 자주 쓰는 방법은 적합한 파일을 관련된 프로젝트 폴더에 놓는 것이다. 유니티는 지원되는 파일 타입에 따라 똑똑하게 새 파일을 검사하고 애셋 타입을 결정해 콘텐츠를 자동으로 가져온다. 유니티에는 방대한 오디오 파일 타입들이 있으므로 다음 목록에서 현재 유니티에서 지원하는 파일 포맷을 살펴보자.

- .wav/.aif: 압축되지 않은 무손실 포맷이며 원본 오디오의 정확한 사본이다. .aif는 맥^{Mac}에서, .wav는 PC에서 왔으며 현재 두 운영체제의 지원을 받는다.

> ℹ️ 압축된 오디오나 미디어는 전송과 다운로드를 빠르게 하려고 파일 크기를 줄인 것이다. 미디어 압축은 미디어 품질의 손실을 야기할 수 있어서, '손실된'이라는 용어는 압축된 미디오 포맷을 의미할 때 주로 사용한다. 반대로 '손실 없는'이라는 용어는 압축을 하지 않은 미디어 포맷, 즉 품질에 손실이 없는 포맷을 가리킬 때 사용한다.

- .mp3: 가장 흔하게 압축 또는 손실된 오디오 포맷을 가리킨다. 음악을 전송하거나 다운로드하는 데 가장 유명한 포맷이다.
- .ogg: 오그 보비스$^{Ogg\ Vorbis}$로도 알려져 있으며, mp3에 대한 저작권 보호를 받지 않는 대체제다. 표준 포맷은 손실이지만, 손실 없이 지원할 수도 있다.

지금까지 지원되는 오디오 파일 타입을 알아봤으니, 이제 다음 설명에 따라 몇 가지 파일을 프로젝트로 가져와 보자.

1. 콘텐츠를 가져오기 전에, 프로젝트에 새로운 폴더를 만들어 나중에 콘텐츠를 정리하고 찾을 수 있게 하자. Project 창을 보면 알겠지만 게임 프로젝트는 다양한 분야에서 많은 애셋을 포함한다.

2. Project 창에서 루트에 있는 Assets 폴더를 마우스 오른쪽 버튼으로 클릭(맥에서는 Ctrl+클릭)한다. 다음에 컨텍스트 메뉴에서 Create ➤ Folder를 선택한다.

3. Assets 폴더 하위에 새 폴더가 만들어지고 커서가 깜빡이면 'Audio'라고 폴더명을 입력한다.

4. Audio 폴더에서 우클릭(맥에서는 Ctrl+클릭)해 컨텍스트 메뉴에서 Create ➤ Folder를 선택한 후, 폴더명을 'Ambient'라고 하자. Project 창은 다음 그림과 같을 것이다.

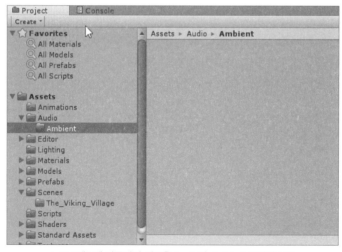

▲ 프로젝트에 만들어진 새로운 Audio와 Ambient 폴더의 모습

5. Ambient 폴더에서 우클릭(맥에서는 Ctrl+클릭)한 후 컨텍스트 메뉴에서 **Show in Explorer**를 선택하면 윈도우 탐색기가 열릴 것이다. 이제 Ambient 폴더를 더블 클릭해 열자. 해당 폴더는 비어 있을 것이다.

6. 새로운 탐색기를 열어서 책에서 다운로드된 소스 코드 Chapter_1_Audio 폴더를 연다. 두 폴더를 서로 가까이 보기 위해 드래그한다. 다음 그림을 참고하자.

▲ Ambient와 Chapter_1_Audio 소스 코드의 모습

7. Chapter_1_Audio 폴더에 있는 모든 파일을 Ambient 폴더로 끌어 놓는다. 그리고 유니티 에디터로 다시 돌아오자. 몇 초가 지나면 아래에 보이는 것처럼 Project 창에서 업데이트된 Ambient 폴더를 보게 될 것이다.

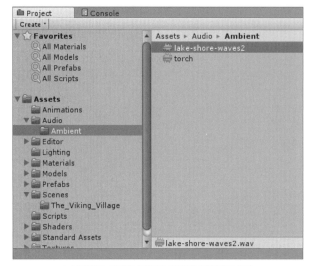

▲ 프로젝트 폴더에 가져온 오디오 파일들의 모습

8. 폴더에 있는 lake-shore-waves2.wav 오디오 클립을 선택하고 Inspector 창을
   연다. 다음과 유사한 화면이 뜰 것이다.

▲ Inspector 창이 가져온 오디오 클립을 보여주고 있다.

9. 위의 스크린샷에서 본 것처럼, 플레이 버튼을 클릭하고 호숫가에 닿는 평화로운
   파도소리를 감상한다. 다음 절에서는 그 밖의 속성들에 대해 상세하게 알아볼
   것이다.

가져온 오디오 파일 검사

새로운 오디오 파일을 프로젝트에 가져왔으므로, 유니티가 파일들을 어떻게 다루는지에 대한 세부사항을 알아보자.

1. 가져온 오디오 파일의 설정을 보여주는 Inspector 창 하단에 집중하자. 다음은 우리가 알아볼 세부사항을 보여주는 스크린샷이다.

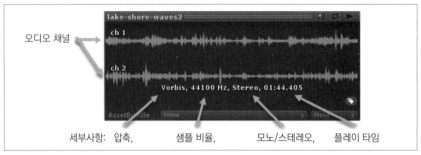

▲ 오디오 파일의 세부사항

2. 각 부분의 용어에 대한 정의는 다음과 같다.

   - **오디오 채널**audio channels : 파일로 구성되는 오디오 채널은 다양하다. 유니티는 오디오 채널을 8개까지 지원하는데, 우리가 보여주고 있는 파일은 스테레오를 지원하기 위해 채널 2개를 갖는다.

   - **압축**compression : 유니티는 가져온 오디오 파일에 자동으로 압축을 적용한다. 대부분의 경우 디폴트 상태를 유지하지만 압축을 변경할 수 있다. 여기서는 Vorbis를 사용했는데 이것은 mp3와 유사하며, 유니티가 지원하는 압축 포맷에는 보비스Vorbis, PCM, ADPCM이 있다.

   - **샘플 비율**sample rate : 오디오 샘플이 초당 샘플로 녹음되거나 디스플레이된 빈도를 보여준다. 대부분 오디오는 44100Hz에서 48000Hz 사이에 녹음된다. 일반적으로 샘플 비율이 높을수록 오디오 품질도 높아진다. 유니티가 지원하는 비율은 192000Hz까지다.

- **모노/스테레오**^{mono/stereo} : 오디오가 스테레오나 모노로 플레이될 것인지 정한다. 모노는 2D 공간에서 재생될 때, 스테레오는 3D 공간에 적합하다. 이 장의 뒷부분에서 3D 사운드에 대해 자세히 배워볼 것이다.
- **플레이 타임**^{play time} : 오디오 파일의 재생 시간을 표시한다.

3. 이제 정의에 대해 알아봤으니 가져온 설정을 수정하는 방법을 알아볼 차례다. 다음과 같이 Inspector 창의 상단에 주목하자.

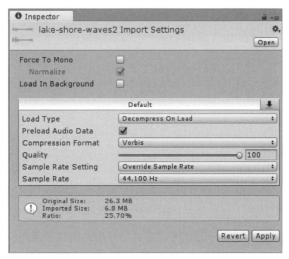

▲ 오디오 가져오기 패널의 Inspector 창 모습

4. 방대한 양의 오디오 파일을 유니티로 가져왔으므로, 각 설정의 세부사항을 살펴보자.

- Force To Mono: 샘플 파일을 싱글 채널로 낮춰, 스테레오로 재생되지 않게 하거나 3D 공간에서 유용하게 쓸 수 있다.
- Normalize: 이 설정은 강제로 모노로 설정하지 않는 한 활성화되지 않는다. 노멀라이즈는 멀티 채널 사운드를 싱글 채널로 전환하는 다운 샘플링 과정을 의미한다. 이퀄라이즈 볼륨에서 샘플링하도록 모든 채널을 노멀라이즈한다.

- Load In Background: 게임을 플레이하는 동안 클립을 로드하게 한다. 오디오 파일 용량이 크다면 이 설정을 사용해야 할 것이다.

- Load Type: 클립을 메모리로 로드하는 방법을 설정한다.

  ○ Decompress On Load: 파일 크기가 작거나 중간일 때 적합하다. 파일을 로드하면서 메모리에 압축을 풀고, 플레이하는 동안 CPU 퍼포먼스에 구애받지 않는다.

  ○ Compress in memory: 파일 크기가 크고 자주 플레이하지 않을 때 적합하다. 플레이 전에 파일은 압축을 풀어야 하지만 메모리를 적게 사용한다.

  ○ Streaming: 파일을 디스크로부터 직접 플레이한다. 가끔 플레이하는 경우 또는 메모리 관리 이슈가 생겼을 때 알맞은 설정이다.

- Preload Audio Data: 이 옵션을 끄지 않은 이상, 오디오 클립은 기본적으로 로드된다. 클립이 자주 사용되지 않는 경우 좋은 옵션이다.

- Compression Format: 클립을 압축하는 데 사용하는 포맷으로, 게임 빌드 설정에 의존하고 있다. 이 포맷은 다음 중 하나로 설정할 수 있다.

  ○ PCM: 펄스 부호 변조^{pulse-code modulation}는 작은 크기의 파일에 적격인 포맷이다.

  ○ ADPCM: 발자국이나 무기 소리 같은 소음과 함께 짧은 사운드에 적격인 포맷이다.

  ○ Vorbis/MP3: 우리가 쓰는 샘플 파일처럼 큰 용량의 파일을 압축하는 데 적격이다. 퀄리티 슬라이더로 압축 품질을 설정할 수 있다.

  ○ HEVAG: ADPCM과 유사한 설정이다.

- Quality: 클립의 품질을 다운그레이드하는 슬라이더로, 파일 크기를 줄이는 데 유용하다.

- Sample Rate Setting: 클립의 샘플 속도를 어떻게 다룰지 결정하며, 다음 중 하나를 설정할 수 있다.

  ○ Preserve Sample Rate: 샘플 속도가 수정되지 않게 한다.

- Optimize Sample Rate: 파일에서 샘플링된 것 중 비율이 가장 높은 것을 고르고 적용한다.
- Override Sample Rate: 파일의 샘플 속도가 다운그레이드되게 한다. 주로 오디오 품질을 떨어뜨리긴 하지만, 용량이 큰 몇몇 파일이나 특정 오디오 효과에 알맞다. 인위적으로 클립의 품질이나 샘플 비율을 높이는 데 사용되지 않는다.

- Sample Rate: Override Sample Rate를 선택했을 때만 값이 변한다. 샘플은 파일의 크기를 줄이거나 품질을 낮추기 위해 다운그레이드할 수 있지만 원래 기록된 것 이상으로 파일을 업그레이드하는 데는 사용할 수 없다.

5. 지금까지 봤듯이 이 패널에는 많은 것들이 있고 처음에 모든 용어를 이해하기는 어렵다. 책의 과정을 따라가며 여러 번 다시 보면서 용어와 설정에 친숙해지도록 하자.

이제 지금까지 배운 지식을 활용해 torch.wav를 수정해보자.

1. Project 창의 Assets/Audio/Ambient 폴더에서 torch.wav 파일을 선택한다.

2. Inspector 창에서 Force To Mono 설정을 체크한다. 토치 클립^{torch clip}은 3D 사운드로 사용될 것이고 2개의 채널이나 스테레오는 필요하지 않다. 그리고 Normalize 박스가 체크되어 있는지 확인하자.

3. 패널의 하단에서 Apply 버튼을 클릭한다. 몇 초 기다리면 오디오 클립에 변화가 적용된다. Inspector 창의 하단에서 오디오 하나의 채널만 사용하는 것을 확인하고 플레이 버튼을 클릭해 클립을 재생해보자. 아마 아무런 차이점을 느끼지 못할 것이다.

4. Sample Rate Setting의 드롭다운 목록을 클릭하고 Override Sample Rate 옵션을 선택한다. 그리고 Sample Rate 목록을 열어 22050Hz를 선택한 후 Apply 버튼을 클릭한다. 설정이 적용되면 미리보기 클립이 다음과 같이 뜰 것이다.

▲ 설정이 바뀐 오디오 클립의 미리보기 모습

5. 클립을 다운그레이드하는 이유는 용량이 큰 사운드를 줄이기 위해서다. 자유롭게 샘플을 다운그레이드하거나 조정해, 품질에 어떤 영향을 주는지 살펴보자. 이 장의 뒷부분에서 이 클립을 다시 사용할 것이므로 지금까지 변경한 사항은 리셋하자.

TIP

토치 클립의 톤 균형을 잡기 위해 다운그레이드하는 것이 최적의 방법이라 할 수는 없다. 클립을 이퀄라이징하는 방법은 다양한데, 소스 수준에서 클립을 최적화하는 것은 우리가 사용했던 방법이 최선이다. 만일 여러분의 게임에서 오디오를 과도하게 사용해 게임이 느려지는 경우에는 오디오를 가져올 때 미리 최적화된 파일을 사용하는 방법도 있다. 오디오 퍼포먼스와 최적화에 대해서는 11장 '오디오 퍼포먼스와 문제 해결'에서 자세하게 다룰 것이다.

6. 오디오 클립 설정의 편집을 마친 후, 메뉴에서 File ➤ Save Project를 선택해 프로젝트를 저장한다.

지금까지 유니티로 오디오 콘텐츠를 가져오는 방법에 대해 알아봤다. 다음 절에서는 이 클립을 마을 씬에 어떻게 추가하는지 알아보겠다.

▍오디오 소스와 리스너

씬에 오디오를 추가하기 전에, 유니티의 기본 개념들을 알아둘 필요가 있다. 가장 좋은 방법은 다음 예제를 따라 해보면서 개념들을 살펴보는 것이다.

1. 유니티를 실행한 후 GameAudioBasics 프로젝트를 불러온다.

2. 먼저 살펴볼 것은 **Hierarchy** 창이며, 특히 상단의 검색란에 집중하자. 다음 그림과 같이 검색란의 왼쪽에 있는 아래 화살표 모양을 클릭한다.

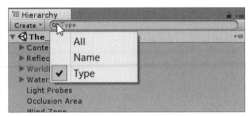

▲ 검색 타입의 설정

3. 검색란에 'AudioListener'를 입력하고 나면 **Hierarchy** 창에 있는 게임오브젝트 중 AudioListener가 첨부된 것들만 나타나게 된다.

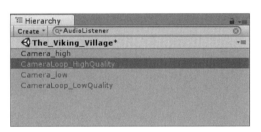

▲ Hierarchy 창에서 AudioListener를 가진 게임 오브젝트만을 보여주고 있다.

4. 보다시피 오브젝트 목록에는 다양한 카메라들이 있는데, 유니티에서 카메라는 씬의 렌더링된 장면을 담아낸다. 게임상에서 카메라는 플레이어의 눈이라고 생각할수 있고, AudioListener 컴포넌트를 사용해 게임에서 소리를 들을 수 있다.

> 유니티에서 게임오브젝트는 가장 기본이 되는 씬 오브젝트다. 이러한 오브젝트들 간 차이점은 첨부되는 컴포넌트에 따라 달라진다. 컴포넌트는 스크립트이며 게임오브젝트에 특별한 기능들을 적용한다. 컴포넌트는 카메라, 오디오 리스너, 오디오 소스, 메시 렌더러 등 모든 것을 포함할 수 있고 **Inspector** 창에서 게임오브젝트에 첨부된 컴포넌트들을 확인, 수정, 추가, 제거할 수 있다.

5. Hierarchy 창에서 Camera_high를 선택한 후 Inspector 창을 보자. 그리고 오른쪽 하단의 Scene 뷰를 보면 다음 그림과 같다.

▲ 카메라 미리보기 및 Inspector 창의 모습

6. Inspector 창을 보면 Camera_high 게임오브젝트에 첨부된 컴포넌트가 많다는 사실을 알 수 있다. 모든 컴포넌트를 살펴볼 수는 없으니, 카메라와 오디오 리스너에 대해서만 알아보자. 이 두 가지 컴포넌트는 씬에서 눈과 귀와 같다. 씬을 실행하기 위해 플레이 버튼을 눌러보자.

7. 플레이 버튼을 누르고 나면 마우스 잠금을 해제하기 위해 Esc 키를 누른다. 이제 다시 Inspector 창으로 넘어가 컴포넌트를 스크롤해보자. 컴포넌트 이름 옆에 있는 체크박스를 클릭해서 컴포넌트 기능을 켜거나 끌 수 있다. 또한 원한다면 컴포넌트의 설정을 바꾸어 실제로 Game 뷰가 어떻게 변화하는지 살펴보자. 플레이 모드에 있으면 바꾼 설정 값들이 저장되지 않으므로 걱정하지 않아도 된다.

8. Inspector 창을 모두 살펴봤으면 이제 플레이 버튼을 다시 눌러 게임을 멈추자.

좋다. 지금까지 살펴봤듯이 오디오 리스너 컴포넌트가 아주 많음을 알 수 있었다. 즉, 소리를 들을 수 있다는 것이다. 하지만 아직 설정하지 않은 것이 있다. 다음 절에서는 오디오 소스^{Audio Source} 컴포넌트를 씬에 추가해보겠다.

오디오 소스 추가

씬에서 오디오를 들으려면, 게임오브젝트에 두 가지 컴포넌트를 추가할 필요가 있다. 그것은 바로, 귀가 되는 오디오 리스너와 소리가 되는 오디오 소스다. 현재 씬에는 오디오 소스가 없다. 그렇기 때문에 아무런 소리도 들리지 않는다. 다음 예제에서 오디오 소스를 추가해보자.

1. 유니티 에디터를 열고 Viking Village 씬을 로드한다. 이전 절에서 계속해서 작업 중이라면 Hierarchy 창의 검색란 오른쪽에 있는 X를 클릭해 타입 필터를 제거하자. 그러면 씬의 모든 오브젝트를 볼 수 있게 된다.

2. Hierarchy 창에서 AccessibleVolume을 찾고 옆에 있는 화살표를 클릭해 자식 오브젝트들을 찾아보자. 다음 그림과 같이 Capsule 5를 선택한 후 키보드 F 키를 눌러보자.

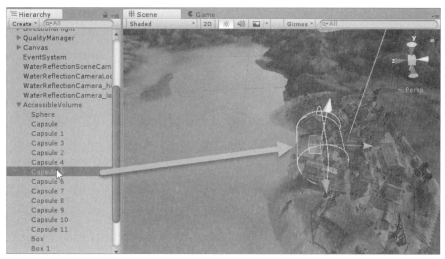

▲ Capsule 5 게임오브젝트를 선택하는 모습

3. 이전에 가져온 lake-shore-waves 앰비언트 사운드를 Capsule 5 게임오브젝트의 오디오 소스로 사용할 것이다. 먼저 오디오 소스를 추가하기 전에 캡슐에 몇 가지 수정을 해보자.

 이전에 미리 만들어뒀던 오디오 레이어와 그룹에 따라 씬에 오디오를 추가할 텐데, 오디오가 추가될 첫 번째 레이어는 주변과 환경 오디오다.

4. 캡슐을 선택하고 이름은 'Ambient_lake-shore-waves'라고 변경한다. 그리고 Transform의 Z 값은 60으로 변경한다.

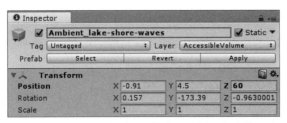

▲ Capsule 5 게임오브젝트의 이름을 바꾸고 위치를 수정하는 모습

TIP 게임오브젝트에 적절한 이름을 설정하는 것은 필수다. 특히 씬이 복잡할 때는 더더욱 중요해지는데 어떻게 레이어명이 먼저 오고, 오브젝트명, 그리고 오디오 클립명이 설정되는지 눈여겨보자.

5. Transform의 Z 값을 바꾼 다음 오브젝트가 씬 뷰에서 호숫가로 이동한 것을 알 수 있다. 우리가 원하는 결과대로 이 캡슐 오브젝트가 호숫가 배경 소리에 대한 소스가 된다.

6. Inspector 창 하단의 Add Component 버튼을 클릭한다. 검색란에 'audio'를 입력하고 다음과 같이 Audio Source 컴포넌트를 선택한다.

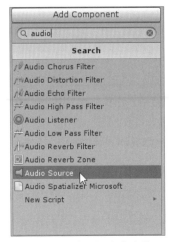

▲ Audio Source 컴포넌트를 추가하는 모습

7. 오브젝트에 추가된 Audio Source 컴포넌트는 비어 있는 상태다. AudioClip 속성 옆에 있는 타깃 아이콘을 클릭해 Select AudioClip 대화창을 열고 목록에서 lake-shore-waves2 클립을 선택한다.

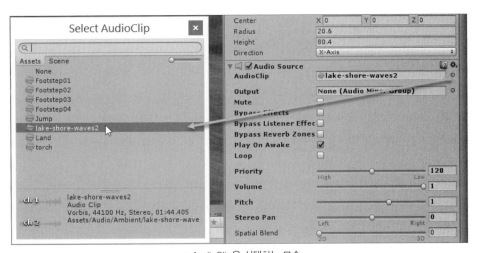

▲ AudioClip을 선택하는 모습

8. 클립을 선택한 후 대화창을 닫는다. 컴포넌트의 다른 설정들은 지금 걱정하지 않아도 되니 안심하자. 하지만 클립의 루프^{loop}에 대해서는 확실히 알아야 한다. 환경 사운드는 계속해서 재생돼야 하기 때문이다. **Loop** 설정 옆의 체크박스를 클릭해 루프(반복)를 설정한다.

> ⓘ 오디오 클립은 전형적으로 두 가지로 디자인된다. 한 번만 재생되거나 무한으로 반복되는 것이다. 환경 오디오는 일반적으로 반복되어 재생되는데, 항상 그런 것은 아니다. 무기 발자국 등의 소리는 일반적으로 한 번만 재생된다. 무한으로 반복되는 오디오의 경우, 일반적으로 반복이 될 때 소리의 끊김이 없도록 만들어진다.

9. 오디오 소스가 추가됐으니 이제 플레이 버튼을 눌러 실행한다. 씬을 돌아다니면서 소리가 어떻게 들리는지 살펴보자. 모두 살펴보고 나면 **Ctrl+P**(맥에서는 커맨드+P)를 눌러 실행을 멈춘다.

10. 메뉴에서 **File > Save Scene**을 선택해 씬을 저장한다. 유니티에서는 씬을 자주 저장하는 것이 좋은데, 특히 많은 것을 수정한다면 더더욱 그렇다.

지금까지 환경 오디오 소스에 대해 알아봤다. 실행을 해보면 알겠지만, 현재 소리는 어디서나 들리게 되어 있다. 확실한 건 우리는 이 소리가 호숫가 근처에서 더 잘 들리고 멀리 떨어지면 작게 들리게 하고 싶다. 다음 절에서 3D 또는 입체 음향 오디오 소스를 어떻게 만드는지 알아보자.

▌ 3D 사운드와 입체 음향

이번 절에서는 3D 사운드의 개념에 대해 알아보고 유니티 레벨에서 어떻게 실행하는지 알아보자. 가상 현실이 도입되면서 3D나 입체 음향을 구현하는 그 밖의 방법도 있지만 이 절의 범위를 벗어나므로 기본적인 2D, 3D 사운드의 정의에 대해 먼저 알아보겠다. 다음 다이어그램을 보자.

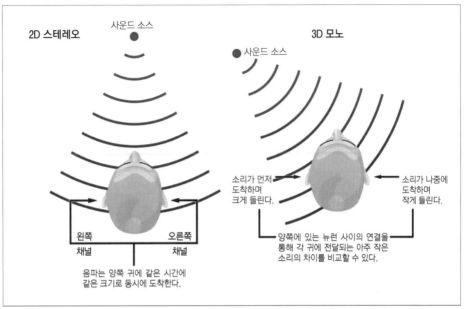

▲ 2D 스테레오와 3D 모노의 모습(https://icodelikeagirl.com 참조)

유니티에서 3D 사운드의 시뮬레이션은 오디오를 하나의 채널로 줄이고 리스너와의 거리에 따라 볼륨을 조절하는 것이다. 오디오 소스를 공간화하는 방법에는 다양한 변수가 있으므로 다음 예제를 통해 호숫가의 파도 소리를 2D에서 3D로 전환해보자.

1. 이전 절에서 계속해서 진행하자. Hierarchy 창에서 Ambient_lake-shore-waves를 선택한다.

2. Inspector 창에서 컴포넌트 목록을 아래로 스크롤해 Audio Source 컴포넌트가 모두 보이게 한다.

3. 다음과 같이 사운드를 3D로 만들기 위해 Spatial Blend 슬라이더를 오른쪽으로 드래그한다.

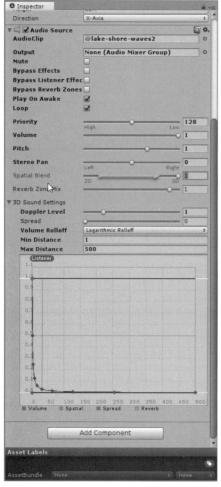

▲ 오디오 소스의 Spatial Blend를 설정하는 모습

> ⓘ **Spatial Blend** 슬라이더를 통해 오디오 효과에 따라 2D나 3D 오디오 소스를 선택할 수 있다. 우리가 사용한 오디오 소스는 2D 또는 3D 모두 사용할 수 있는데, 이것을 사용해 소리의 진원지를 가지면서 어느 곳에서나 들을 수 있게 하는 효과를 만들 수 있다.

4. 이제 3D 사운드 설정과 컴포넌트 하단의 그래프에 주목해보자. 그래프에서 리스너의 위치를 보여주는 라인에 집중한 상태로 게임을 실행해본다.

5. 씬을 돌아다니다가 산책로 아래의 수면으로 이동해보자. 물에 가까이 갈수록 사운드가 커지는지 지켜보고 방향을 바꿨을 때 오디오 소스의 위치 표시에도 변화가 있는지 확인한다. 사운드는 생각보다 크지 않을 것이고 폴오프^{falloff}도 부드러울 것이다.

6. Ctrl+P(맥에서는 커맨드+P)를 눌러 실행을 멈춘다.

7. 오디오 소스에서 3D Sound Settings$^{3D 사운드 설정}$을 수정하자. 우선 Max Distance^{최대거리}를 100으로 바꾼다. 다음 그림에 나타나 있듯이 그래프가 어떻게 바뀌는지 살펴보자.

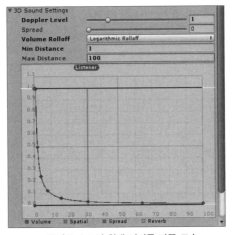

▲ 오디오 소스의 최대 거리를 바꾼 모습

8. 플레이 버튼을 다시 눌러 씬을 돌아다녀 보자. 해변가에 가까워지면 사운드가 어떻게 볼륨을 조절하는지 다시 살펴본다. 3D 사운드 설정을 바꿔보면서 오디오가 어떻게 변화하는지 테스트해보자.

 3D 사운드 설정의 볼륨/거리 그래프의 곡선과 직선은 선을 클릭하거나 드래그해서 수정할 수 있고 키를 눌러 위치나 모양도 수정 가능하다. 곡선이나 직선을 더블클릭하면 선의 모양을 수정할 수 있는 새로운 키가 추가된다. 오디오 소스 볼륨, 공간, 확장, 리버브를 수정할 수 있는 능력은 매우 강력하고 흥미로운 효과를 만들 수 있게 해준다.

9. 오디오 소스 설정이 끝나면 씬을 멈춘다. 이 시점에서 원하는 오디오 설정 값을 찾
   았다면 그 값들을 설정해놓자. 이제 File ➤ Save Scene을 선택해 씬을 저장한다.

앞서 봤듯이 사운드를 2D, 3D 혹은 이 두 가지를 믹스하는 방법에 대해 알아봤다. 다음
예제를 통해 마을의 모든 횃불에 환경 사운드를 추가해보자.

1. Hierarchy 창으로 돌아가 검색란에서 드롭다운을 클릭한다. 그리고 다음 그림과
   같이 Name을 선택한다.

▲ 검색 필터 타입을 Name으로 변경하는 모습

2. 검색란에 'prop_torch'를 입력한다. Hierarchy 창에서 같은 이름을 가진 오브젝
   트를 어떻게 보여주는지 살펴본다. 제일 위에 있는 아이템을 클릭한 후 Shift 키
   를 누른 상태에서 목록의 각 아이템들을 선택해 모든 오브젝트를 선택한다.

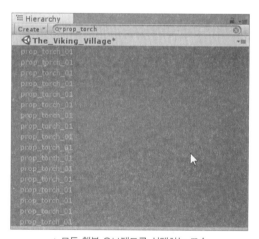

▲ 모든 횃불 오브젝트를 선택하는 모습

3. 모든 오브젝트가 선택된 상태에서 Inspector 창으로 간 후 하단에 있는 **Add Component** 버튼을 눌러 컴포넌트를 추가한다. 그리고 이전에 했듯이 검색란에 'audio'를 입력한 후 오디오 컴포넌트를 선택해 추가한다. 그리고 이전에 했듯이 검색란에 'audio'를 입력한 후 Audio Source 컴포넌트를 선택해 모든 prop_torch 게임 오브젝트에 컴포넌트를 추가한다.

 이번 예제의 경우, 모든 햇불을 동일한 방식으로 수정했다. 원한다면 각각의 햇불을 원하는 방식으로 다양하게 수정할 수 있다.

4. 오디오 소스를 게임오브젝트에 추가한 후 다음과 같이 컴포넌트 속성을 설정한다.

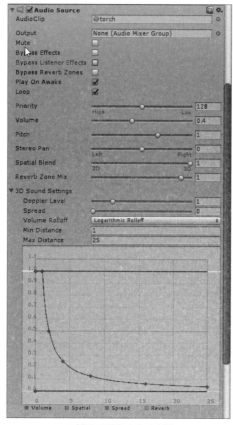

▲ 햇불 오디오 소스 속성들

5. 오디오 소스 컴포넌트 속성을 설정하는 데 어려움이 있다면 이전 내용을 참고하자. 수정을 모두 완료하면 씬을 실행하기 위해 플레이 버튼을 누른다.

6. 씬을 돌아다니면서 수면 가까이에 가보고 횃불 주변을 둘러보길 바란다. 속성을 수정하면서 좋은 속성 값들을 찾았다면 실행을 멈추고 이 속성들을 수정한다.

> ⓘ 예제를 따라 해보면 설명이 구체적이지 않다는 점을 느꼈을 것이다. 이것은 다분히 의도적이다. 여러분이 게임 오디오에 대해 어느 정도의 지식이 있는지 테스트해보고 집중하기 위해서였다. 또한 유니티 에디터를 직접 사용하면서 부딪히는 문제를 직접 해결해보길 원했다. 유니티에는 문제를 해결할 수 있는 방법이 많기 때문에 자신이 선호하는 방식으로 처리해나가면 될 것이다.

7. 오디오의 테스트와 수정이 끝나면 씬과 프로젝트를 저장한다.

지금까지 유니티에서 3D 사운드에 대해 알아봤다. 3D 사운드 설정에 대해서는 간략하게만 살펴봤고 자세한 내용은 알아보지 않았다. 이러한 설정의 추가적인 세부사항들은 이후에 더 자세히 알아보자.

▌ 요약

1장에서는 앞으로 다룰 게임 오디오의 핵심 개념들을 소개했다. 오디오를 소개한 후 유니티의 다운로드와 설치 및 에디터에 대해 간략하게 알아봤다. 예제를 풀이하는 기본 요소로서 애셋 스토어에서 샘플 프로젝트를 가져오는 방법과 압축, 샘플 비율, 채널, 파일 포맷 등에 대해서도 배워봤다. 새로운 오디오 애셋을 사용해 샘플 프로젝트의 환경 사운드를 설정하고 입체 음향에 대해 이해한 후 3D 사운드로 어떻게 전환하는지 알아봤다. 마지막으로, 씬에 환경 사운드를 추가하고 각자의 선호도에 따라 오디오 소스의 설정을 수정했다.

2장에서는 유니티 스크립팅, 오디오 트리거, 물리, 무기 사운드와 음악에 대해 알아보자.

02

오디오 스크립트

유니티는 매우 효과적인 게임 엔진으로서 탁월한 에디터 인터페이스를 제공하고, 코딩에 대한 지식 없이도 이전에 개발된 애셋으로 게임을 개발할 수 있게 해준다. 하지만 코드 없이 개발이 가능하다고 해도 실용적이지 않을 수 있고, 창의성을 제한하기도 한다. 유니티의 스크립트 엔진은 C 언어(자바스크립트, C, C++, C#)를 사용해본 경험이 있다면 더 효과적이고, 상대적으로 사용하기가 쉬울 것이다. 만약 여러분이 사운드 디자이너로서 오디오 작동 방법에 대한 팁을 찾고 있는 상황이라면 스크립트를 통해 많은 것을 배우게 될 것이다. 유니티의 스크립트에 익숙하다고 해도 다음 장으로 건너뛰지 말고, 기본 레벨의 스크립트를 배우고 오디오 컴포넌트와 함께 작동하는 것에 주목해보자.

먼저, 유니티 스크립트에 대해 간략하게 소개하고 스크립트 작성법을 알아볼 것이다. 유니티 스크립트로 시작해서, 사운드 디자인 원칙, 무기, 물리 그리고 그 밖의 오디오 테크닉에 대한 이해를 높이고 다양한 오디오 컴포넌트로 작업해볼 것이다.

2장에서 다루는 내용은 다음과 같다.

- 유니티 스크립트 소개

- 음악 키보드 구축

- 무기와 사운드

- 오디오 랜덤화

- 배경 음악

1장부터 살펴봤다면, 이미 필요한 내용들을 알고 있을 것이다. 하지만 책의 도입부에서 이 장으로 건너뛰었다면 반드시 유니티를 다운로드하고 설치한 다음 환경을 설정해야 한다. 팩트출판사 웹사이트에서 책의 소스 코드를 다운로드하고 애셋 스토어에서 유니티 Viking Village 샘플 프로젝트를 내려받아야 한다. 애셋 스토어에서 어떻게 내려받는지 모르겠다면 1장의 내용을 참고하자.

항상 그렇듯이 유니티 마스터가 아니라면 여기에 있는 예제들을 살펴보면서 큰 도움을 받을 수 있을 것이고, 그것이 가장 효과적인 방법이라고 할 수 있다.

유니티 스크립트 소개

이번 절의 목표는 유니티 스크립트가 게임오브젝트에서 컴포넌트로 어떻게 동작하는지 이해하는 것이다. 1장의 내용을 보면 유니티로 구현되는 모든 기능은 컴포넌트의 형태를 띠고 있고 컴포넌트는 스크립트와 코드로 되어 있다. 다음 다이어그램을 통해 **게임오브젝트**와 **컴포넌트**의 기본 개념에 대해 알아보자.

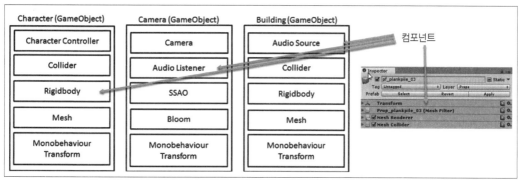

▲ 다양한 게임오브젝트를 만드는 컴포넌트 조합 방식

다이어그램에서 볼 수 있듯이 게임오브젝트에서 모든 오브젝트가 파생되므로 기본이 되는 오브젝트가 모두 같다. 다이어그램의 하단에 MonoBehaviour와 Transform이 보일 것이다. MonoBehaviour는 기본 컴포넌트이고 일반적으로 다른 컴포넌트를 파생시킨다.

 모든 컴포넌트가 단일 게임오브젝트를 취할 필요는 없다. 대부분의 경우 복잡한 오브젝트는 여러 게임오브젝트로 구성되고 각각의 자식 게임오브젝트를 가진 방대한 컴포넌트를 갖고 있다.

다음 그림과 같이 스크립트 하나의 기본 구조를 살펴보면 도움이 될 것이다.

```
    Example.cs                    ●
No selection
  1 using UnityEngine;      ◄─────────  라이브러리 사용
  2
  3 public class Example : MonoBehaviour {
  4                                         MonoBehaviour를 상속하는
  5     // Use this for initialization      Example 클래스
  6     void Start () {
  7
  8     }                    ◄─────────  초기화 관련 코드는 여기에 작성한다.
  9
 10     // Update is called once per frame
 11     void Update () {
 12
 13     }
 14 }                            게임 관련 코드는 여기에 작성한다.
 15
```

▲ 스크립트를 시작하는 프레임워크를 보여주고 있는 모노디벨롭

위의 그림은 모노디벨롭MonoDevelop 에디터에서 유니티 C# 스크립트의 시작 부분을 보여
준다. 모노디벨롭은 유니티를 위한 기본 스크립트 에디터다. 스크립트를 살펴보면서 모
노디벨롭과 그 밖의 스크립트 에디터를 시작하는 방법을 알아보자.

Example.cs 스크립트에서 4개의 메인 섹션을 볼 수 있을 것이다. 상단에는 스크립트를
가져와야 할 때 필요한 외부 라이브러리가 나와 있다. 예를 들어, UnityEngine 라이브러
리의 경우 핵심 게임 엔진 기능을 다루고 있고 거의 항상 필요하다.

다음에는 클래스의 정의가 나와 있는데, 컴포넌트의 청사진 또는 템플릿으로 생각하면
된다. 하지만 이미 언급했듯이 게임오브젝트는 기능을 위해 다양한 컴포넌트와 스크립트
를 사용한다. Example : MonoBehaviour라는 부분은 클래스 이름이 Example이며 이것이
MonoBehaviour를 상속하고 있다는 뜻이다. 대부분의 스크립트에서 클래스는
MonoBehaviour를 상속할 것이다.

다음에 나타나는 함수들은 오브젝트의 초기화를 담당하는 Start와 매번 업데이트가 될
때마다 실행되는 Update 함수가 있다. 유니티에는 게임 엔진과 상호작용하기 위해 제공
되는 다양한 방법이 있지만, 가장 자주 쓰이는 것이 Start와 Update이다.

예제를 통해 앞서 배웠던 개념들에 익숙해지고 간단한 스크립트를 만들 준비를 해보자.

1. 유니티 에디터에서 이전에 만들었던 GameAudioBasics 프로젝트를 열거나 동명의 새 프로젝트를 만든다. 새 프로젝트를 만드는 방법이 확실치 않다면, 1장의 내용을 참고한다.

2. 메뉴에서 File ➤ New Scene을 선택해 새 씬을 만든다. 씬을 저장하라고 뜨면 저장 후 계속 진행한다.

3. 아래의 Hierarchy 창에서 볼 수 있듯이 새 씬에는 Main Camera와 Directional Light가 있어야 한다.

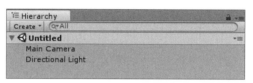

▲ 새로운 씬 내용

4. 메뉴에서 GameObject ➤ Create New를 선택해 새로운 게임오브젝트를 만든다. 새 오브젝트의 이름을 'VirtualKeyboard'라고 정하고, 아래의 Inspector 창에 보이듯이 Transform Position을 0, 0, 0으로 재설정한다.

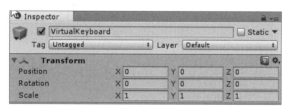

▲ Transform Position을 0, 0, 0으로 설정

5. 현재 Scene이나 Game 뷰를 보면, 새 오브젝트가 보이지 않을 것이다. 오브젝트는 비어 있고 메시를 렌더링하는 어떠한 컴포넌트도 포함하고 있지 않을 것이다.

6. Inspector 창 하단의 Add Component 버튼을 클릭한다. 검색란에 'audio source'를 입력한다. 이 필터는 Audio Source 컴포넌트만 보여줄 것이다. 오브젝트에 추가하기 위해 컴포넌트를 선택한다.

7. Inspector 창 하단의 **Add Component** 버튼을 다시 클릭한다. 이번에는 검색란에 'New Script'를 입력한다. 다음과 같이 **New Script** 패널을 열기 위해 해당 옵션 옆의 화살표 아이콘을 선택한다.

▲ Keyboard라는 새로운 스크립트 만들기

8. 위 그림과 같이 이름에 'Keyboard'를 입력한다. 편집이 끝나면 패널 하단의 **Create and Add** 버튼을 클릭한다.

9. 컨텍스트 메뉴에서 새 Keyboard 컴포넌트 옆에 있는 기어 아이콘을 클릭하고 다음과 같이 **Edit Script** 옵션을 선택한다.

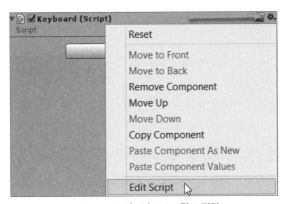

▲ Keyboard 컴포넌트 스크립트 편집

10. 유니티가 처음이면 모노디벨롭이 열린다. 이 스크립트는 이름과는 달리 우리가 이미 다뤘던 예제 스크립트와 유사하다.

 스크립트를 개발하는 데 다양한 에디터를 사용할 수 있다. 비주얼 스튜디오(Visual Studio)나 비주얼 스튜디오 코드(Visual Studio Code)는 모노디벨롭보다 더 많은 기능을 제공하기에 사용하기 좋은 에디터들이다. 하지만 이 책에서는 앞으로 스크립트를 구현하는 다양한 예제를 풀 때 모노디벨롭을 사용할 예정이다. 다양한 스크립트를 다루면서 고급 과정에 이르게 되면 더 완벽한 기능을 갖춘 에디터로 업그레이드하고 싶을 것이다.

11. 모노디벨롭 에디터를 한번 둘러보자. 이전에 사용했던 여타 텍스트 에디터와 유사하지만 방대한 양의 코드 기능이 추가된 것이다. 스크립트가 처음이라면 익숙하지 않아도 된다. 앞으로 대부분은 약간의 코드를 작성하거나 편집하는 데만 이 에디터를 사용할 것이다.

유니티 스크립트의 간략한 소개가 끝났다. 다음 절에서는 오디오 재생을 제어하는 스크립트를 흥미로운 방식으로 다뤄볼 예정이다.

▌ 음악 키보드 구축

단순하게 비어 있는 스크립트를 얼마나 빠르게 만들 수 있는지 알아봤다면, 이제 오디오 컴포넌트 스크립트의 가능성을 알아보자. 앞서 봤듯이 스크립트를 작성하지 않아도 오디오 컴포넌트를 사용할 수 있지만, 스크립트는 몇 줄의 코드만으로 오디오 소스를 제어할 수 있게 해준다.

이번에는 다양한 악기를 연주할 수 있고 녹음 및 재생이 가능한 단순한 키보드를 만드는 스크립트를 이용할 것이다. 모든 코드가 30줄 이하다. 다음 설명에 따라 스크립트를 만들어보자.

1. 지난 시간에 알아봤던 모노디벨롭으로 다시 돌아가 계속 진행한다. Keyboard 스크립트 탭이 열려 있고 스크립트 셸은 그대로여야 한다.

2. 파일 상단의 Keyboard 클래스 정의 아래에 다음 코드를 입력한다.

```
private AudioSource audioSource;
public int transpose = 0;
```

모노디벨롭에서 코드를 작성하면 에디터가 제안을 하면서 단어를 완료하도록 도와줄 것이다. 이것을 **인텔리센스**(intellisence)라 부르며, 거의 모든 코드 에디터가 제공하고 있다. 제안된 단어 중 상단에 있는 것을 사용하려면 **Tab** 키를 누르면 된다.

3. 위 코드는 audioSource 오브젝트와 transpose라 부르는 정수형 변수를 저장한다. 각 줄의 키워드는 변수가 public인지 private인지 알려준다. private 변수는 클래스 내에서만 접속할 수 있지만, public 변수는 클래스 밖에서도 보이고 에디터 인터페이스에도 노출된다. private 변수를 에디터 인터페이스에 노출하는 방법이 있긴 하지만, 여기서 다루지 않을 것이다.

4. Start 메소드에 다음을 입력한다.

```
audioSource = GetComponent<AudioSource>();
```

5. 위 코드는 게임오브젝트에 첨부된 AudioSource 컴포넌트를 찾아 그 값을 private 변수에 저장한다. GetComponent는 특별한 메소드로 스크립트가 첨부된 게임오브젝트를 검색하고 <> 태그 안에 있는 특정 컴포넌트를 찾아준다. 일치하는 컴포넌트가 없으면 아무것도 안 뜨거나 null이라 뜰 것이다.

변수명이나 키워드의 철자는 항상 일치해야 한다. 예를 들어, audioSource는 AudioSource 와 전혀 다르다. 코드에서의 공백도 일치해야 한다.

6. 입력할 코드 중에서 가장 길기 때문에 주의하여 Update 메소드에 입력한다.

```
var note = -1; // 음이 눌렸을 때, 무효화 값으로 구분하기 위한 값
if (Input.GetKeyDown ("a")) note = 0;  // C
if (Input.GetKeyDown ("s")) note = 2;  // D
if (Input.GetKeyDown ("d")) note = 4;  // E
if (Input.GetKeyDown ("f")) note = 5;  // F
if (Input.GetKeyDown ("g")) note = 7;  // G
if (Input.GetKeyDown ("h")) note = 9;  // A
if (Input.GetKeyDown ("j")) note = 11; // B
if (Input.GetKeyDown ("k")) note = 12; // C
if (Input.GetKeyDown ("l")) note = 14; // D

if (note >= 0 && audioSource != null)
{ // 키가 눌리면
    audioSource.pitch = Mathf.Pow(2, (note+transpose) / 12.0f);
    audioSource.Play();
}
```

7. 업데이트 메소드의 코드는 게임의 각 프레임마다 실행된다. 일반적으로 게임은 초당 30~60프레임으로 동작하는데, 이 말은 초당 30~60번 코드가 실행된다는 뜻이다. 첫 줄을 보면, var 키워드와 함께 note라는 변수를 만들고 값을 -1로 설정한다. 그 이후에 어떤 키가 눌렸는지 체크한다. 이를 위해 Input.GetKeyDown 함수를 사용한다. 키가 눌렸다면 true를 반환하고 그 이후에 note에 각각 값들을 설정한다. 마지막 if 구문에서 note가 0보다 같거나 크면서 audioSource가 null이 아니라면 안쪽의 구문이 실행된다. 안쪽에서 간단한 수식을 사용해 피치 값을 설정하고 오디오 소스를 재생한다.

 Mathf.Pow(2, (note+transpose)/12.0f)로 표현된 수학 함수는 노트의 진동수나 피치를 계산하는 데 12음 평균율(12-TET(tone equal temperament))을 사용한다. 이것은 12노트 옥타브 스케일에 맞추기 위해 악기를 튜닝하는 방법이며, 우리의 경우 가상 악기에 속한다. 이를 통해 가상 악기의 완전한 튜닝이 가능하다. 10장 '작곡'에서는 다른 방법을 사용해 가상 악기를 재생하고 만드는 방법을 알아볼 것이다.

8. 에디터에 코드를 전부 입력하고 나면 스크립트는 다음과 같다.

```
Keyboard ▶ No selection
 1 using System.Collections;
 2 using System.Collections.Generic;
 3 using UnityEngine;
 4
 5 public class Keyboard : MonoBehaviour {
 6     private AudioSource audioSource;
 7     public int transpose = 0;
 8
 9     // Use this for initialization
10     void Start () {
11         audioSource = GetComponent<AudioSource>();
12     }
13
14     // Update is called once per frame
15     void Update () {
16         var note = -1; // invalid value to detect when note is pressed
17         if (Input.GetKeyDown ("a")) note = 0;  // C
18         if (Input.GetKeyDown ("s")) note = 2;  // D
19         if (Input.GetKeyDown ("d")) note = 4;  // E
20         if (Input.GetKeyDown ("f")) note = 5;  // F
21         if (Input.GetKeyDown ("g")) note = 7;  // G
22         if (Input.GetKeyDown ("h")) note = 9;  // A
23         if (Input.GetKeyDown ("j")) note = 11; // B
24         if (Input.GetKeyDown ("k")) note = 12; // C
25         if (Input.GetKeyDown ("l")) note = 14; // D
26
27         if (note >= 0 && audioSource != null)
28         { // if some key pressed...
29             audioSource.pitch = Mathf.Pow(2, (note+transpose) / 12.0f);
30             audioSource.Play();
31         }
32     }
33 }
```

▲ 완료된 스크립트

9. 스크립트를 작성했으므로 메뉴에서 File ➤ Save를 선택해 스크립트를 저장한다. 파일이 저장되면 에디터로 돌아가 스크립트가 컴파일되는 동안 기다린다. 이때 Console 창을 열고 빨간색 컴파일러 에러가 없는지 확인한다. 컴파일러 에러의 예는 다음과 같다.

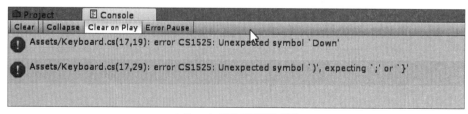

▲ Console 창의 컴파일러 에러

컴파일러 에러는 오타, 부정확함 또는 세미콜론이나 괄호의 생략으로 나타난다. 이런 실수를 피하려면 처음 스크립트를 입력할 때 신중하게 입력하자.

10. 유니티는 일반적으로 스크립트의 에러가 있는 줄이나 위치를 매우 친절하게 알려준다. **Console** 창에서 에러를 더블클릭하면 코드 에디터가 자동으로 오류가 있는 줄에 커서를 두고 열리기도 한다.

11. 스크립트에 에러가 없으면, 경고가 나타나더라도 무시하고 플레이를 클릭한다. 아직은 악기의 음을 설정하거나 가져오지 않았기 때문에 씬이 비어 있는 상태로 작동할 것이다.

 스크립트에 에러가 있으면 씬이 플레이되지 않는다. **Console** 창에 에러가 있는지 확인하고 스크립트를 고치고 나면 저장한다.

이제 컴파일러 에러 없이 스크립트 입력을 끝냈다. 에러 없이 입력을 끝낸 것은 대단한 일이다! 약간의 에러가 있다고 해도 누구나 그럴 수 있으므로 좌절하지 말기를 바란다.

스크립트 작업을 이해하기 힘들어도 걱정할 필요는 없다. Script라고 하는 소스 코드 다운로드 폴더에서 스크립트의 완성본을 찾아볼 수 있기 때문이다.

음을 가져와서 플레이하기

새로운 Keyboard 스크립트를 사용하려면, 최소한 한 가지 악기로 녹음된 몇 가지 음이 필요하다. 다음 순서에 따라 유니티로 돌아가 음을 가져온다.

1. 메뉴에서 Assets > Import Package > Custom Package를 선택한다. 그러면 파일 탐색기 대화창이 열릴 것이다. Chapter_2_Assets 소스 코드에서 Chapter_2_Keyboard_Tunes.unitypackage 파일을 찾는다. 파일을 선택하고, Open을 클릭해 애셋 가져오기를 시작한다.

2. 진행 창이 뜨면서 애셋의 압축을 풀고 나면 다음과 같이 Import Unity Package 창이 뜰 것이다.

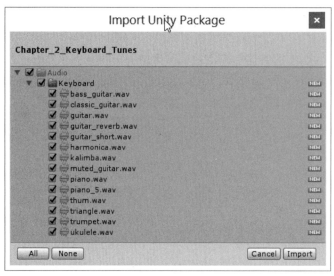

▲ 키보드 음을 가져오는 유니티 패키지 가져오기

3. 프로젝트로 음을 전부 가져오려면 Import를 클릭한다. 다시 진행 창이 뜨고 애셋 가져오기가 완료됐음을 알 수 있다.

4. Hierarchy 창에서 VirtualKeyboard 오브젝트를 선택한다. Inspector 창에서 이전에 추가했던 Audio Source 컴포넌트를 연다. AudioClip 소스에 ukulele 클립을 클릭한 후 다음과 같이 Select AudioClip 창에서 아이템을 고른다.

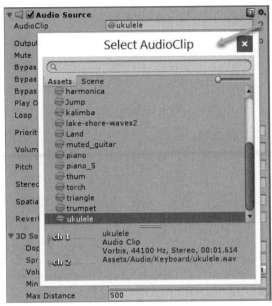

▲ 오디오 클립 소스 설정

5. 선택한 후 창을 닫는다. **Audio Source** 컴포넌트를 위한 디폴트 값들은 그대로 유지한다. 3D 사운드나 기타 오디오 설정을 설정할 필요가 없다.

6. 씬을 작동하기 위해 플레이를 클릭한다. 씬이 시작되면 a, s, d, f, g, h, j, k, l 중 아무 키나 입력해 음을 쳐본다.

7. 자신의 음악적 역량에 따라, 음악처럼 들리는 음을 연주해볼 수 있을 것이다. 씬이 작동할 때는 언제든 악기를 바꿀 수 있다. 그리고 악기를 바꾸려면 **Game** 뷰로 돌아가야 하며, 그렇게 하지 않으면 키보드 음이 등록되지 않는다.

8. 가져온 애셋에서 제공하는 오디오 사운드는 대개 C4나 미들middle C에서 연주한 악기로 녹음된다. 하지만 모든 오디오가 미들 C에서 녹음되는 것은 아니며, 다른 음에서 녹음되기도 한다. 음악에 민감한 귀를 가지고 있다면 키보드 컴포넌트의 transpose를 미들 C에 설정해 악기음을 수정할 수 있다. transpose 값을 +12나 −12로 하면 풀 옥타브로 음을 늘리거나 줄일 수 있다. 반면에 transpose 값을 +1이나 −1로 하면 스케일을 D(+1)로 높이거나 B(−1)로 낮추며 조율할 수

있다. 다음 차트는 악보에 그려지는 음의 배열을 보여주고 키보드에서 키와의 매치를 보여준다.

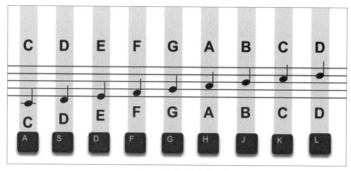

▲ 키보드 키와 매치되는 음

9. 키보드 연주를 마치면 플레이를 클릭해 씬을 멈춘다. 메뉴에서 File > Save scene as를 선택해 씬을 저장한다. Save Scene 창이 열리면 디폴트 경로를 유지하고 씬에 'VirtualKeyboard'라는 이름을 넣은 후 Save를 클릭한다.

앞서 봤듯이 몇 줄의 코드만으로 오디오 소스를 가상의 악기로 연주하도록 제어할 수 있었다. 키보드가 완벽하지는 않지만 오디오 스크립트의 능력과 강력함을 보여줬다. 다음에는 그 밖의 스크립트와 오디오 개념을 알려주기 위해 키보드 스크립트를 개선해보자.

가상 키보드 개선

키보드 스크립트가 오디오 소스를 악기처럼 연주할 수 있게 해줬다. 오디오 소스와 함께 그 밖의 스크립트 개념을 보여주기 위해 다음 예제를 따라 몇 가지 기능을 추가해보자.

1. 첫 번째 기능은 세션을 녹음하고 재생하는 것이다. 듣기에는 아주 복잡해 보이지만 몇 줄의 코드로 구현할 수 있다.

2. 모노디벨롭을 다시 띄우거나 선호하는 스크립트 에디터를 열어 transpose 변수 선언 이후 부분에 다음 코드를 입력한다.

```
public int transpose = 0; // 이 라인 이후에
private List<int> notes = new List<int>( );
private int index = 0;
public bool record;
public bool playback;
```

3. 처음 나오는 변수는 private이고 녹음한 대로 연주하는 음을 저장하는 데 사용한다. 변수는 List이며 특정한 타입을 저장하고, 코드에서는 integers 또는 음의 값을 저장한다. 다음에 나오는 index 변수는 재생 위치를 알려준다. 그다음 두 가지 부울Boolean 변수는 public으로 표기되며 스크립트를 녹음하거나 플레이하는 것을 제어한다.

4. 업데이트 메소드의 중간으로 가서 if 함수의 첫 줄과 끝 줄 사이의 빈 공간에 다음 코드를 입력한다.

```
if (record) {
    notes.Add (note);
} else if (playback) {
    index = index + 1;
    if (index > notes.Count - 1)
        index = 0;
    note = notes[index];
}
```

5. 코드가 다소 까다롭기 때문에 괄호를 적합하게 입력하는 데 주의해야 한다. 하지만 코드의 내용은 단순하다. 첫 if 문은 스크립트가 녹음하도록 설정됐는지 확인하고 최근에 연주한 음을 notes라는 List에 추가한다. 다음으로 else가 두 번째 if 문에 온다. else의 경우, 첫 테스트가 실패했을 경우에 검사한다. else if 문에서 playback 값이 true이면, 인덱스 값이 '목록에 있는 아이템의 수 − 1' 보다 큰지 테스트한다. 인덱스 값이 목록의 수보다 클 경우, 인덱스를 0으로 설정한다. 코드의 마지막 줄에서는 index 변수로 나타나는 값에 따라 음을 선택한

다. 스크립트가 재생 모드에 있을 때 인덱스 값은 재생을 멈출 때까지 계속 반복될 것임을 기억해두자.

6. 코드를 모두 작성하고 나면 파일을 저장하고 유니티 에디터로 돌아간다. 그리고 이미 말했듯이 스크립트에는 컴파일러 에러가 없어야 한다. 에러가 없다면 플레이를 누른다. 컴파일러 에러가 발생하면 다시 코드 에디터로 돌아가 에러를 수정하자.

7. 씬이 실행되면 Hierarchy 창에서 VirtualKeyborad 오브젝트를 선택한다. 다음과 같이 Inspector 창에서 컴포넌트를 볼 수 있을 것이다.

▲ 녹음 모드에서 Keyboard 스크립트 작동

8. Keyboard 컴포넌트에서 Record 설정 옆에 있는 체크박스를 클릭한다. Game 뷰에서 마우스를 클릭해 가상 악기를 연주하는 키를 입력해본다. 15~30초 정도 연주한 뒤에 녹음을 그만하기 위해 Record를 클릭한다. 자신이 녹음한 세션을 플레이하려면 Playback을 클릭한다.

연주할 음악을 찾거나 구상 중이라면, 다음 악보가 도움이 될 것이다.

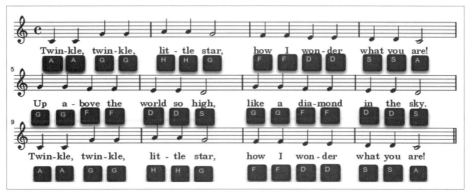

▲ 키보드 키를 위와 같이 입력해 음악을 연주한다.

9. 세션을 여러 번 반복해서 플레이해본다. 새 기능들을 테스트하고 나면 플레이를 눌러 씬을 멈춘다.

앞서 살펴봤듯이 단순한 예제에 몇 가지 코드를 넣어서 중요한 기능을 추가해봤다. 물론 그 밖의 기능들을 더 추가해 완성된 키보드를 만들 수 있고, 악보를 만들 수도 있으며, MIDI 트랙과 유사하게 게임에서 음악을 플레이할 수도 있을 것이다. 지금까지 이 스크립트를 활용했지만 원하는 기능들을 더 추가해도 괜찮다. 8장 '게임 오디오 시각화'에서 해당 Keyboard 스크립트를 다시 활용해 오디오와 그래픽의 싱크를 어떻게 맞추는지 알아볼 것이다.

스크립트를 다루는 것은 여전히 어려울 수 있다. 다음에는 실제 게임에서 더욱 실용적으로 쓸 수 있는 스크립트 개념을 예제를 통해 알아볼 것이다.

▍ 무기와 사운드

이전 장의 마지막 부분에서 Viking Village의 오디오 레이어나 그룹으로 환경 오디오를 소개했다. 이번에는 다이렉트 피드백 그룹^{direct feedback group}이라는 새 오디오 레이어를 소개하려고 한다. 첫 장과 비교하자면 이 오디오 레이어는 플레이어 액션 또는 리액션에 의해 활성화되는 사운드를 말하며 주로 폭발, 무기, 캐릭터들의 대화, 보스 음악을 포함한다.

1장에서는 다이어제틱과 논다이어제틱을 소개했다. 지금까지 사용했거나 앞으로 사용할 오디오를 다이어제틱이나 논다이어제틱으로 분류할 수 있을까? 이번 절의 마지막에 질문이 주어질 것이다.

다이렉트 피드백 오디오를 소개할 때 가장 좋은 방법은 무기 및 그와 관련된 사운드를 추가하는 것이다. Viking Village 테마를 따라가면서 사용하게 될 무기는 도끼 던지기다. 기본적으로 발사 무기를 구성하고 있는데 수류탄, 대포, 칼 같은 무기는 다른 게임에도 적용이 용이하다.

유니티로 돌아가 다음 예제를 따라 해보자.

1. 유니티에 있는 Viking Village 샘플 프로젝트를 현재 사용 중인 프로젝트에 로드한다. 빌리지 프로젝트를 내려받아 설치하지 않았다면 1장으로 돌아가 '프로젝트 애셋 다운로드 및 가져오기' 절을 참고한다.

2. 메뉴에서 Assets > Import Package > Custom Package를 선택하고 파일 열기 창을 연다. 창을 이용해 책의 소스 코드를 내려받았던 곳으로 가서 Chapter_2_ Assets 폴더를 연다. Chapter_2_Viking_Village_Start.unitypackage 파일을 선택한 후, 파일을 가져오기 위해 Open을 클릭한다.

3. Project 창에서 Assets/GameAudio/Scenes 폴더를 열어 다음과 같이 The_ Viking_Village_Chapter2_Start 씬을 더블클릭한다.

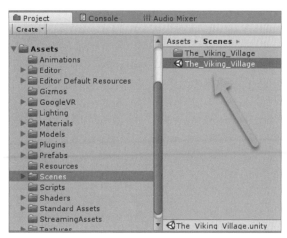

▲ 시작 씬을 연다.

4. 씬이 뜰 때까지 잠깐 기다린다. 씬이 로드되면 플레이를 누른다. 주변을 돌아보며 햇불과 파도의 주변음이 들리는지 확인하자. 1장을 보지 않았다면 오디오 사운드 설정에 대해 다시 훑어보길 바란다.

5. 씬을 멈추려면 다시 플레이를 누른다. Hierarchy 창에서 'Camera_high'를 입력해 Camera_high 오브젝트를 찾은 후 오브젝트를 선택하고 카메라 프리뷰가 다음과 같은지 확인한다.

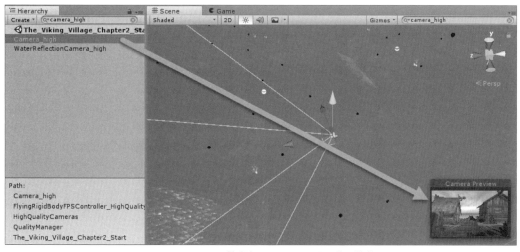

▲ Hierarchy 창에서 Camera_high 오브젝트 선택

6. 검색란에서 x를 클릭해 필터를 제거한다. Camera_high 오브젝트는 선택된 상
   태로 씬에서 보인다. 우클릭(맥에서는 Ctrl+클릭)해 컨텍스트 메뉴를 열고 **Create
   Empty**를 선택한다. 비어 있는 자식 게임오브젝트가 만들어지고 여기에
   'AxeController'라고 이름을 정한다.

7. **Project** 창에서 Assets/GameAudio/Scripts 폴더를 열고 AxeController 스크립
   트를 찾는다. 스크립트를 끌어와서 다음과 같이 **Hierarchy** 창의 새로운
   AxeController 오브젝트에 놓는다.

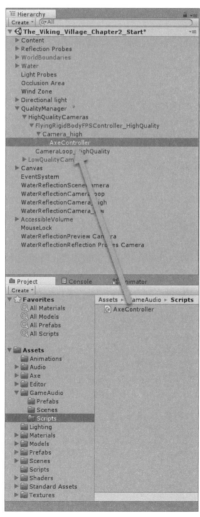

▲ AxeController 오브젝트로 스크립트 드래그하기

8. Hierarchy 창에서 선택한 AxeConroller 오브젝트를 가지고 Inspector 창에 새로운 Axe Controller 컴포넌트가 생겼음을 알려준다. 새 컴포넌트에는 Axe Prefab이라는 게임오브젝트를 위한 슬롯이 있다. Project 창에서 Assets/GameAudio/Prefabs 폴더를 열고 다음과 같이 Axe Controller 컴포넌트에서 비어 있는 슬롯으로 AxePrefab을 끌어온다.

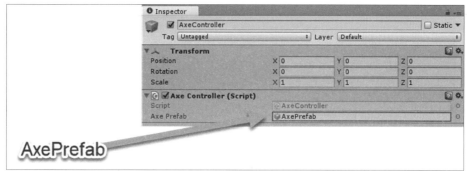

▲ 비어 있는 게임오브젝트 슬롯으로 AxePrefab을 드래그하기

 TIP 프리팹(Prefab)이란 게임오브젝트로서, 씬의 외부에 저장되고 프로젝트 애셋으로 재사용할 수 있는 오브젝트다. 유니티에서 필수적인 아이템이고 어디에나 사용된다. 앞으로 프리팹에 대해 더 알게 될 것이다.

9. 플레이를 눌러 씬을 시작해보자. 이번에는 주변을 돌아다니면서 마우스를 클릭하면 다음과 같이 플레이어가 도끼를 던질 것이다.

도끼

▲ 씬에서 도끼 던지기

10. 도끼를 던져봤으면 다시 플레이 버튼을 눌러 씬 실행을 멈춘다. 메뉴에서 File ➤ Save Scenes를 선택해 지금까지 한 작업을 저장하자.

현재 도끼는 목표물에 맞았을 때 소리가 없음을 알아 차렸을 것이다. 이 부분을 수정해 보자.

도끼 던지기

플레이어가 도끼를 던졌을 때, 우리는 오디오를 통해 두 가지가 전해졌으면 한다. 첫 번째는 던지는 소리를 넣어 플레이어가 어떤 것을 던지고 있다는 사실을 알게 하는 것이고, 두 번째는 도끼가 크고 무거워 보이므로 거기에 맞게 힘을 주는 소리가 묘사됐으면 한다.

TIP

사운드 디자이너로서 여러분이 할 일은, 어떤 액션이나 환경에 맞는 오디오 이펙트를 넣는 것만이 아니다. 감정이나 분위기를 불러일으키고 플레이어와 캐릭터, 세계와의 관련성을 높일 만한 사운드를 만들 때 다이어제틱과 논다이어제틱 사운드를 다시 돌아보게 된다. 이제 마지막에 준비된 퀴즈를 풀 준비가 됐는가?

유니티로 되돌아가, 다음 예제를 따라 사운드를 추가해보자.

1. Hierarachy 창에서 AxeController 오브젝트를 찾아 선택한다.

2. Inspector 창에서 **Add Component**를 클릭하면 컴포넌트 목록 드롭다운 상자가 열린다. 검색란에 'audio source'를 입력하고, 다음과 같이 걸러낸 목록에서 **Audio Source** 컴포넌트를 선택한다.

▲ 컴포넌트 목록에서 Audio Source 컴포넌트 선택

3. Audio Source 컴포넌트가 AxeController 오브젝트에 추가될 것이다. 지금 했던 것처럼 다른 **Audio Source**도 추가해본다. 왜냐하면 2개의 오디오 소스가 필요하기 때문이다.

2개의 오디오 소스를 추가한 후, 처음의 오디오 소스를 열고 **Play on Awake** 설정에는 체크하지 않는다. **AudioClip** 설정 옆에 있는 과녁 모양의 아이콘을 클릭해 **Select Audio Clip** 창을 연다. 검색란에 'throw'를 입력하고, 다음과 같이 필터링된 목록에서 클립을 선택한다.

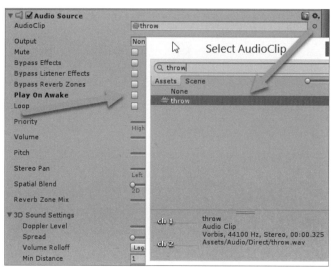

▲ 오디오 소스에 맞는 오디오 클립 설정

1. 두 번째 Audio Source도 같은 방법으로 진행한다. 하지만 오디오 클립은 grunt 로 추가하자.

 이번 예제에서는 던지는 사운드와 힘주는 소리에 대한 2개의 오디오 클립을 사용했다. 두 사운드를 하나로 합치지 않은 이유는 추후에 필요에 따라 제어를 하기 위해서다. 다음에는 이러한 제어에 대해 알아볼 것이다.

2. 이제 플레이를 눌러보자. 씬을 자유롭게 누비며 마우스를 클릭해 도끼를 날려본다. 플레이를 멈출 준비가 되면 플레이를 눌러 씬을 멈춘다.

씬을 플레이하면서 들을 수 있는 만큼의 간단한 사운드를 추가해 플레이어에게 직접 청각적인 피드백을 제공한다. 이제 플레이어는 도끼가 날아가는 모습을 볼 뿐만 아니라 들을 수도 있게 됐다. 그것은 던지는 소리, 휙 하고 날아가는 소리, 힘주는 소리가 한데 나는 것이다. 도끼를 던지는 것이 상당히 힘들다는 느낌을 주기 위해 힘주는 소리를 추가했다. 그 소리를 생략했다면 플레이어는 캐릭터가 주는 노력에 대해 개연성을 갖지 못했을 것이다. 유니티를 열어 다음 예제를 실행해보자.

1. Hierarchy 창에서 AxeController 오브젝트를 찾아 선택한다.

2. 다음과 같이 Inspector 창에서 컴포넌트명 옆에 있는 상자에 체크하지 않고 두 번째 오디오 소스(grunt 오디오 클립)를 비활성화한다.

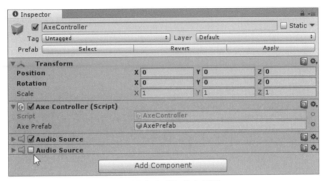

▲ 두 번째 오디오 소스 전환

3. 씬을 작동하기 위해 플레이를 누르고, 돌아다니며 도끼들을 던져본다. 도끼를 던짐으로써 캐릭터에 대해 여러분이 갖게 되는 마음이나 정서에 대해 생각해본다.

4. 힘주는 소리 없이 잠시 동안 플레이한 후, 두 번째 오디오 소스를 체크해 활성화한다. 이제 도끼를 좀 더 던져보자. 캐릭터의 변화에 어떤 관련성이 있는지 다시 생각해본다.

5. 두 번째 오디오 소스를 확대해 다음과 같이 grunt 오디오 클립의 볼륨을 낮춘다.

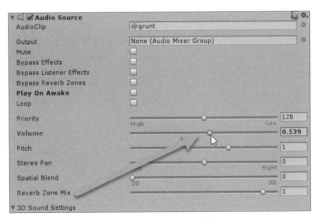

▲ 오디오 소스 볼륨 변화

6. 힘주는 소리의 볼륨 조절에 따라 어떤 효과가 바뀌는지 또는 캐릭터에 대해 무엇을 말해주는지 생각해보자. 더 크게 힘주는 소리나 부드럽게 힘주는 소리가 캐릭터의 물리적인 상태에 대해 알려주는가?

7. 확인해본 후, 플레이를 다시 눌러 씬을 종료한다.[1]

앞의 예제를 통해, 좋은 사운드 디자인의 미묘함에 대한 이해를 높일 수 있었다. 그리고 어댑티브 사운드 adaptive sound 처럼 사운드 디자인의 다른 측면에 대해 소개할 수 있었다. 어댑티브 사운드와 음악은 플레이어의 상황에 따라 게임 오디오를 수정하는 역동적인 방법이다. 어댑티브 오디오는 대부분의 게임에서 일반적으로 쓰이며, 책 내용 전반에서 다룰 것이다.

씬에서는 여전히 도끼가 물체에 맞는 오디오 효과를 놓치고 있다. 그러한 오디오 요소들을 추가하기 전에, 이번 장은 스크립트에 관한 것이므로 AxeController 스크립트의 내부 작업에 대해 자세히 알아보자.

AxeController 스크립트의 이해

이미 알아차렸겠지만 직접 AxeController 스크립트를 입력하는 수고는 하지 않았다. 스크립트가 복잡할 뿐만 아니라 직접 타이핑함으로써 타이핑 실력을 늘리기보다는 오디오에 대한 이해에 주력했기 때문에 스크립트는 해당 장 애셋의 부분으로 제공된다. 하지만 스크립트의 내부 작업을 이해하기 위해 주의 깊게 들여다볼 필요가 있다.

유니티를 열고, 다음 순서에 따라 에디터에서 스크립트를 연다.

1. Project 창에서 검색란에 'axecontroller'를 입력한다. 해당 스크립트를 보여주려고 콘텐츠를 걸러낼 것이다. 파일은 다음과 같다.

---

1 나는 오랫동안 게임 업계에 있었지만 이 과정을 통해 게임 사운드 디자이너의 노고를 알 수 있었다. 이 예제만큼은 꼭 직접 따라 해보면서 그 과정을 체험해보자. - 옮긴이

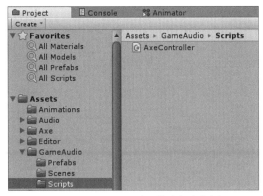

▲ AxeController 스크립트 찾기와 선택하기

2. 다음과 같이 Inspector 창에서 파일을 보여주기 위해 스크립트를 선택한다.

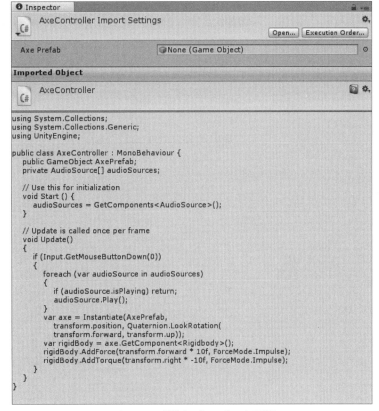

▲ Inspector 창의 AxeController 스크립트

3. 스크립트를 보면 Keyboard 스크립트에서 사용했던 것과 같은 섹션으로 분류됐음을 알 수 있을 것이다.

4. 스크립트의 제일 위에 첫 섹션으로 변수 선언이 있다. 다음과 같이 public과 private 변수의 조합이다.

```
public GameObject AxePrefab;
private AudioSource[] audioSources;
```

5. public 변수 AxePrefab은 던지기 오브젝트로 설정했던 프리팹을 유지하는 데 사용된다. 이미 만들어진 프리팹을 열린 슬롯으로 드래그해 어떻게 설정했는지 기억하자. 게임오브젝트 타입으로, 대부분의 경우 어떤 오브젝트든 설정할 수 있다. 다음에 audioSources 변수는 오디오 소스의 배열([] 의미)이며 private으로 표시되고 클래스에서 내부적으로 설정된다.

6. 다음은 Start 메소드다. Start 메소드는 변수를 초기화하고 스타트업을 구현하는 데 사용한다. 통상적으로 메소드 내의 audioSources 변수는 GetComponents를 호출해 초기화된다. GetComponent 메소드와 같지만, 타입과 일치하는 모든 컴포넌트를 반환한다.

```
audioSources = GetComponents<AudioSource>();
```

7. 스크립트의 마지막 부분은 Update 메소드로, 게임의 모든 프레임에 필수다. 아래에 Update의 내부 코드가 있다.

```
if (Input.GetMouseButtonDown(0))
{
    foreach(var audioSource in audioSources)
    {
        if (audioSource.isPlaying) return;
        audioSource.Play();
    }
```

```
        var axe = Instantiate(AxePrefab,
            transform.position, Quaternion.LookRotation(
            transform.forward, transform.up));
        var rigidBody = axe.GetComponent<RigidBody>();
        rigidBody.AddForce(transform.forward * 10.0f, ForceMode.Impulse);
        rigidBody.AddTorque(transform.right * -10.0f, ForceMode.Impulse);
    }
```

8. 가장 먼저 알아야 할 것은, 첫 번째 if 문에서 마우스 버튼을 눌렀을 때 아래에 있는 모든 코드가 실행된다는 점이다. 이것은 Input 오브젝트를 이용해 이뤄지며 키보드와 마우스 상태를 검사할 수 있다. Input.GetMouseButtonDown(0) 문은 버튼을 눌렀느냐에 따라 참/거짓을 반환하는데, 버튼을 누르면 true가 반환되고 if 문 안에 있는 코드가 실행된다. foreach로 시작하는 다음 줄의 코드는 audioSources를 반복한다. foreach(var audioSource in audioSources)라는 코드는 audioSources에 있는 모든 오디오 소스를 돌면서 재생하는데, isPlaying 속성을 사용해 이미 어떠한 오디오 소스라도 재생하고 있다면 return을 사용해 함수를 종료시킴으로써 마우스를 누를 때마다 도끼를 던지지 않게 해준다. 모든 오디오 소스를 재생하고 나면 실제로 유니티 물리 엔진을 사용해 도끼를 던져야 한다. Instantiate 메소드를 사용해 새로운 도끼를 만들고 첨부된 rigidBody의 AddForce와 AddTorque 함수를 사용해 도끼를 던진다.

9. 이 스크립트는 물체를 던지는 데 사용할 수 있으므로, 어떠한 게임오브젝트라도 axe 또는 AxePrefab에 연결되면 해당 게임오브젝트를 던지는 데 사용할 수 있다.

이제 플레이어가 무거운 도끼를 던질 때 직접적인 피드백을 제공하는 오디오를 추가해봤다. 씬에서 중요한 한 가지 오디오를 다루지 않았는데, 그것은 도끼가 물체에 맞을 때 나는 소리다. 다음 절에서는 도끼의 강타 또는 다른 물체와 충돌했을 때의 오디오 이펙트를 다룰 것이다.

충돌 사운드 재생

앞서 언급했듯이 지금까지 씬에서 다루지 않았던 마지막 요소는 어떤 것에 충돌했을 때 도끼가 내는 소리다. 이 작업이 다소 복잡하게 느껴질 수도 있는데, 예를 들어 물체가 부 딪히거나 부서졌을 때 다른 사운드를 원하거나 잡음을 더 넣고 싶을 수도 있다. 유니티에 서는 그런 세부적인 레벨의 구현이 가능하지만, 단순한 오디오 설명에는 과하다고 할 수 있다. 대신 다음 예제를 따라 도끼에 맞는 오디오 이펙트를 추가해보자.

1. Project 창에서 검색란에 'axeprefab'을 입력한다. 폴더에서 프리팹을 선택해 Inspector 창에서 컴포넌트가 보이게 한다.

2. Inspector 창 하단의 Add Component를 클릭한 후, 검색란에 'audiosource'를 입력한다. 걸러진 목록에서 Audio Source를 선택해 컴포넌트를 오브젝트에 추 가한다.

3. Audio Source 컴포넌트를 열어 다음과 같은 속성들을 설정하자.

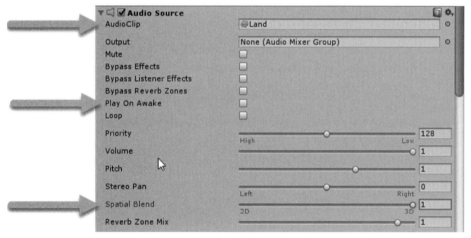

▲ AxePrefab에서 Audio Source 속성 설정

4. Add Component를 다시 클릭하고 검색란에 'axeaudio'를 입력한다. 목록에서 Axe Audio Controller 컴포넌트를 선택해 오브젝트에 추가한다.

5. 플레이를 눌러 씬을 작동시키고, 주변을 돌아다니며 도끼를 던져보자. 도끼가 물체에 맞을 때 어떤 소리가 나는지 알아본다. 테스트를 마치면, 플레이를 눌러 씬을 멈춘다.

씬을 작동하면서 도끼 사운드가 3D일 뿐만 아니라 강타했을 때 주는 힘의 양이 잘 매치되는 것을 눈치챘는가? 이것은 충돌의 힘에 따라 오디오의 재생을 수정했기 때문이다. 이제 AxeAudioCollider 스크립트에 무슨 일이 일어나는지 알아보자.

1. Inspector 창이나 스크립트 에디터에서 AxeAudioCollider 스크립트를 찾아서 연다. 아직 스크립트를 편집하지 않고 검토만 한 상태라 양쪽에서 열릴 것이다.

2. 아래에 눈여겨봐야 할 코드가 있다.

```
void OnCollisionEnter(Collision collision)
{
    if (collision.relativeVelocity.magnitude > 2)
    {
        var magnitude = collision.relativeVelocity.magnitude;
        var volume = Mathf.Clamp01(magnitude / volumeRatio);
        var pitch = magnitude / pitchRatio;
        audioSource.volume = volume;
        audioSource.pitch = pitch;
        audioSource.Play();
    }
}
```

3. 우선 알아야 할 것은 주요 작업 코드가 Update 대신 OnCollisionEnter라는 새로운 메소드라는 점이다. 이것을 사용하는 이유는 충돌이 발생했을 때만 작동하는 코드이기 때문이다. 물체의 충돌체가 다른 충돌체와 충돌했을 때, 이 메소드를 어떤 물체에든 추가할 수 있다. 충돌체는 유니티 물리 엔진의 핵심으로, 물체가 다른 것을 그냥 지나치는 것을 막고 충돌을 감지하는 데 사용된다. 또한 물체를 그냥 지나쳤다고 해도 충돌 사실을 알려준다. 책의 뒷부분에서 충돌의 사용에 대해 더 다룰 것이다. 충돌 메소드에서 첫 번째 if 문은 그 현상의 힘이나 규모

가 소리를 재생할 만큼 큰지 알아본다. 이것은 물체가 착지하거나 매달린 후에 잠시 동안 나는 잡음을 제거한다. 그런 다음, 충돌의 규모와 계산된 음량과 음의 변화에 임의로 변수를 설정한다. 그리고 충돌 규모의 간단한 비율 형식을 이용해 음량과 음의 변화를 계산한다. 충돌력에 기반한 감쇠는 자연적인 것이며 충돌력이 커질수록 더 커진다. 3D를 이용해 오디오 설정을 결합한 기술은 도끼 효과에 더 자연스러운 퀄리티를 만들어준다. 마지막으로, 계산 결과에 기초해 음량과 음의 변화를 설정하고 사운드를 플레이한다.

> ⓘ Mathf 정적 오브젝트는 유용한 수학 함수를 가진 라이브러리다. Clamp01 함수는 결과 값이 항상 0에서 1 사이에 오게 한다.

4. 스크립트를 살펴보고 나서 다시 돌아가 Inspector 창에서 보이도록 AxePrefab을 선택한다.

5. 플레이를 눌러 씬을 작동한다. 그동안 다음과 같이 Axe Audio Collider 컴포넌트에서 Volume Ratio와 Pitch Ratio를 수정하자.

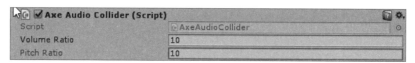
▲ 도끼 오디오 컨트롤러 컴포넌트 설정

6. 값을 수정했을 때 도끼의 충돌음이 어떻게 바뀌는지 살펴보고, 특히 음에 주의해 들어본다. 가장 자연스러운 사운드를 찾을 때까지 비율을 수정해본다. 테스트를 마치면, 플레이를 눌러 멈춘다.

7. 씬과 프로젝트를 저장한다.

퀴즈

이번 절에서 사용된 다음의 세 가지 오디오 이펙트가 다이어제틱인지 논다이어제틱인지 알 수 있는가?

- 도끼 던지는 소리
- 캐릭터의 힘주는 소리
- 도끼 충돌

답은 2장의 마지막에 있다.

지금까지 씬에 오디오를 추가하는 작업을 해봤다. 테스트를 계속 해보며 모든 오디오가 반복됨을 알게 됐다. 다음에는 반복을 끝내는 기술을 소개할 것이다.

▌ 오디오 랜덤화

오디오 랜덤화는 오디오 소스를 무작위로 재생해 게임 오디오에서 반복적인 오디오 재생을 피하는 방법이다. 오디오 반복을 피하는 또 다른 방법으로는 같은 잡음이나 음악, 대화에 다양한 사운드 이펙트를 만들거나 오디오 재생이 필요할 때마다 랜덤하게 하나씩 선택하는 방법이 있다. 이렇게 오디오 클립의 다양한 버전을 준비해 반복성을 피할 수 있지만, 메모리 사용량과 애셋 관리가 늘어나게 된다.

이번에는 다양한 버전의 오디오를 사용하지 않고 오디오의 재생을 수정하거나 랜덤화하는 기술을 알아볼 것이다. 유니티를 열고 다음 예제에 따라 씬 오디오를 랜덤화해보자.

1. Project 창에서 AxeController 스크립트를 찾아 에디터에서 더블클릭해 연다.
2. 다음과 같은 21번째 줄로 스크롤을 내린다.

```
if (audioSource.isPlaying) return;
```

3. 그 줄 아래에 다음 코드를 입력한다.

```
audioSource.pitch = 1.0f + Random.Range(-.1f, .1f);
audioSource.volume = 1.0f - Random.Range(0.0f, .25f);
```

4. 위의 코드는 Play( ) 메소드 앞에 입력한다. 두 줄의 코드는 Random 정적 오브젝트의 Range 메소드에 의해 결정되는 랜덤한 양에 따라 음과 음량을 수정한다.

5. 스크립트의 편집을 마치면 파일을 저장하고 유니티로 돌아온다. 스크립트를 컴파일하는 동안 기다리면서 편집 에러가 없게 한다. 만약 에러가 있다면 실행되기 전에 스크립트에서 에러를 수정한다.

6. 유니티에서 플레이를 눌러 씬을 테스트한다. 주변을 돌아다니며 도끼를 던지고, 사운드가 덜 반복적으로 들리는지 집중해보자. 테스트를 마치면 씬을 멈춘다.

몇 줄의 스크립트로 오디오 이펙트에 변화를 추가했음을 알 수 있다. 오디오와 이펙트에 변화를 주어 게임 플레이의 반복성을 줄이고 흥미를 높일 수 있었다.

흥미를 느꼈다면, 씬에서 그 밖의 오디오 이펙트에도 변화를 줘보자. AxeAudioCollider로 위의 예제에서 했던 방식대로 음량과 음에 유사한 조정을 줄 수 있다. 스스로 시도해보길 바란다.

그 밖의 오디오 이펙트로는 토치 오디오^{torch audio}가 있는데, 랜덤화하는 데 이점이 있다. 토치 오디오를 랜덤화하기 위해 다음 예제를 따라 해보자.

1. 유니티로 돌아가 Hierarchy 창 검색란에 'prop_torch'를 입력한다. 그러면 토치 프랍에 대한 목록을 걸러낼 것이다. 메뉴에서 Edit ➤ Select All을 선택해 모든 토치를 선택한다. 그러면 씬을 선택하게 되는데 결과는 없다. 선택한 것은 다음과 같아야 한다.

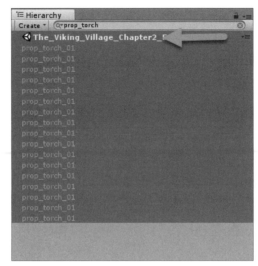

▲ Hierarchy 창에서 모든 오브젝트 선택

2. Inspector 창에서 Add Component를 클릭해 컴포넌트 검색란에 'random'을 입력한다. 목록에서 Random Audio Controller를 선택해 토치 오브젝트에 추가한다.

 RandomAudioController 스크립트는 Start 메소드에서 무작위로 오디오 소스에 변화를 주어 다양한 소리가 재생되도록 만든다. 오디오 소스를 다양하게 재생하고 싶다면 이 스크립트를 첨부해보자.

3. 플레이를 눌러 씬을 다시 작동시킨다. 겨우 한 가지 이펙트가 씬에 추가된 것 치고는 꽤 놀랍다. 이제 여러분의 캐릭터 주위를 둘러싸고 다수의 토치 사운드를 들을 수 있을 것이다. 3D 사운드와 접목된 작은 차이로 깊이와 양이 더해진다. 플레이어로서 더 넓은 장소에 있는 듯한 착각에 빠져보자.

4. 씬을 멈추고 Random Audio Controller를 비활성화한 후, 다시 플레이한다. 오디오 변수가 부족할 때 씬이 얼마나 지루해 보이는지 확인해보자.

5. 테스트를 마치면 Random Audio Controller는 다시 사용할 수 없으며, 씬과 프로젝트를 저장한다.

이제 오디오에 변화를 주는 값에 대해 확실히 이해할 수 있을 것이다. 그리고 오디오 랜덤화와 가변화 이펙트가 꽤 놀라울 정도였으며 게임 플레이의 반복성을 줄이는 효과가 있음을 알 수 있었을 것이다. 다음 절에서는 이번 장의 마지막 예제인 배경 음악 스크립팅에 대해 알아보자.

▌배경 음악

이 장의 마지막으로, 오디오의 또 다른 레이어인 배경 음악 또는 테마 음악을 소개한다. 종종 간과되는 레이어이기도 하지만, 게임이 진행되는 동안 분위기를 정해주는 부분이다. 게임을 플레이하는 동안 음악을 수정하는 세부적인 예제는 책의 뒷부분에서 다룰 것이다. 지금은 단순한 스크립트를 이용해 우리가 원하는 배경 음악을 반복적으로 쓰도록 설정해보겠다. 다음 설명을 따라 배경 음악을 추가해보자.

1. 유니티를 열고 Viking Village로 간다. 비어 있는 게임오브젝트를 만들고 'BackgroundMusic'으로 이름을 정한다.

2. Project 창에서 viking_music 오디오 클립을 찾는다. Hierarchy 창에서 클립을 새로운 BackgroundMusic 오브젝트로 드래그한다. 이렇게 해서 자동으로 오디오 소스 컴포넌트를 오디오 클립 세트에 추가할 것이다.

3. Project 창에서 MusicLooper 스크립트를 찾는다. Hierarchy 창에서 스크립트를 BackgroundMusic 오브젝트로 드래그한다. Music Looper 컴포넌트의 속성을 다음과 같이 설정한다.

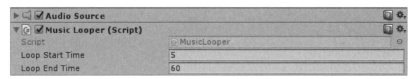

▲ Music Looper 컴포넌트 설정

4. 플레이를 눌러 씬을 시작한다. 최소 1분 정도 씬이 작동하게 둔다. 대략 1분 동안 배경 음악이 어떻게 반복되는지 알아본다. MusicLooper 스크립트는 오디오 파일에서 부분을 추출하는 데 사용되며, 반복하여 그 부분을 플레이한다. 플레이를 눌러 씬을 멈춘다.

5. 스크립트 에디터에서 MusicLooper 스크립트를 연다. 보다시피 다음 스크립트는 단순한 편이다.

```
if (audioSource != null &&
    audioSource.isPlaying &&
    audioSource.time > loopEndTime)
{
    audioSource.time = loopStartTime;
}
```

6. 코드는 Update 메소드에서 작동하며, 프레임마다 체크해 클립이 loopEndTime을 지나고 있는지 검사한다. 그럴 경우 클립은 loopStartTime으로 재설정되고 오디오 클립의 일부만 플레이할 수 있다.

마지막 예제에서는 간단한 스크립트를 사용해 오디오 클립 중 부분만을 효과적으로 플레이하는 방법을 알아봤다. 이후의 장들에서는 클립을 플레이하는 데 이용하는 제어에 대해 다른 툴을 이용해 알아볼 것이다.

퀴즈 정답

- **도끼 던지는 소리**: 도끼를 던지는 것처럼 들릴 것이므로 다이어제틱 사운드다.
- **캐릭터 힘주는 소리**: 씬에 톤이나 분위기를 만드는 화면 밖의 소리이므로 논다이어제틱 사운드다.
- **도끼 충돌**: 도끼가 물체를 강타할 때 내는 소리이므로 다이어제틱 사운드다.

논다이어제틱 사운드나 음악의 사용이 중요하다는 사실을 기억해두자.

지금까지 스크립트에 대해 배워봤다. 예제를 다 풀지 못했다면 책에서 제공하는 소스 코드에서 완료된 Viking Village 씬을 찾아보자.

▌ 요약

2장에서는 고급 레벨의 유니티 스크립트에 대해 알아봤다. 유니티 프로젝트 작업을 담당하는 사운드 디자이너나 아티스트는 스크립트를 기본적으로 이해할 수 있어야 하며, 그렇게 함으로써 개발자의 간섭 없이 수정 작업을 할 수 있다. 기본 스크립트 소개를 통해 간단한 음악 키보드를 사용하는 실용적인 예제를 만들어보면서 추가적인 스크립트 개념을 알 수 있었고, 어떻게 필수 오디오 소스 컴포넌트 속성이 악기에 맞게 수정되는지 알수 있었다. 그리고 Viking Village 프로젝트로 넘어가서 무기에 적합한 스크립트 예제들을 살펴보며 반복된 테스트를 통해 오디오가 꽤 반복적이라는 사실도 알게 됐고, 그 부분을 해결하기 위해 음량과 음의 랜덤화에 대해 배웠으며, 변화를 주어 덜 반복적인 사운드를 만들어봤다. 마지막 예제는 배경 음악에 관한 것이었고, 플레이 타임 반복에 대한 제어를 다뤄봤다.

벌써 유니티 4.x와 이전에 소개된 핵심 오디오 컴포넌트에 대해 충분히 알게 됐다. 3장에서는 유니티 5에서 소개되는 새로운 오디오 믹싱 기능을 알아보며, 오디오 개발의 새로운 세계를 탐험해보자.

03

오디오 믹서 소개

이전 장들에서는 유니티에서 사용하는 핵심 오디오 컴포넌트를 소개하고, 에디터와 스크립트로 어떻게 작업하는지 알아보면서 다양한 오디오 요소들을 적절하게 소개했다. 간단한 게임을 만들어본 경험이 있다면, 이전에 사용했던 기술을 유용하게 쓸 수 있는데, 사실 대부분의 유니티 개발자들이 그러할 것이다. 하지만 게임 산업은 그래픽과 오디오의 진보와 함께 품질의 향상에 있어 한계가 없기 때문에 새로운 그래픽의 모습에 따라 오디오 역시 몰입감을 높일 필요가 있다. 현재의 트렌드를 따라가기 위해 유니티 5.0에서는 완전히 통합된 오디오 믹서를 소개한다. 앞으로는 유니티 오디오 믹서의 능력과 기능을 다룰 것이다.

3장에서는 오디오 믹서를 소개하고, 그것이 게임을 변화시키는 데 미치는 영향과 씬을 전환하는 데 이용하는 방법을 살펴보려고 한다. 그리고 그룹, 신호 전송, 오디오 믹서와 적용할 수 있는 기타 이펙트에 대한 기본 사항을 살펴볼 것이다.

3장에서 다루는 내용은 다음과 같다.

- 유니티 오디오 믹서 소개
- 이펙트로 오디오 형태 만들기
- 마스터 믹서와 신호 흐름 제어
- 믹서에서 오디오 신호를 이펙트로 라우팅하기
- 덕 볼륨 이펙트

앞서 봤듯이 예제를 따라 하려면 유니티를 설치하고 책의 소스 코드를 내려받은 후 Viking Village 예제 프로젝트를 설치해야 한다. 리소스를 다운로드하고 설치하는 방법에 대한 설명은 1장에서 찾을 수 있다.

2장에서 끝난 부분부터 시작하자. 3장으로 바로 건너뛰었다면, 먼저 Viking Village 프로젝트를 설치하고, chapter_2_Assets 폴더에서 Chapter_2_Viking_Village_Start. unitypackage를 가져와 해당 프로젝트를 설치한다. 애셋을 가져오는 방법이 확실하지 않으면 1장으로 돌아가 다시 시작한다.

▌유니티 오디오 믹서 소개

유니티 5에서 오디오 믹서^{Audio Mixer}는 내장된 **디지털 오디오 워크스테이션**^{DAW, Digital Audio Workstation}의 기능을 제공한다. 이전에는 DAW를 다양한 사운드 이펙트나 음악을 가져올 수 있는 애셋으로 믹스하거나 제작하는 데 사용했다. 그리고 그런 애셋을 유니티로 가져와 다양한 오디오 소스에 사용했다. 이제는 유니티에서 믹서로 다양한 오디오 이펙트를 직접 믹스하거나 제작할 수 있게 됨으로써 특화된 외부 소프트웨어나 사운드 디자이너가 맡는 추가적인 전처리 작업이 필요 없어졌다. 그리고 게임 엔진에 특화된 DAW가 특별하면서도 다이내믹하고 어댑티브한 오디오 이펙트를 구현할 수 있게 해줬다.

오디오 믹서의 기본을 이해하는 가장 좋은 방법은 샘플 프로젝트에서 직접 사용해보는 것이다. 유니티를 열어 다음 설명을 따라 해보자.

1. 이전 장의 마지막 부분에서 계속 작업하고 있다면 다음 두 번째 단계로 건너뛰자. 3장으로 처음 왔다면, 유니티에서 Viking Village 프로젝트를 연다. 소스 코드 다운로드 폴더 중 Chapter_2_Assets 폴더에서 Chapter_2_Viking_Village_Start.unitypackage를 가져온다. 다음에는 Project 창에서 The_Viking_Village_Chapter2_End를 찾아서 연다. 작업을 구현하는 데 문제가 있으면 1장으로 돌아가 확인하길 바란다.

2. Project 창에서 Assets 폴더를 선택하고 우클릭해 컨텍스트 메뉴를 연다. 메뉴에서 Create > Folder를 찾아 이름을 'Mixes'로 바꾼다.

3. Mixes 폴더에서 우클릭(맥에서는 Ctrl+클릭)해 컨텍스트 메뉴를 띄우고 메뉴에서 Create > Audio Mixer를 선택한 후 이름은 'Master'라고 하자. 그리고 다음과 같이 더블클릭해 새로운 Audio Mixer 창을 연다.

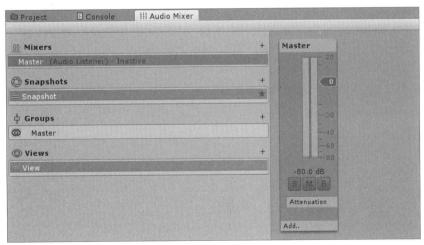

▲ Master를 보여주는 Audio Mixer 창

4. Audio Mixer 창은 Project 창과 같은 줄에 있다. 그렇지 않다면 드래그해 제자리에 둔다. 지금 Master 또는 최상위 믹서는 비어 있는 상태다. 원래 하던 대로 'Master'라는 단어는 루트 또는 최상위의 믹서를 가리키는 데 사용한다. 다른 말로 부르고 싶다면 원하는 대로 바꿔도 된다.

5. Groups와 같은 줄에 있는 플러스 아이콘을 클릭한다. 그러면 Master의 새로운 자식 믹서가 만들어진다. 다음과 같이 Master의 자식 이름을 Music으로 바꿔주자.

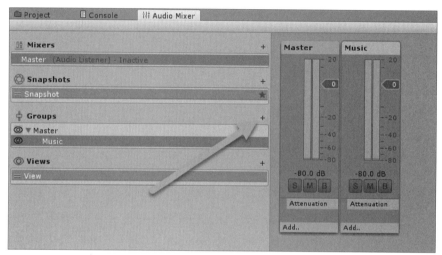

▲ Music이라는 자식 믹서 그룹 만들기

6. Hierarchy 창에서 BackgroundMusic 오브젝트를 찾아 선택한다. Inspector 창에서 오디오 소스 컴포넌트를 확장하고 Output 설정 옆의 타깃 아이콘을 클릭한다. 그러면 Select AudioMixerGroup 대화창이 열릴 것이다. 다음과 같이 Music 믹서 그룹을 선택한다.

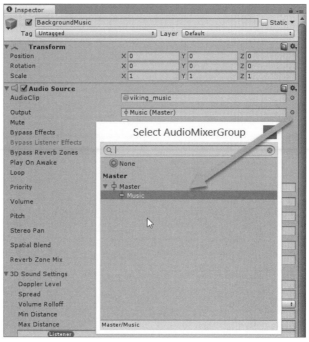

▲ Music 믹서 그룹에 오디오 소스 Output 설정

7. 씬을 작동하려면 플레이를 클릭한다. Esc를 눌러 마우스의 잠금을 해제하고, Audio Mixer 창 상단에 있는 Edit in Play Mode를 클릭한다. Music 그룹에 있는 슬라이더를 다음과 같이 −21로 맞춘다.

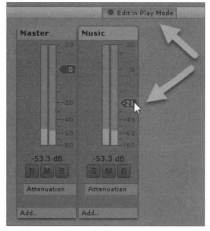

▲ 플레이 모드에서 믹싱 그룹 볼륨 조정

8. 조정하고 난 후 플레이를 눌러 씬을 멈춘다. 슬라이더로 볼륨을 어떻게 제어하는지 알 수 있었을 것이다. 그리고 플레이 모드를 *끄고* 난 후에도 바뀐 상태로 있음을 알았을 것이다. 이것은 테스트하는 동안에 값을 수정하는 것과 다르다. 오디오 믹서에서 플레이 모드로 있는 동안 수정한 부분들은 *끄고* 난 후에도 저장된다는 사실을 기억하자.

9. 씬으로 돌아가서 기호에 맞춰 슬라이더를 바꿔보고 Master 슬라이더도 수정해보자. 슬라이더 설정을 마치면 플레이 모드를 끈다.

이제 Master 믹서의 단일 그룹 또는 레이어가 생겼다. 다음 절에서는 1장 '유니티로 구현하는 게임 오디오 소개'에서 정의한 그 밖의 레이어와 그룹을 만들어보겠다.

믹서 그룹 만들기

오디오 믹서의 기타 기능들을 살펴보기 전에, 다음 설명에 따라 추가적인 오디오 레이어와 그룹을 설정해보자.

1. Groups 목록 아래의 Master 노드를 클릭하고, 플러스 아이콘을 다시 클릭한다. 그러면 또 다른 자식 믹서가 만들어진다. 이 그룹을 'Direct'라고 한다.

2. 'Ambient'라는 또 다른 그룹을 만들기 위해 같은 과정을 거친다.

3. 같은 과정으로 'Interface'라는 마지막 그룹을 만든다.

4. 모든 작업을 끝내면 Audio Mixer 창이 다음과 같이 보일 것이다.

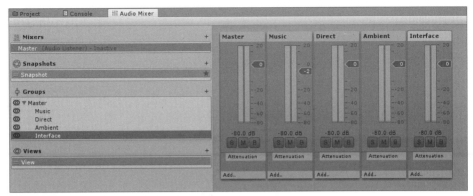

▲ 모든 레이어/그룹이 있는 Audio Mixer 창

> 1장 '유니티로 구현하는 게임 오디오 소개'에서 오디오를 주변(ambient), 다이렉트 피드백
> (direct feedback), 인터페이스(interface), 배경 음악(background music)이라는 4개의
> 레이어로 나누었다. 이 분류는 이번 예제에 적합하며, 위치나 지역에 따라 오디오를 다른 그룹
> 으로 나누어야 할 때도 적합하다. 씬이나 게임에 맞게 오디오를 나누는 것은 전적으로 여러분
> 의 재량이며, 상황에 맞게 시도해보길 바란다.

5. Hierarchy 창에서 AxeController 오브젝트를 찾는다. 오브젝트를 선택해
Inspector 창에서 오디오 소스 컴포넌트의 Output 속성인 throw와 grunt를
Direct 믹서로 설정한다.

> **TIP** 검색란에 이름을 입력해 게임오브젝트나 애셋을 빠르게 찾을 수 있다. 입력에 따라 창의 콘텐
> 츠는 검색어와 매칭되어 걸러진다.

6. Project 창에서 AxePrefab을 찾는다. 프리팹을 선택한 후 Inspector 창에서 오디
오 소스 컴포넌트의 Output 속성을 Direct 믹서로 설정한다.

7. Hierarchy 창에서 Ambient_lake-shore-waves 오브젝트를 찾는다. 오브젝트를
선택해 Inspector 창에서 오디오 소스 Output 속성을 Ambient 믹서로 설정한다.

8. 마지막으로, Hierarchy 창에서 prop_torch_01 오브젝트를 찾는다. 메뉴에서 Edit > Select All을 찾아 창에 있는 모든 토치를 선택한다. 그리고 Inspector 창에서 오디오 소스 Output 속성을 Ambient 믹서로 설정한다.

9. 모든 작업을 끝낸 후 File > Save Scene에서 씬을 저장하고 작동시키기 위해 플레이를 클릭한다. Audio Mixer 창에서 Edit in Play Mode를 클릭한다. 아래에 있는 설정과 같도록 조정한다.

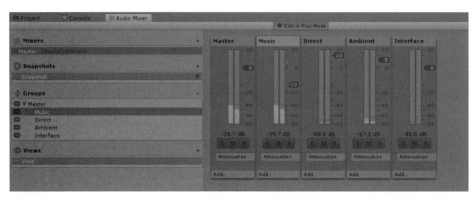

▲ 그룹에 따라 Audio Mixer 설정 조정

10. 수정을 마치면 플레이 모드를 끈다.

예제를 완료하고 씬 오디오를 믹서로 구성해봤으니, 오디오 믹서의 기본 사항을 이해하고 오디오가 그룹으로 나뉘며 리믹스되는 방법을 알게 됐을 것이다. 다음에는 이펙트로 오디오의 톤과 형태를 제어하는 방법에 대해 자세히 다뤄보자.

▌ 이펙트로 오디오 형태 만들기

지금까지는 믹서를 사용해 오디오 소스를 제어가 가능한 그룹이나 자식 믹서로 만들었다. 이렇게 해서 씬에 있는 다양한 소스로부터 오디오 볼륨의 밸런스를 빠르게 잡을 수 있었다. 이것은 뛰어난 기능이지만 시작에 불과하다. 오디오 믹서는 오디오를 함께 믹스하거나 블렌드할 수 있고, 방대한 오디오 이펙트를 각각의 믹스에 적용할 수 있으며, 신호를 다른 믹스로 보낼 수도 있다. 다소 추상적으로 들릴 수도 있으므로 오디오 이펙트를 추가하는 간단한 예제를 한번 살펴보자.

1. 플레이를 눌러 씬을 작동시킨다. Audio Mixer 창으로 가서 Edit in Play Mode를 클릭한다.

2. Music 믹서에 이펙트를 적용하려면 그룹의 하단에 있는 S 버튼을 클릭해 믹서를 분리한다. 그런 다음 아래와 같이 볼륨을 높여 0 또는 그 이상이 되게 한다.

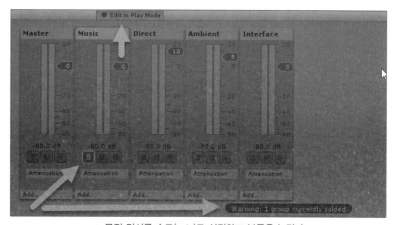

▲ 뮤직 믹서를 솔로(solo)로 설정하고 볼륨을 늘린다.

> 믹서 컨트롤 하단의 3개의 버튼에 있는 모드 중 S는 솔로(solo)이며 단일 믹서가 전송된다. M(mute)은 믹서가 음소거됐을 때이고, B(bypass)는 바이패스로 믹서가 모든 오디오 이펙트를 우회한다는 뜻이다.

3. 이제 뮤직 그룹은 유일한 채널을 플레이하므로 우리가 추가한 이펙트의 효과를 잘 들을 수 있다. Music 믹서 그룹을 선택하고, Inspector 창으로 전환한다.

4. **Add Effect** 버튼을 클릭하고 컨텍스트 메뉴에서 다음과 같이 Lowpass^{로우패스}를 선택한다.

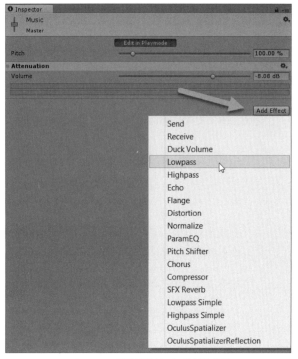

▲ Lowpass 이펙트를 Music 믹서에 추가

5. 다음과 같이 슬라이더를 이용하거나 텍스트 입력란의 Cutoff freq^{한계 주파수} 값을 2000으로 조정한다.

▲ Lowpass 이펙트 한계 주파수 설정

> Lowpass 이펙트나 필터는 사운드를 한계 주파수 이상에서 컷오프한다. 이것은 낮은 음을 빼거나 오디오 클립을 약화할 때 유용하다. 그리고 캐릭터가 일시적인 청력 손실을 겪을 때 또는 일시 정지 메뉴에서 오디오를 들리지 않게 하는 데 뛰어난 효과로 사용된다.

6. 한계 주파수를 낮출 때 사운드가 어떻게 변하는지 알아본다. **Add Effect**를 다시 클릭해 컨텍스트 메뉴에서 **Highpass**^{하이패스}를 선택한다. 다음과 같이 슬라이더나 텍스트란에 한계 주파수 값을 1500으로 정한다.

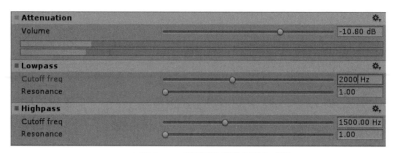

▲ Highpass 이펙트의 한계 주파수 설정

> ℹ️ Highpass 필터 또는 이펙트는 Lowpass와 반대다. 한계 주파수 이하의 모든 주파수는 컷오
> 프한다. 이펙트는 낮은 음을 중단하고, 예를 들어 백파이프처럼 높은 주파수를 더 높이거나 분
> 리하는 데 유용하다. 으스스하게 거슬리는 소리를 강화하거나 오디오 효과를 주는 데 사용되
> 기도 한다.

7. Highpass 이펙트를 추가하면 먼저 볼륨이 듣기 어려울 정도로 낮아짐을 알 수 있다. 이는 Highpass 이펙트의 디폴트 한계 주파수가 낮은 음을 잘라버리기 때문이다. 위의 그림에서 화살표는 모든 오디오 이펙트가 위에서 아래로 적용됨을 보여준다. 예제에서 이펙트는 Attenuation, Lowpass, Highpass의 순서대로 추가됐다. Lowpass 한계 주파수를 2000 정도로 낮추면, 낮은 주파수가 다음 이펙트로 전해진다. Highpass 이펙트는 한계 주파수를 2000으로 정했기 때문에 500Hz(1500~2000Hz) 정도의 소수 오디오 패스를 허용할 것이다. 이렇게 보면 음악이 깡통이나 값싼 스피커에서 재생되는 것처럼 들릴 것이다.

8. Highpass 이펙트의 상단에 마우스를 두고, 커서가 수직 화살표에 따라 어떻게 바뀌는지 본다. 마우스를 잡은 상태에서 이펙트 바를 클릭해 Lowpass 위로 드래그한 다음 드롭한다. 다음과 같이 이펙트를 다시 배치해보자.

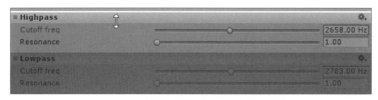

▲ Lowpass 이펙트 위로 Highpass 이펙트 이동

9. Highpass와 Lowpass 이펙트의 한계 주파수를 조정한다. 순서가 바뀐 이펙트 사운드는 결과가 다르다. 테스트를 마치면, 컨텍스트 메뉴에서 **Remove this Effect**를 선택해 각 이펙트를 제거한다. 그리고 씬을 멈춘다.

지금까지 오디오 이펙트를 그룹에 추가하는 방법과 이펙트 순서의 중요성에 대해 알아봤다. 앞으로는 오디오의 형태를 만드는 시각적인 예제를 다뤄볼 것이다.

오디오 이퀄라이제이션 시각화

오디오 신호를 개선하는 탁월한 시각적인 예인 파라미터 이퀄라이저parameter equalizer 는 다양한 음들을 시각적으로 보여준다. 다음 예제를 따라 이펙트를 설정해보자.

1. Audio Mixer 창에서 Music 그룹 하단에 있는 **Add**를 클릭해 컨텍스트 메뉴에 있는 이펙트를 연다. 그리고 ParamEQ 이펙트를 선택한다.

2. 파라미터 이퀄라이저(ParamEQ)의 설정이 다음과 같도록 설정한다.

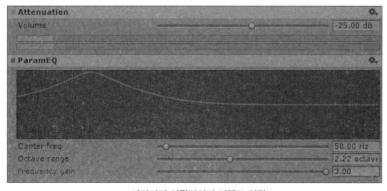

▲ 파라미터 이퀄라이저 이펙트 설정

3. 플레이를 눌러 씬을 작동시킨다. 다음과 같이 Inspector 창 상단에 있는 **Edit in
Playmode**를 클릭한다.

▲ Inspector 창에서 Edit in Playmode 클릭

4. 씬이 작동하면, Music 그룹에서 S 버튼을 눌러 싱글로 고른다. 음악을 들으며
처음 알아야 할 사항은 드럼처럼 낮은 톤이 어떻게 강조되는지다. 이것은
ParamEQ 이펙트로 적용한 중심 주파수와 정확히 매치된다.

5. ParamEQ 이펙트에서 파라미터를 조정해 옥타브로 표현되는 오디오 범위를 특
정하게 강조하거나 폭넓게 잡을 수 있는지 알아본다. 다음 다이어그램은 인간이
들을 수 있는 주파수 범위와 악기 차트 범위의 ParamEQ 주파수 그래프를 보여
준다.

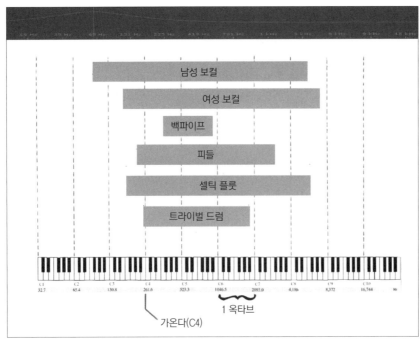

▲ 들을 수 있는 주파수 범위 차트 위의 ParamEQ 그래프

ParamEQ 그래프와 들을 수 있는 주파수 범위(audible frequency range) 차트의 조합은 이퀄라이제이션 이펙트에 영향을 받은 범위가 어느 정도인지 보여주는 좋은 시각화 자료다. 예를 들어, 여성 보컬의 높은 음역이나 바이올린 같은 높은 음의 소리를 강조하고 싶다면, 곡선을 오른쪽으로 옮기고 중점을 4,000Hz에 둔 다음 범위를 1~2옥타브로 잡는다.

들을 수 있는 주파수 범위에 대한 이미지를 찾는 중이라면, 더 많은 악기와 다른 사운드 범위를 보여주는 다양한 예를 볼 수 있을 것이다. 적합한 악기 주파수 차트를 갖고 있다면 음악이나 그 밖의 오디오를 조율하거나 악기음을 강조하려고 할 때 도움이 될 것이다.

6. ParamEQ 파라미터를 조정해 선호하는 음악으로 이퀄라이즈한다. 편집을 마치면 플레이를 눌러 씬을 멈춘다. 그리고 씬과 프로젝트를 저장한다.

음악에 대한 배경지식이 없거나 오디오 편집 경험이 없다면 앞에서 다뤘던 주파수 범위를 시각화하는 것이 도움이 될 것이다. 악기를 연주할 수 있다고 해도 다른 악기의 주파수 범위가 어느 정도인지, 하나의 음악 작품이 어느 범위에 들어가는지 모를 수도 있다.

이번 절에서 어떻게 믹서 그룹이나 채널이 주파수와 일치하는 사운드를 수정하는 이펙트를 갖는지에 대해 다뤘다면, 다음 절에서는 그룹이 어떻게 훨씬 더 복잡한 오디오 이펙트를 만들도록 믹스하고 전송할 수 있는지 다뤄보자.

▌ 마스터 믹서와 신호 흐름 제어

앞의 예제에서는 믹서 그룹에 이펙트를 추가하거나 결합하는 방법을 알아봤다. 한 그룹의 이펙트 순서가 오디오를 처리하는 과정에서 중요하다는 사실을 알았을 것이다. 그리고 이것은 오디오가 믹서를 통해 전송되는 방법에도 영향을 미친다. 모든 믹서의 상위에는 Master가 있다. 믹서에 대한 이해를 단순화하기 위해 주요 믹서 애셋을 Master라 부를 것이다.

하지만 반드시 그럴 필요는 없으므로, 다음 예제를 통해 이 부분을 알아보자.

1. Audio Mixer 창 상단의 Mixers 옆에 있는 플러스 아이콘을 클릭한다. 믹서를 Music으로 정하고 선택한다. 다음과 같이 보일 것이다.

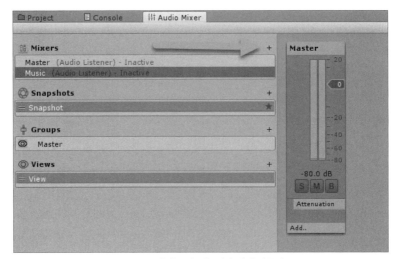

▲ Music이라는 새로운 믹서 애셋 만들기

2. Music이라는 또 다른 믹서 애셋을 만들었다. 첫 번째 그룹이 Master임을 유의하면서 다음과 같이 **Project** 창으로 가서 Mixers 폴더를 선택해 애셋을 확대한 후 이것이 분리된 애셋임을 확인한다.

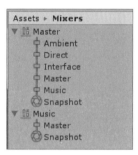

▲ Project > Assets > Mixers 폴더에서 믹서 애셋

3. 보다시피 두 애셋은 Master 그룹을 갖고 있다. Master 그룹은 항상 믹서나 믹서 그룹에 맞는 최상의 라우팅 경로다. 여러분도 믹서 애셋을 다른 믹서 애셋으로 전송할 수 있다. 이제 **Audio Mixer** 창으로 돌아간다. Music 믹서를 선택해 Master 믹서로 드래그한다. 다음와 같이 Music이 Master의 자식 그룹이 된다.

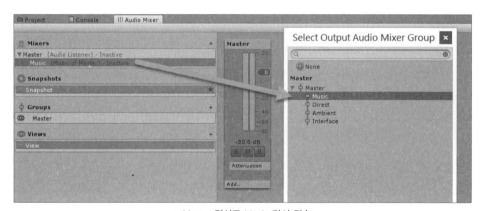

▲ Master 믹서로 Music 믹서 전송

4. **Select Output Audio Mixer Group** 대화창에서 믹서 애셋을 전송하려고 하는 그룹을 선택한다. 위의 그림과 같이 Music 그룹을 선택한다.

5. 씬을 작동하면, 변화가 없을 것이다. viking_music 오디오 소스는 여전히 Master-Music 그룹으로 직접 전송하기 때문이다. Music 믹서 그룹을 선택하고 **Groups** 옆에 있는 플러스 아이콘을 클릭해 새 그룹을 만든 다음 이 부분을 수정해보자. 다음과 같이 새 그룹을 'viking_music'이라고 한다.

▲ Music 믹서로 viking_music 그룹 추가

6. **Hierarchy** 창에서 BackgroundMusic 오브젝트를 찾는다. 오브젝트를 선택한 후, **Inspector** 창에서 viking_music 오디오 소스 컴포넌트의 **Output** 속성을 새로운 viking_music 믹서 그룹으로 바꾼다.

7. 플레이를 눌러 씬을 작동시키고 **Audio Mixer** 창의 상단에 있는 **Edit in Playmode**를 클릭한다. 최상위 Master 믹서와 Music 믹서 사이를 어떻게 전환할지 알 수 있고, 신호가 최상위 Master로 전송되므로 다양한 장소에서 뮤직 오디오를 제어할 수 있다. 둘러보고 나면 플레이를 눌러 씬을 멈춘다.

유니티가 처음이라면 Direct, Ambient, Interface라는 주요 그룹을 만들기 위해 새로운 믹서 애셋을 만드는 과정을 거치길 바란다. 그리고 viking_music 오디오 소스를 위해 Music 믹서를 만든 것처럼 각 그룹의 오디오 소스를 위해 개별적인 그룹을 만든다. 마지막으로, 새로운 모든 믹서를 마스터의 자식 그룹으로 전송한다.

만약 여러분이 경험 있는 유니티 개발자이고 시간이 없다면, 위에서 작업한 완료된 씬을 소스 코드에서 찾을 수 있을 것이다. 물론 유니티 오디오 마스터가 되고 싶다면 모든 예제를 스스로 해내길 바란다.

마지막 예제에서 복합적인 애셋을 믹스하는 것을 보여줬다. 이를 통해 각 믹서에서 다양한 오디오 소스 애셋을 좀 더 명확하게 확인할 수 있게 됐다. 구조적인 이점이 있긴 하지만, 오디오 믹서로 구현할 수 있는 추가적인 오디오 신호 라우팅의 유일한 형태는 아니다. 다음에는 다른 형태의 신호 라우팅을 다뤄볼 것이다.

▌ 믹서에서 오디오 신호를 이펙트로 라우팅하기

이전의 예제에서 다뤘던 컨텍스트 메뉴에서 Send와 Receive 이펙트를 본 적이 있을 것이다. 이것은 이펙트인 동시에 그룹의 신호를 또 다른 그룹으로 라우팅해 추가적인 처리를 도와주기도 한다. 복합 신호를 같은 그룹이나 다양한 그룹으로 나누기도 하고 결합하기도 하여 추가적인 이펙트 처리를 돕는다. 다음 다이어그램은 이러한 작업과 다양한 신호 처리에 이용되는 이펙트 타입의 샘플을 보여준다.

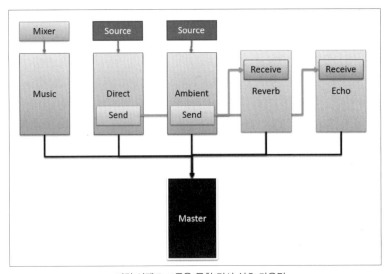

▲ 리턴 이펙트 그룹을 통한 믹서 신호 라우팅

위의 그림은 다음 예제에서 연결할 라우팅을 보여준다. 사용하지 않았던 Interface 믹서 그룹을 제거해 간단하게 볼 수 있게 했고, Direct와 Ambient 그룹은 신호를 나누어 Master와 Reverb 또는 Echo 리턴 이펙트로 각각 전송했다. 마지막으로, Master는 모든 그룹을 결합해 오디오 리스너에게 신호를 보낼 것이다.

 신호가 나누어질 때 기존 그룹에서 아웃풋은 잘리거나 줄지 않는다. 대신 신호의 분배는 보내는 레벨에 맞게 정해지는 양에 따라 기존 그룹에 추가된다.

예제에서는 Reverb와 Echo를 리턴 이펙트로 사용했다. 신호를 돌려보내거나 나누는 작업을 처리하므로 리턴 이펙트라고 부른다. 이렇게 신호를 다른 그룹으로 나누거나 라우팅함으로써 우리가 다룰 수 없었던 추가적인 에너지 또는 물리적인 특성을 줄 수 있게 된다. 예를 들어, 실제의 사운드를 시뮬레이션하려고 오디오 믹스에 에코나 리버브^{reverb}를 넣고 싶지만 모든 오디오가 같은 이펙트를 처리하기를 원하지는 않는다. 오디오 사운드의 처리를 과중시키기보다는 실생활에서 경험하듯이 다양한 채널에서 실제 사운드를 시뮬레이션하길 원하는 것이다.

소리가 실생활에서 어떻게 퍼지는지를 보여주는 다이어그램이 아래에 있다.

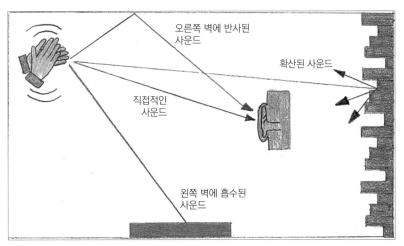

▲ 직접적인 사운드, 확산된 사운드, 흡수된 사운드, 반사된 사운드

다이어그램에서 볼 수 있듯이 소리는 다양한 소스를 통해 들리며, 듣는 사람에게 미묘하게 다르게 들릴 수 있다. 크고 비어 있는 방 안이나 동굴에 있으면, 이러한 이펙트가 확대되어 들릴 것이다. 반복되는 에코 같은 소리가 벽이나 다른 표면에 반사된다. SFX 리버브와 에코 이펙트는 소리 반사와 확산 같은 다양한 물리적 이펙트를 시뮬레이션한다. 이것은 추가적인 에코나 리버브 이펙트를 기존 오디오 위에 추가하기 위해 두 이펙트를 신호 리턴으로 처리하는 이유가 된다.

다음 예제를 따라 믹서에 리버브와 에코 이펙트를 추가함으로써 사운드 물리 이론을 실습해보자.

1. 유니티에서 마을 씬을 열고 Audio Mixer 창을 보이게 한다. Master 믹서를 선택하고 Groups 목록에서 Master 그룹을 선택한다.

2. Groups 목록 옆에 있는 플러스 아이콘을 클릭해 새로운 그룹을 만든다. 그룹을 'Reverb Return'이라고 정한다. 새 그룹 하단에 있는 Add를 클릭한다. 그리고 컨텍스트 메뉴에서 Receive를 선택하고, 그룹에 Receive 이펙트를 추가한다. 메뉴에서 Add를 다시 클릭해 SFX Reverb를 선택한다.

3. Groups 목록에서 Master 그룹을 선택해 새로운 자식 그룹을 만들기 위해 플러스 아이콘을 클릭한다. 이 그룹은 'Echo Return'이라고 이름을 정한다. 새 그룹의 하단에 있는 Add를 클릭해 컨텍스트 메뉴를 열고 Receive 이펙트를 선택한다. Add를 다시 클릭하고, 이번에는 Echo 이펙트를 선택한다. Audio Mixer 창이 다음과 같을 것이다.

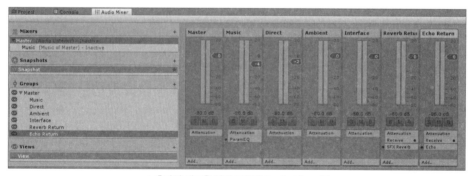

▲ 추가된 새로운 리턴 그룹과 Audio Mixer 창

4. 다음으로 Send/Receive 신호 연결을 보여주기 위해 디폴트로 할 수 없었던 기능을 켠다. Audio Mixer 창의 우측 상단에 있는 메뉴 아이콘을 클릭한다. 메뉴에서 Show group connections를 선택해 옵션이 다음과 같이 체크됐는지 확인한다.

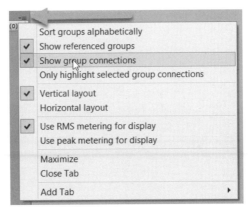

▲ Audio Mixer 창의 Show group connections 설정

5. Ambient 그룹의 **Add**를 클릭해 이펙트 컨텍스트 메뉴에서 **Send**를 선택한다. 그리고 Ambient 그룹을 선택해 다음과 같이 Inspector 창의 Send 이펙트 Receive 선택란에서 'Echo Return/Receive'를 선택한다.

▲ Send 이펙트의 아웃풋 선택

6. Direct 그룹 하위의 **Add**를 클릭해 이펙트 컨텍스트 메뉴에서 **Send**를 선택한다. Direct 그룹을 다시 선택해 Send 이펙트에서 Receive 설정을 'Reverb Return/Receive'로 정한다. Audio Mixer 창이 다음과 같이 보일 것이다.

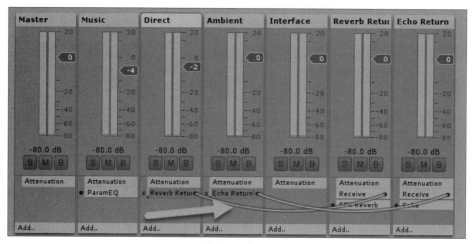

▲ Audio Mixer 창의 Send/Receive 연결 시각화

> ℹ️ 이펙트의 순서는 여전히 중요한 부분이다. 만약 Echo 이펙트를 Receive 이펙트 위에 둔다면 Receive될 때까지 신호가 그룹으로 들어가지 못하기 때문에 아무것도 처리될 수 없다. 신호의 흐름은 믹서 그룹을 통해 위에서 아래로 진행됨을 기억해두자.

7. 플레이를 눌러 씬을 작동시킨다. **Edit in Playmode**를 클릭해 에디터를 켠다. 초기에는 오디오에 아무 변화가 없어야 한다. 그 이유는 두 Send 이펙트가 리턴 이펙트로 아무 신호도 보내지 않았기 때문이다.

8. Ambient 그룹을 클릭해 **Inspector** 창에서 Send 이펙트상의 레벨 슬라이더를 조정해 오른쪽으로 보낸다. 이렇게 하면 플레이어의 위치에 따라 횃불이나 호숫가 파도에서 들리는 에코를 만들 것이다. 횃불 옆으로 다가가면, 이펙트가 증폭되어 확실하게 들을 수 있을 것이다. 하지만 우리가 듣고 싶은 소리는 빌딩이나 물에 반사되어 주변 소리를 알려주는 약간의 에코다. **Send Level** 슬라이더를 대략 절반 정도 조절해 주변 소리에 약간의 에코를 넣어 자연스러워졌는지 확인해본다.

9. Direct 그룹을 클릭해 Send 이펙트에서 Send Level 슬라이더를 오른쪽으로 조정한다. 그런 다음 Inspector 창에서 Return Reverb 그룹을 선택하고, 다음과 같이 SFX Reverb 이펙트에서 Dry Level을 −10000으로, Room을 0으로, Reflection을 1000으로 설정한다.

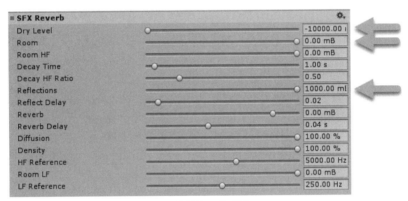

▲ SFX Reverb 설정

10. 편집을 마치면 게임 뷰를 클릭해 도끼를 던지고 리버브를 들어본다. 물론 원하는 것보다 멀리서 들릴 테니 몇 가지 설정을 낮춰보자. Room과 Reflection 슬라이더를 중간 정도로 조절하고, Direct 그룹에서 나오는 Send 아웃풋을 중간 정도로 설정한다. 편집을 마치고 다른 도끼를 던져서 수정한 부분이 더 자연스러운

지 알아본다. 테스트를 마치면, 플레이를 클릭해 플레이 모드를 끄고 씬을 저장한다.

지금까지 책을 통해 작업을 진행하면서 봤듯이, 예제는 더욱 복잡해질 것이다. 우리가 작업했던 예제의 대부분은 평범하고 직관적이었다. 오디오 믹서에서 신호 라우팅과 이펙트 믹스로 할 수 있는 초보적인 단계를 해봤던 것이다. 다음 절에서는 그 밖의 오디오 이펙트를 살펴보자.

오디오 이펙트 알아보기

오디오를 믹스해본 경험이 없다면, 각기 다른 이펙트가 전부 어렵게 느껴지고 어떤 방식으로 어디에 써야 할지 난감할 수 있다. 여기서는 이펙트마다 기초 레벨에서부터 어떤 작업을 하는 데 쓰이고, 일반적으로 적용하는 부분은 어디인지 다뤄볼 것이다. 이펙트 파라미터에 대한 세부사항은 다루지 않을 것이다. 몇 가지 이펙트는 예제에서 봤듯이 씬에 직접적인 영향을 준다. 이펙트 작업에 대한 이해를 높이기 위해 스스로 테스트하는 시간을 가져보기를 바란다.

이퀄라이제이션 이펙트

이퀄라이제이션 이펙트^{equalization effect}는 오디오 신호의 주파수 응답을 수정하는 데 사용된다. 2장의 음악 키보드에서 봤듯이, 주파수가 높을수록 옥타브, 음정, 톤이 더 높아지고, 반대로 주파수가 낮아지면 더 낮아진다.

로우패스와 로우패스 심플

우리는 이미 로우패스 이펙트^{Lowpass effect}를 접해봤다. 로우패스에서 'Low'는 주파수가 한계보다 더 낮아짐을 허용하는 것이다. 그러므로 킥 드럼^{kick drum}처럼 낮은 톤을 강조하고 싶다면 로우패스 이펙트를 사용한다.

하이패스와 하이패스 심플

하이패스 이펙트^{Highpass effect}는 로우패스와 반대로 한계보다 더 높은 주파수를 허용하며
통과하게 한다.

ParamEQ

앞서 다뤄봤듯이, 이 이펙트는 주파수 범위를 구분하거나 신호 세기를 증가 또는 감소
시키는 데 사용된다. 믹스에서 특정 악기나 보컬을 구분하거나 강조하는 데 유용하게
쓰인다.

딜레이 이펙트

딜레이 이펙트^{delay effect}는 기존의 신호를 저장한 후 재생하거나 반향시킨다. 오디오 재생
에 공간감을 넣으려는 필요에 따라 만들어진 이펙트다. 우리는 일반적으로 딜레이나 에
코가 추가된 사운드를 넓은 공간에 있는 소리로 생각한다. 이미 **SFX Reverb**에서 다뤘기
때문에 더 자세히 살펴볼 필요는 없다. 하지만 딜레이 이펙트는 현대 음악 같은 믹싱의
다른 분야에서 광범위하게 쓰이므로 듣기 좋은 사운드를 만드는 데 필요한 요소로 볼 수
있다.

에코

에코 이펙트^{Echo effect}는 기본 딜레이 이펙트다. 이것은 인풋 신호를 일정 시간 지연되게
연주하여 에코를 만든다. CPU 집약적인 딜레이 이펙트를 사용하지 않고 오디오에 공간
감을 주려고 할 때 유용하다. 여타 딜레이 이펙트의 기본 이펙트이므로 다음 스크린샷에
있는 파라미터를 자세히 살펴보자.

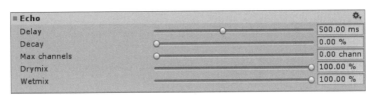

▲ 에코 이펙트 디폴트 설정

- Delay: 오리지널 신호(dry)와 수정된 신호(wet)를 플레이하기 전에 시간의 양을 설정한다.

- Decay: 에코가 플레이됐을 때, 신호의 쇠퇴 또는 손실양을 보여준다.

- Max Channels: 유니티 문서에 아무런 설명이 없다.

- Drymix: 이 이펙트와 함께 사용하는 오리지널 오디오의 양이다. 에코를 리턴 이 펙트로 사용하면 Drymix는 항상 0이다.

- Wetmix: 수정한 신호의 양을 보여준다.

 'wet'과 'dry'는 오디오 믹스에서 자주 사용되는 단어다. 'dry'는 항상 수정하지 않은 오리지널 신호를 말하고, 'wet'은 수정하거나 영향을 받은 신호를 말한다.

SFX Reverb

이 이펙트는 이미 다뤄봤지만 더 자세히 살펴볼 필요가 있다. 유니티에서 제공하는 정보 역시 초보자에게는 제한적이고 이해하기 어렵다. 하지만 믹싱을 해본 프로라면 대부분의 파라미터가 친숙할 것이다. 믹싱에 대한 배경지식이 없는 독자들을 위해 아래에서 중요한 설정에 대해 알려줄 것이다.

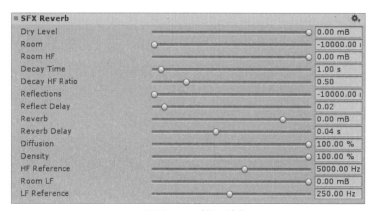

▲ SFX Reverb 디폴트 설정

- Dry Level: Drymix와 같다. 지나가는 오리지널 신호의 양을 제어한다. 리턴 셋에서 사용하면 Dry Level이 −10000으로 내려간다.

- Room: 오리지널 신호나 소스 신호에 적용해 얻은 양이다.

- Reflections: 다양한 반영을 보여주는 복합적인 딜레이를 사용하는 리버브다. Reflections 설정은 첫 딜레이나 에코가 얼마나 강해야 하는지를 보여준다. 방 안에서 사운드가 벽에 부딪혀 즉각적으로 돌아오는 양이 얼마인지를 알려주는 것이 Reflections이다. 그리고 첫 반영은 초기 반영이라 부른다.

- Reverb: 두 번째 반영 또는 늦은 반영의 세기의 양이다. 사운드는 필수적으로 2개의 벽이나 물체에 반사된 후 리스너에게 돌아간다.

- Reverb Delay: 늦은 반영을 말한다. 리스너에게 사운드가 돌아오기까지 꽤 시간이 걸린다.

- Room HF, HF Reference: 인풋이 높은 주파수와 한계 지점에서 얻은 양을 제어한다. 하이패스 이펙트와 유사하다.

- Room LF, LF Reference: 인풋이 낮은 주파수와 한계 지점에서 얻은 양을 제어한다. 로우패스 이펙트와 유사하다.

- Diffusion, Density: 내부의 리버브 시스템에서 딜레이 라인에 있는 연관성을 제어한다.

 TIP 유니티에서 오디오 믹서는 FMOD 플러그인 위에 구축된다. 그러므로 우리가 접하는 모든 이펙트는 FMOD 스튜디오에서 더 나은 인터페이스, 문서와 함께 이용 가능하다. 6장 'FMOD 소개'에서 다운로드하고 설치해 더 자세히 알아볼 것이다.

플랜지

플랜지Flange는 또 다른 딜레이 이펙트로, dry하고 wet한 신호를 20ms보다 더 적게 상쇄한 후 리믹스하여 더 인위적인 신시사이저를 제공한다. 이 이펙트는 음악 산업에서 흥미로운 악기 또는 보컬 이펙트를 제공하는 데 매우 많이 사용된다. 여타 딜레이 이펙트처럼 리턴 그룹이나 버스에 있는 Send/Receive와 잘 쓰인다. 기계, 레이저, 주문, 또는 그 밖의 자연적이지 않은 사운드를 더 좋게 만드는 데 쓰이는 이펙트다.

 믹싱 용어에서 버스(bus)는 다양한 소스가 전송되는 지점의 단일 오디오 채널이나 그룹을 말한다. 유니티 오디오 믹서는 그룹과 동의어이며, 버스는 믹스된 그룹과 동의어가 된다. 예를 들어, Master 그룹도 버스다.

코러스

코러스 이펙트^{Chorus effect}는 비슷한 음색과 음의 복합적인 오디오 소스를 가지고 조화를 맞추어 단일의 혼합 사운드를 만들어낸다. 악기와 보컬이 좀 더 가까이 조화를 이루는 현대 음악에서 주로 사용되는 이펙트다. 다양한 오디오 소스에서 뚜렷하게 새로운 톤을 만들고 싶을 때 이용하면 좋은 이펙트다.

 음색(timbre)은 주로 톤의 퀄리티나 사운드의 색깔을 보여주기 위해 사용된다. 사운드와 악기, 플레이하는 스타일의 음색적 퀄리티는 다양한 악기와 가수가 비록 같은 음이나 주파수를 연주한다고 해도 구별할 수 있게 해준다.

그 밖의 이펙트

마지막으로 소개할 이펙트는 이전에 나오지 않았거나 일반적인 범주에 속하지 않는 이펙트다. 하지만 그런 이펙트도 유용할 때가 있으며, 예시를 통해 살펴보겠다.

피치 시프터

앞서 이야기했던 이펙트들 중의 하나로 현대 음악에 막대한 영향을 가진 이펙트다. 플레이 타임에 변화를 주지 않으면서 피치를 바꿀 수 있게 하거나, 주파수에서 사운드를 높이고 내리는 것을 조율할 수 있게 해준다. 일반적으로 오디오 클립에서 피치를 수정하면 플레이 타임이 줄거나 늘어날 수 있다. 하지만 피치 시프터^{Pitch Shifter}는 주파수를 조절하는 동안 플레이 타임을 보존해준다. 꽤 쓸 만한 이펙트이므로 아래 예제를 통해 살펴보자.

1. 유니티를 열고 마을 프로젝트로 가서 **Audio Mixer** 창을 주목한다. Music 그룹을 선택하고, **Inspector** 창에서 **Add Effect**를 클릭한다. 컨텍스트 메뉴에서 **Pitch Shifter**를 선택한다.

2. Pitch 설정을 다음과 같이 1.25로 설정한다.

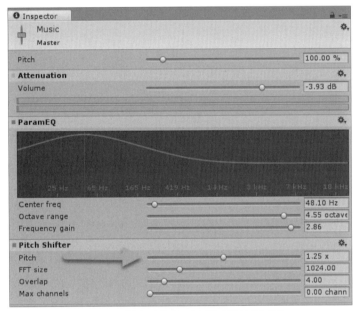

▲ Music 그룹의 피치 시프터 이펙트에서 피치 설정

3. 플레이를 눌러 씬을 작동시키고 이펙트가 음악에 주는 변화를 알아본다. 기호에 따라 Pitch를 수정한다. 테스트를 마치면, 씬을 멈추고 변동사항을 저장한다.

노멀라이즈

표준화^{normalization}는 소리 세기의 평균이나 정점을 늘리기 위해 신호에 지속적인 이득^{gain}을 추가하는 것이다. 압축기 이펙트와 함께 주로 쓰이며, 다음 절에서 사용 방법을 알아보겠다.

압축기

압축^{compression}이나 동적 범위 압축은 시끄러운 소리를 줄이고 조용한 소리를 증폭시키는 과정이다. 오디오 신호의 동적인 범위를 수정하지 않는 노멀라이즈 이펙트^{Normalize effect}와 달리, 압축기 이펙트^{Compressor effect}는 오디오 신호의 동적 범위를 좁히거나 압축한다. 일반적으로 두 이펙트는 클립이나 소스의 전반적인 시끄러운 소리를 증가시키고 조용한 부분을 제거하는 데 함께 사용된다.

다음은 에코를 향상하기 위해 Echo Return 그룹에 노멀라이즈 이펙트와 압축기 이펙트를 추가하는 예제다.

1. 유니티에서 마을 프로젝트를 열고 **Audio Mixer** 창으로 간다. Echo Return 그룹을 선택해 Inspector 창에서 **Add Effect**를 클릭한다. 메뉴에서 **Normalize** 이펙트를 선택한다. 이펙트를 위한 디폴트 설정을 유지한다.

2. **Add Effect**를 클릭하고, 이펙트 컨텍스트 메뉴에서 **Compressor**를 선택한다. 이펙트 설정을 다음과 같이 조정한다.

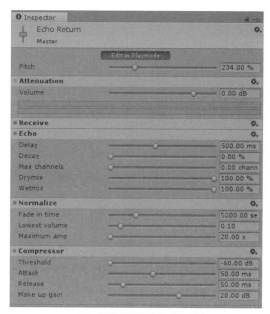

▲ 에코 리턴 이펙트와 이펙트 설정

3. 씬을 작동시키고 Edit in Playmode를 클릭한다. 그리고 에코 이펙트가 어떻게 표현됐는지 알아본다. Ambient 그룹의 Send 레벨을 높이고 Attenuation을 낮춰 여러분이 원하는 주변 사운드의 폭을 설정한다. 원하는 취향에 맞추어 다양한 설정을 수정해보자. 플레이어를 위해 가장 자연스럽고 집중적인 사운드를 만들어야 함을 명심한다.

4. 편집을 마치면 씬을 멈추어 수정한 부분을 저장한다.

 텔레비전 광고에 나오는 소리가 어떻게 또는 왜 그렇게 큰지 궁금했다면, 그 이유는 표준화와 압축 때문이다. 광고는 오디오의 볼륨을 최대로 하기 위해 노멀라이즈 이펙트와 압축기 이펙트를 적용한다.

압축기 이펙트는 우리가 보여줬던 예제 외에도 방대하게 사용된다. 자주 사용되는 또 다른 압축에는 사이드 체인side-chain 압축 또는 더킹ducking이 있다. 한 그룹의 아웃풋 볼륨을 낮추거나 또 다른 그룹의 볼륨을 덕duck하는 데 쓰이는 이펙트다. 이 이펙트들은 중요하게 사용되므로 각각의 절에서 다시 다룰 것이다.

퀴즈

다음 작업들을 수행하기 위해 어떤 이펙트를 사용해야 하는가?

오디오 소스에서 5000Hz 이상의 높은 음의 사운드를 제거할 때 사용하는 이펙트는 무엇인가?

a. Lowpass

b. Highpass

c. Send-Lowpass

d. a와 b

음악 소스에서 특정한 악기를 강조할 때 사용하는 이펙트는 무엇인가?

a. Highpass

b. SFX Reverb

c. ParamEQ

d. 위의 보기에 없다.

(이어짐)

▌ 덕 볼륨 이펙트

덕 볼륨 이펙트^{duck volume effect}는 사이드 체인 압축이라 불리기도 하는데, 다른 그룹의 볼륨을 이용해 한 그룹의 볼륨을 제어하는 이펙트다. 매우 효과적인 이펙트로, 특정한 그룹을 강조하고 싶은 다양한 분야에 적용이 가능하다. 이 전문적인 이펙트를 설정한 구성을 살펴보자.

1. 유니티를 열고 마을 프로젝트로 가서 **Audio Mixer** 창을 연다. Music 그룹을 선택하고, **Add Effect**를 클릭한다. 컨텍스트 메뉴에서 **Duck Volume** 이펙트를 선택한다.

2. Direct 그룹을 선택하고 **Add Effect**를 클릭해 이펙트 컨텍스트 메뉴를 연다. 그리고 **Send** 이펙트를 선택한다. 기존 Send 이펙트 위에 새로운 Send 이펙트를 드래그한 후, 다음과 같이 Receive를 Music\Duck Volumn으로 설정하고 **Send level**을 0으로 맞춘다.

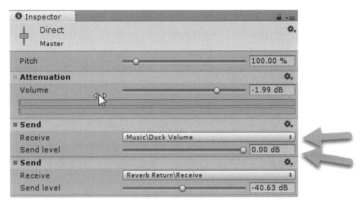

▲ 덕 볼륨 이펙트로 Send 설정

덕 볼륨 이펙트로 Send하는 것은 신호가 이펙트를 작동시키는 데만 쓰이므로 그룹의 아웃풋을 증가시키지 않는다. 예제에서 다른 혼란을 피하기 위해 Send 레벨을 위로 높였다. 그러나 이펙트가 작동되지 않음을 눈치챘다면 체인에서 Send를 높이거나 낮추도록 한다. 이것은 플레이 모드에서 유니티 업데이트를 하는 방식에서 중점이 될 수 있다.

3. Music 그룹을 선택하고, Duck Volume 설정을 다음과 같이 설정한다.

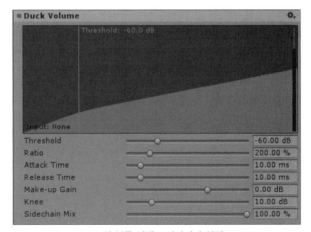

▲ 덕 볼륨 이펙트 파라미터 설정

4. 이 설정들이 무엇을 의미하고 어떻게 쓰이는지 자세히 살펴본다.

- Threshold(한계점): 이펙트가 활성화되기 전에 필요로 하는 신호 레벨이 있다. 예를 들어, 희미하게 도끼가 떨어지는 소리를 넣기 위해 이 이펙트를 −60dB로 맞춘다.

- Ratio(비율): 볼륨의 증가나 변화의 감소량을 결정한다. 예제에서 우리는 200%의 값을 사용해 수명이 짧은 다이렉트 오디오가 잘 작동하게 했다.

- Attack Time(공격 시간): 한계점이 발동되고 감소가 시작될 때 그 사이의 시간의 양을 설정한다. 우리가 덕킹ducking하고 있는 오디오 그룹은 수명이 짧으므로 10ms 값은 짧은 공격에 사용된다.

- Release Time(복구 시간): 공격 시간이 지나가고 이득gain 감소가 원래대로 리셋되기 전 시간의 양이다. 10ms의 짧은 복구 시간을 설정하는 이유는 힘주고, 던지고, 내려앉는 소리가 짧기 때문이다.

- Make-up Gain: 이 파라미터는 이득을 올리거나 낮추는 데 사용된다. 예제에서 이 값을 0dB로 유지하는데, 덕 이펙트를 제외하고 오디오를 수정하면 안 되기 때문이다.

- Knee: 이펙트가 활성화될 때 행동을 결정한다. 낮은 값은 단단한 선형의 전환을 하고 더 큰 값은 부드럽게 전환한다. 디폴트 값을 10dB로 정해서 시작하고 나중에 샘플에서 이 값을 바꾸어 이펙트의 효과를 알아본다.

- Sidechain Mix: wet과 dry 오디오 믹스의 양을 결정한다. 0%에서만 오리지널 신호 또는 dry 신호가 들린다. 반면 100%만 수정된 신호 또는 wet 신호가 들린다. 100%를 디폴트 값으로 사용하는 이유는 덕 볼륨 이펙트가 Music 그룹의 볼륨을 완전히 통제하길 원하기 때문이다.

5. 플레이를 눌러 씬을 시작한 후 Edit in Playmode를 클릭한다. 씬에 귀를 기울이며 도끼를 던져본다. Music 그룹으로 인해 Direct 그룹의 사운드가 어떻게 모호하게 들리지 않는지 알아본다. 하지만 Music 그룹 볼륨을 조정하거나 덕duck했을 때 일시 정지 또는 클릭을 들을 수 있다.

6. 이 이슈를 수정하려면 Music 그룹을 선택하고 Inspector 창에서 Duck Volume 이
   펙트를 찾는다. 다음과 같이 Knee 설정을 최대한 오른쪽으로 놓는다.

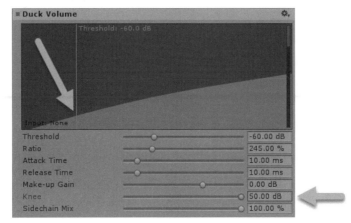

▲ 덕 볼륨 이펙트에서 Knee 조정

7. 그래프가 어떻게 점진적인 곡선으로 매끄럽게 움직이는지 본다. 그래프상에서
   Threshold 라인에 더 이상 단단한 모서리나 변화는 없다. Game 뷰로 돌아가서
   도끼를 몇 번 더 던져본다. 이제 볼륨의 변화는 감지되지 않는다.

그래프를 클릭하거나 드래그해서 다양한 이펙트 설정을 수정할 수 있다. **Threshold** 라인을
클릭하고 오른쪽, 왼쪽으로 드래그해 그래프에 있는 설정을 수정해본다.

8. 변화를 주고 테스트하는 것을 마치면 씬을 멈추고 변동사항을 저장한다.

이펙트에 대한 논의를 완료했다. 지금까지 잘 따라왔다면, **Audio Mixer** 창이 다음과 같을
것이다.

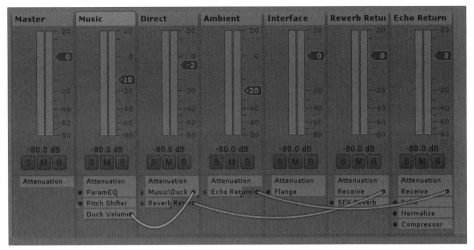

▲ 이 장의 마지막 Audio Mixer 창 그룹 뷰

 퀴즈 정답

오디오 소스에서 5000Hz 이상의 높은 음의 사운드를 제거할 때 사용하는 이펙트는 무엇인가?

a. **Lowpass** – 로우패스는 한계 주파수 이상의 사운드를 제거한다.

b. Highpass

c. Send–Lowpass

d. a와 b

음악 소스에서 특정한 악기를 강조할 때 사용하는 이펙트는 무엇인가?

a. Highpass

b. SFX Reverb

c. **ParamEQ** – 파라미터의 표준화는 주파수 범위를 강조하게 해준다.

d. 위의 보기에 없다.

플레이어가 소리를 잘 지르는 이펙트를 만드는 것은 무엇인가?

a. Echo

b. ParamEQ

c. Send–Receive–SFX Reverb

d. **a와 c** – Echo와 ParamEQ 모두 해당된다.

▌요약

3장에서는 오디오 믹서에 대한 소개와 함께 오디오 믹스의 세계에 대해 깊이 알아봤다. 오디오 믹서에 대한 기본 소개로 시작해, 믹서와 그룹을 어떻게 설정할지에 대해 알아봤다. 그리고 주파수를 표준화하는 단순한 이펙트를 소개하고, 오디오 아웃풋을 만들어보고, 믹서와 그룹, Master 그룹에 대해 자세히 살펴봤다. 이를 통해 Send와 Receive 이펙트와 함께 신호 라우팅 개념을 소개했고, 리턴 그룹에서 작동하는 Reverb와 Echo처럼 복합적인 딜레이 이펙트도 소개했다. 오디오 믹서를 지원하는 모든 이펙트를 검토하며 예제들을 다뤄봤다. 마지막으로, 덕 볼륨 이펙트에 대해서도 살펴봤다.

4장에서는 오디오 믹서의 능력에 대해 더 알아볼 것이다. 스냅샷, 파라미터, 오디오 믹서 스크립팅, 환경 이펙트와 발동, 그리고 인터페이스 제어에 대해 알아보기로 한다.

04

고급 오디오 믹싱

3장에서는 오디오 믹서를 소개하고, 유니티에서 디지털 오디오 워크스테이션^{DAW}으로 할 수 있는 작업에 대해 알아봤다. 그리고 믹서의 기본 기능을 배우고, 이펙트를 사용하거나 신호를 전송하는 방법에 대해 알아봤다. 하지만 앞에서 살펴봤던 몇 가지 이펙트와 믹서를 실제 게임 개발에는 적용해보지 않았으므로, 실제 업무나 문제에 적용했을 때 어떻게 작동하는지 살펴보고 방안이나 이론을 강화해야 한다. 그러므로 4장에서는 믹서를 사용하는 실용적이면서 수준 높은 예제들을 살펴볼 것이다.

이번에는 다양한 게임 개발 업무에 적용할 수 있는 실용적이고 수준 높은 예제들을 다룰 텐데, 다음과 같은 주제들이 소개될 것이다.

- 스냅샷으로 오디오 변화 레코딩
- 파라미터로 오디오 믹서 스크립팅

- 동적인 오디오 윈드 이펙트
- 환경 오디오 존 제작
- 동적인 음악 믹싱

각 주제마다 실용적이면서 오디오 믹서의 고급 능력을 사용할 수 있는 예제들이 주어질 것이다.

예제를 다루기 전에 유니티를 먼저 설치하고, 책의 소스 코드를 다운로드해 Viking Village 유니티 예제 프로젝트를 설치한다. 리소스를 다운로드하고 설치하는 방법에 대한 설명은 1장에 나와 있다.

앞 장에서 마무리했던 부분부터 계속 진행할 것이다. 4장으로 바로 넘어왔다면, 반드시 유니티 Viking Village 프로젝트를 설치하고 Chapter_4_Assets 폴더에서 Chapter_4_Start.unitypackage를 가져온다.

 프로젝트를 설치하고 애셋을 로드하는 방법이 확실하지 않다면, 1장으로 돌아가 작업을 다시 진행한다.

▌ 스냅샷으로 오디오 변화 레코딩

오디오 믹서 스냅샷은 믹서의 완료된 상태와 설정을 녹음하고 저장하는 방법이다. 스냅샷은 편집하거나 구현하는 동안 복원되고, 복합적인 스냅샷 사이에 전환이 가능하다. 레벨이나 다른 방 또는 다른 이펙트에 변화가 있을 때 스냅샷 전환을 사용할 수 있다. 스냅샷을 어떻게 녹음하고 저장하는지 살펴보고, 다음 예제를 따라 플레이 모드에서 사용해보자.

1. 유니티 에디터를 열고 Viking Village 프로젝트를 로드한다. 책 내용에 따라 앞 장에서 마무리했던 GameAudio 프로젝트를 진행하게 된다.

2. 메뉴에서 Assets > Import Package > Custom Package를 선택하면 Import package 대화창이 열린다. 대화창을 이용해 책의 소스 코드를 다운로드했던 곳을 찾아 Chapter_4_Assets 폴더를 연다. 그 폴더에서 Chapter_4_Start. unitypackage를 선택해 Open을 클릭하고 패키지를 로드한다. 가져오기 대화창에 따라 유니티에 있는 모든 애셋을 로드한다.

3. Project 창의 Assets/GameAudio/Scenes 폴더를 열고 The_Viking_Village_Chapter4_Start.scene을 더블클릭한 후 씬을 연다.

4. Project 창에서 Mixers 폴더를 선택하고 더블클릭해 Master 믹서를 연다. 에디터 하단에 Audio Mixer 창이 열리고 Mixers 목록에서 Master 믹서를 선택한다. 다음과 같은 창이 뜰 것이다.

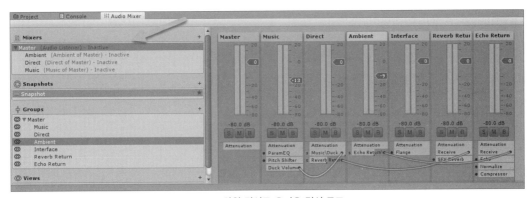

▲ 하위 믹서로 오디오 믹서 로드

믹서 뷰에서 그룹 커넥터가 켜져 있지 않으면, 창 메뉴를 열어 그룹 커넥션 옵션 보여주기를 선택한다.

5. 새로운 스냅샷을 만들기 위해 Snapshots 목록 옆의 플러스 아이콘을 클릭하고 새로운 스냅샷의 이름을 'Snapshot1'이라고 정한다. 목록에서 Snapshot1 항목을 선택하고 Ambient 그룹을 20dB로 설정한다. 목록에서 최상위 스냅샷을 클릭해 Ambient 그룹의 볼륨이 어떻게 즉시 떨어졌는지 알아본다.

6. 씬을 작동하기 위해 플레이를 누른다. 'Esc'를 입력해 마우스 잠금을 해제하고 Audio Mixer 창 상단에 있는 Edit in Play Mode를 클릭한다. Snapshot1을 클릭해

주변 사운드 볼륨에 즉각적인 변화가 있는지 알아본다.

7. 이 시점에서 새로운 스냅샷을 이용해 믹서에 다른 변화를 줄 수 있으며 결과는 자동으로 저장된다. 씬을 돌아다니면서 기존 스냅샷과 새로운 스냅샷 사이를 앞 뒤로 전환해본다.

> ℹ️ 변화를 줄 때는 스냅샷을 선택하고 변경사항을 넣기만 하면 결과는 자동으로 저장된다. 이러 한 능력이 빠르게 편집을 하도록 도와주지만, 문제가 발생할 가능성도 있다. 예를 들어, 다른 스냅샷으로 저장됐을 것이라 생각했던 변경사항들이 겹치기도 하는 것이다. 이 문제를 해결하 기 위한 방법은 편집을 할 때마다 어느 스냅샷을 선택했는지 알아두는 것이다. 그리고 특정한 믹스가 만족스러운 지점에서 씬이 저장됐는지 아는 데도 도움이 된다.

8. 수정을 마쳤으면, Snapshot1에 녹음한 다음 플레이를 눌러 씬을 멈춘다.

보다시피, 스냅샷을 만들고 믹서 상태를 저장하는 작업은 꽤 간단하며, 간혹 아주 쉬울 때도 있다. 다음 절에서는 구현할 때 프로그램에 따라 스냅샷의 상태를 리콜하는 방법에 대해 알아볼 것이다.

씬 정지

스냅샷을 만드는 작업이 얼마나 간단한지 알게 됐다. 이제 정지 기능을 만들어 구현할 때 프로그램에 따라 저장된 스냅샷을 리콜하는 방법에 관한 예제를 다뤄보자. 싱글 플레이 어 게임을 해본 적이 있다면 게임을 멈추거나 일시 정지시키는 정지 버튼에 대해 알 것이 다. 예제에서 정지 버튼은 게임을 일시 정지시키면서 그 사실을 플레이어가 알도록 하기 위해 오디오를 조정한다. 다음 예제를 따라 구현에 옮겨보자.

1. Audio Mixer 창을 열어 Snapshots 목록에 있는 Snapshot을 클릭한다. 스냅샷 이 름을 'Unpaused'로 다시 정한다. Snapshots 목록에서 Snapshot1을 클릭하고, 이름을 'Paused'라고 다시 정한다.

2. 메뉴에서 GameObject > Create Empty를 선택한다. 그러면 Hierarchy 창에 새로운 오브젝트가 생긴다. 이 오브젝트를 선택하고 다음과 같이 Inspector 창에서 이름을 'GameMenu'라고 정하고 Transform을 0으로 한다.

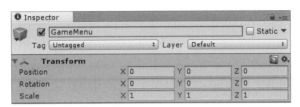

▲ Transform 값을 0으로 설정한 게임 메뉴

3. Inspector 창 하단에 있는 Add Component를 클릭해 검색란에 'Game Menu'를 입력한다. 목록에서 Game Menu 컴포넌트를 선택해 오브젝트에 추가한다.

4. 그리고 Game Menu 컴포넌트의 Unpaused 슬롯 옆에 있는 타깃 아이콘을 클릭해 다음과 같이 Select AudioMixerSnapshot 대화창에서 Unpaused 오디오 믹서 스냅샷을 선택한다.

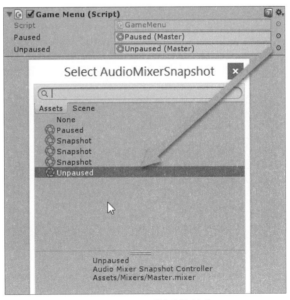

▲ Unpaused 스냅샷 슬롯 설정

5. Gamemenu 컴포넌트의 **Paused** 슬롯에 같은 과정을 반복한다. 이미 이름을 다시 설정했던 Paused 스냅샷을 사용해 슬롯을 설정한다.

6. 플레이를 눌러 씬을 작동시키고 P를 눌러 씬을 정지시킨다. 게임은 정지되지만 오디오는 여전히 플레이되고 주변 사운드가 더 커지는 변화를 감지하게 된다.

7. 정지를 누를수록 주변 사운드가 더 커지는 효과는 원하던 바가 아니며, 오히려 반대로 오디오가 전반적으로 더 조용해지길 원할 것이다. **Audio Mixer** 창 상단에 있는 **Edit in Play Mode**를 클릭한다.

8. **Snapshots** 목록에서 Paused 스냅샷을 선택한다. Ambient 그룹의 감쇠를 −9에서 −12dB로 재설정하고, Master 볼륨을 −20 정도로 설정한다.

9. 이제 P를 눌러 정지 모드를 활성화하면 씬이 더욱 조용해졌음을 알 수 있다. Paused 스냅샷 오디오 레벨이나 그 밖의 **Audio Mixer** 설정을 기호에 따라 조정해본다. 편집을 마치면, 작동을 멈추고 수정사항을 저장한다.

예제를 전체적으로 살펴봤으므로, **Game Menu (Script)**를 열고 다음 설명에 따라 구현하는 동안 스냅샷이 어떻게 바뀌는지 알아보자.

1. 컴포넌트 옆에 있는 기어 아이콘을 선택해 선호하는 코드 에디터에서 Game Menu를 열고 다음과 같이 컨텍스트 메뉴에서 **Edit Script**를 선택한다.

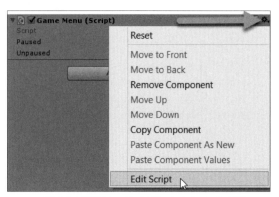

▲ 컴포넌트 컨텍스트 메뉴를 열고 Edit Script를 선택

2. 원하는 에디터에서 스크립트가 열릴 것이다. 스크립트는 아래에 있으므로 간단히 살펴보자.

```
using UnityEngine;
using UnityEngine.Audio; // 오디오 네임스페이스

public class GameMenu : MonoBehaviour
{
    public AudioMixerSnapshot paused;
    public AudioMixerSnapshot unpaused;

    void Start()
    {
        if (paused == null || unpaused == null)
        {
            this.enabled = false; // 컴포넌트가 설정되지 않으면 비활성화
        }
    }

    // 프레임당 한 번씩 호출
    void Update()
    {
        if (Input.GetKeyDown(KeyCode.P))
        {
            Pause();
        }
    }

    private void Pause()
    {
        Time.timeScale = Time.timeScale == 1 ? 0 : 1;
        if (Time.timeScale > 0) // 시간이 멈춰 있지 않다면
        {
            unpaused.TransitionTo(.01f);
        }
        else
        {
            paused.TransitionTo(.01f);
        }
    }
}
```

3. 2장 '오디오 스크립트'에서 살펴봤듯이, 이 스크립트는 유니티 표준 스크립트와 일치한다. 아래에 있는 핵심 내용에 대해 알아보고 논의해보자.

- using UnityEngine.Audio;: 스냅샷으로 작업하기 위해 오디오 라이브러리를 추가하거나 사용할 수 있게 도와준다.

- this.enabled = false;: 이 코드는 컴포넌트를 비활성화한다. 스냅샷을 설정하지 않으면 코드가 정상적으로 동작하지 않기 때문에 비활성화한다. 컴포넌트가 비활성화되면 Update 메소드가 호출되지 않는다.

- Pause();: Pause 메소드라 부르며 Update 메소드 다음에 온다.

- Time.timeScale = Time.timeScale == 1 ? 0 : 1 ;: ?는 3개의 연산자를 뜻하며 if 문의 축약된 형태로 사용된다. ? 이전의 조건식이 참이면 0을 반환하고, 거짓이면 1을 반환한다.

- unpaused.TransitionTo(.01f);: AudioMixerSnapshot에서 TransitionTo 메소드라 불리고, 전환 시간을 나타내는 플롯 파라미터를 취한다. 예를 들어, .01f는 unpaused 스냅샷으로 전환하는 데 .01초가 걸렸음을 뜻한다.

- paused.TransitionTo(.01f);: 이것은 paused 스냅샷으로 전환한다는 점만 빼고는 위의 설명과 같은 메소드다.

 P 키가 정지 기능에 사용됐지만, 일반적으로는 **Esc** 키를 사용한다. 하지만 이 키는 이미 마우스를 잠금해제하는 데 쓰이도록 되어 있으므로 **P**를 이용해 씬을 정지한다.

Game Menu 스크립트는 정지 외에도 다른 것들을 관리하는 게임 메뉴 스크립트의 시작이라고 할 수 있다. 이 스크립트를 자유롭게 확장해 메뉴 인터페이스를 디스플레이하는 것처럼 다른 기능들을 추가해보자. 다음에는 오디오 믹서의 스크립트 기능에 대해 더 알아볼 것이다.

▌ 파라미터로 오디오 믹서 스크립팅

앞에서 스냅샷과 전환을 통해 오디오 믹서를 제어할 수 있는 부분적인 방법을 살펴봤다. 복합적인 파라미터를 빠르게 설정하기 위해 스냅샷이 잘 쓰이지만 각 프레임에서 파라미터를 직접 수정하는 것보다 제어는 덜하게 된다. 세분화된 제어를 하기 위해서는 표시된 파라미터로 믹서에 직접 스크립트를 해야 한다. 다음 예제를 통해 믹서에서 파라미터를 표시하는 방법을 살펴보자.

1. 유니티를 열고 Audio Mixer 창으로 간다. Ambient 그룹을 선택하고 Inspector 창의 Volume 설정에서 우클릭해 파라미터 컨텍스트 메뉴를 연다. 다음과 같이 Expose 'Volume (of Ambient)' to script를 선택한다.

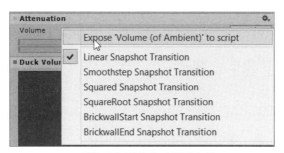

▲ 볼륨 파라미터를 스크립트에 노출

2. 다음으로 Audio Mixer 창의 우측 상단에 있는 Exposed Parameters를 선택해 메뉴를 연다. 다음과 같이 MyExposedParam 항목을 더블클릭해 이름을 'ambientVolume'으로 다시 설정한다.

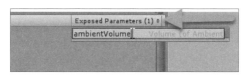

▲ 노출된 볼륨 파라미터의 이름 설정

3. 이제 스크립트에서 AudioMixer 클래스의 SetFloat 메소드를 호출해 ambientVolume 파라미터를 설정할 수 있다.

```
masterAudioMixer.SetFloat("ambientVolume", -15);
```

4. 코드에서 SetFloat를 이용해 masterAudioMixer 값을 -15로 하고 "ambientVolume" 파라미터를 설정한다.

이제 앞으로 돌아가서 정지에 관한 예제를 파라미터 메소드를 이용해 수정할 수 있겠지만, 그것은 이미 스냅샷으로도 작동이 잘된다. 대신 다음 절에서 노출된 파라미터의 능력을 알아볼 수 있는 예제를 다뤄보자.

▌동적인 오디오 윈드 이펙트

지금까지 다루지 않고 놓치고 있던 사운드 중의 하나가 바람 소리다. 바람은 씬에서 확실한 이펙트를 보여준다. 게임을 작동해 횃불 쪽으로 걸어가면 물에서 떨어진 쪽으로 연기가 날아가는 모습을 볼 수 있다. 다음 그림에서 바위 옆의 횃불에서 멀리 연기가 날아가는 모습이 보일 것이다.

▲ 마을 씬에서 바람의 방향

너무 가까이 있으면 연기가 잘 안 보일 수도 있으니 횃불에서 떨어져 살펴본다.

게임을 잠깐 작동해보면 연기가 돌풍처럼 보이는 것 주변을 날아다니는 모습이 보인다. 이상적으로 자연스러운 바람 소리를 넣고 싶다면 날아다니는 연기 입자와 같은 요소로 오디오를 제어하길 원할 것이다. 다음 예제에서 이 부분을 확인해보자.

1. 유니티를 열어 Hierarchy 창으로 간다. 목록의 상단에 Wind Zone 오브젝트가 있는지 찾아본다. 해당 오브젝트를 찾으면, 더블클릭해 다음과 같이 씬 뷰에 초점을 맞춘다.

▲ 씬 뷰에서 Wind Zone 확인

2. 크고 파란 화살을 Wind Zone이라 부르며 유니티에서 특별한 환경 이펙트를 나타낸다. Wind Zone은 연기나 나무, 풀 같은 입자들을 날리는 데 사용한다. 그리고 어떻게 화살의 방향이 연기가 날아가는 방향과 똑같은지 알아본다. Wind Zone이 선택되어 있는 상태에서 Inspector 창에 있는 Wind Zone 컴포넌트 파라미터를 찾아본다. 유니티 문서를 통해 찾아볼 수 있으므로 각 설정이 하는 일을 자세히 알아보지는 않겠지만, 현재 값이 일반적인 부드러운 바람을 나타낸다는

것은 알아두자. 예제에서는 더 많은 힘과 세기를 가진 바람을 다룰 것이다.

Wind Zone 컴포넌트 파라미터를 다음과 같이 설정한다.

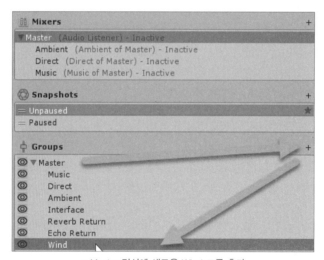

▲ 거친 바람에 맞춘 Wind Zone 파라미터 편집

3. 게임을 다시 작동하면, 하얀 연기가 공기를 통해 바람의 방향으로 날아가는 모습을 볼 수 있다. 아직 바람 소리는 빠져 있으므로 씬에 추가해보자. 먼저 에디터 하단에 있는 **Audio Mixer** 창을 열고, Master 믹서가 로드됐는지, 그룹 목록에 Master 그룹이 선택되어 있는지 확인한다. **Groups** 옆에 있는 **+** 아이콘을 클릭해 새로운 자식 그룹을 만들고, 다음과 같이 그룹명을 'Wind'라고 다시 정한다.

▲ Master 믹서에 새로운 Wind 그룹 추가

4. Hierarchy 창으로 돌아가 Wind Zone 오브젝트를 다시 선택하고 Inspector 창에서 **Add Component**를 클릭해 컴포넌트 컨텍스트 메뉴를 연다. 검색란에 'audiosource'를 입력하고 목록에서 **Audio Source** 컴포넌트를 선택해서 추가한다. **Audio Source**를 다음과 같이 설정한다.

▲ Wind Zone 게임오브젝트에 오디오 소스 설정

5. 플레이를 눌러 씬을 작동시키면 지속적인 바람 소리가 추가됐음을 즉시 알게 될 것이다. 하지만 이것은 생각했던 바람 소리가 아니다. 우리가 원하는 바람 소리는 불어오는 연기 입자의 강도에 맞게 설정된 것이다. 씬을 멈추고 예제를 계속 진행한다.

6. Audio mixer 창에서 Wind 그룹을 선택한다. 그리고 Inspector 창의 Volume 파라미터에서 우클릭한 다음 컨텍스트 메뉴에서 Expose 'Volume (of wind)' to script 옵션을 선택한다. **Audio Mixer** 창 오른쪽 상단에 있는 **Exposed Parameters** 메뉴를 연다. MyExposedParam이라는 새 파라미터를 더블클릭하고 이름을 'windVolume'으로 다시 정한다. 마지막 예제를 반복해 노출된 파라미터를 만든다. 혹시 잊어버렸다면 지난 예제에서 했던 순서를 되짚어보자.

7. 메뉴에서 GameObject > Create Empty를 선택해 Hierarchy 창에서 새 게임오브젝트를 선택하고 이름을 'AudioWeatherVane'이라고 다시 정한다. Inspector 창에서 **Add Component** 메뉴를 클릭해 컴포넌트 메뉴에서 검색란에 'audioweathervane'을 입력한다. 그리고 다음과 같이 목록에서 **Audio Weather Vane** 컴포넌트를 선택한다.

▲ Audio Weather Vane 컴포넌트 추가

8. Audio Weather Vane 컴포넌트가 새로운 오브젝트에 추가될 것이다. Particle Tracker 설정 옆에 있는 타깃 아이콘을 클릭하면 Select ParticleSystem 대화창이 열릴 것이다. 목록에서 fx_smoke 아이템 중 하나를 선택하고 대화창을 닫는다. 그리고 컴포넌트에 있는 그 밖의 파라미터를 다음과 같이 설정한다.

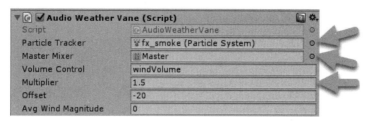

▲ Audio Weather Vane 파라미터 설정

> Audio Weather Vane 스크립트에서 파티클 이펙트가 필요한 이유는 바람의 속도를 알아내기 위해서다. 불행히도 유니티 API는 간혹 블랙 박스가 될 수 있으며 Wind Zone 컴포넌트가 그렇다. 실시간으로 Wind Zone의 속도를 알 수 있는 방법이 없기 때문에 Wind Zone에 영향받는 파티클을 사용해 속도를 알아낸다.

9. 플레이를 눌러 씬을 작동시킨다. 바람 소리가 더 역동적으로 바뀌었는지, 날아가는 연기 입자와 바람의 강도가 맞는지 확인한다. AudioWeatherVane 스크립트는 다음에 자세히 다룰 것이므로 남겨두고, 멀티플라이어^{multiplier}나 오프셋 ^{offset} 파라미터를 조정해 이펙트가 볼륨의 변화를 주는지 알아본다. 그리고 Wind Zone 컴포넌트 파라미터를 조정해 어떤 이펙트를 갖는지 알아본다. 테스트를 마치면, 씬을 멈추고 수정한 부분을 저장한다.

역동적인 바람 이펙트는 바람의 현재 속도에 기초해 볼륨을 설정하기 위해 표시된 windVolume 파라미터를 사용한다. 이 마술 같은 일은 AudioWeatherVane 스크립트 안에서 일어나므로 스크립트를 열어 자세히 살펴보자.

1. 선호하는 에디터에서 AudioWeatherVane 스크립트를 연다. 아래의 스크립트를 가지고 검토해보자.

```
using UnityEngine;
using UnityEngine.Audio;

public class AudioWeatherVane : MonoBehaviour
{
    // ParticleSystem은 반드시 외부 힘을 가져야 한다.
    public ParticleSystem particleTracker;
    public AudioMixer masterMixer;
    public string volumeControl = "windVolume";
    public float multiplier = 1f;
    public float offset = -20f;
    public float avgWindMagnitude;
    private ParticleSystem.Particle[] particles;

    void Start()
    {
        particles = new ParticleSystem.Particle[10];
    }

    // FixedUpdate는 고정된 시간으로 업데이트된다.
    void FixedUpdate()
    {
        var magnitude = 0f;
        if (particleTracker.GetParticles(particles) > 0)
        {
            for (int i = 0; i < particles.Length; i++)
            {
                magnitude += particles[i].velocity.magnitude;
            }
            avgWindMagnitude = magnitude / particles.Length;
```

```
                masterMixer.SetFloat(volumeControl, avgWindMagnitude *
                                multiplier + offset);
        }
    }
}
```

2. 스크립트의 중요한 점, 변화, 그리고 차이점을 다뤄볼 것이다.

- `public ParticleSystem particleTracker;`: 이것은 바람의 세기를 따라잡기 위해 사용할 파티클 시스템이다. `public`이므로 에디터에서 설정할 수 있다.

> **External Forces** 설정은 파티클 시스템 설정이며, 가능하면 바람이 입자에 영향을 주는 것을 허용한다. 이 설정이 활성화돼야 속도를 추적하는 데 사용할 수 있다.

- `public AudioMixer masterMixer;`: 이것은 우리가 제어하려고 하는 노출된 파라미터를 가진 믹서다. 마스터라 부르지만 노출된 파라미터를 가진 어떤 믹서든 될 수 있다.

- `public string volumeControl = "windVolume";`: 노출된 파라미터에 하드코딩된 설정을 이용하는 대신 스트링을 이용해 디폴트 값을 설정한다. 이렇게 하면 나중에 파라미터명을 우리가 제어하고 싶은 다른 값으로 바꿀 수 있다.

- `public float avgWindMagnitude;`: 다른 두 가지 `public float`과는 달리 이것은 편의를 위해 만든 것이다. 값을 `public`으로 만들어 실행되는 동안에 에디터에서 값을 지켜볼 수 있다. 앞의 예제를 이해했다면 이미 이 부분을 알고 있을 것이다.

- `particles = new ParticleSystem.Particle[10];`: 이것은 입자가 10개인 배열에 대한 초기화다. 속도 변화를 추적하기 위해 사용된다.

- `void FixedUpdate()`: 현재 코드는 `Update` 대신에 `FixedUpdate`를 사용한다.

Update가 그래픽 프레임 업데이트마다 작동했다면, FixedUpdate는 물리 계산 사이클마다 작동한다. 왜 두 가지 업데이트 메소드가 있는지는 다루지 않겠지만, 물리 타이밍이 그래픽 타이밍과 다르다는 점은 이해해두자. 지금은 입자의 물리 속성을 따라가고 있는 중이므로 스크립트에서 물리 업데이트 사이클을 이용할 것이다.

> ℹ️ FixedUpdate에 있는 그 밖의 코드 조각들은 파티클 시스템의 바람 이펙트를 추적하기 위한 것이다. 이 코드들은 약간의 해킹 또는 그냥 확인하는 용도이기 때문에 더 이상 자세한 설명은 생략한다.

- `masterMixer.SetFloat(volumeControl, avgWindMagnitude * multiplier + offset);`: 마지막으로, 예제에서 봤듯이 노출된 파라미터의 볼륨을 조정하기 위해 `SetFloat` 메소드를 이용했다. 이것은 물리 업데이트마다 파라미터를 빠르게 조정하도록 해주고 동적인 오디오 바람 이펙트를 제공해준다.

> ℹ️ 예제에서 SetFloat을 실행하기 위해 FixedUpdate를 이용했는데, 일반적인 업데이트 메소드에도 유사하게 적용할 수 있음을 기억하자.

바람을 추적할 때 AudioWeatherVane 스크립트를 자유롭게 이용해보고, 어떤 이펙트를 적용할 수 있는지 보기 위해 파라미터를 조정해보자. 바람의 세기에 따라 삐걱거리는 문의 소리나 낙엽이 바스락거리는 소리를 자유롭게 표현할 수 있다. 이 예제를 완료하기 전에, Ambient 오디오 그룹에서 파생된 이펙트 하나를 더 추가해볼 것이다.

1. Ambient 그룹에 Duck Volume 이펙트를 추가해 바람 오디오 볼륨이 증가할 때 주변 소리를 크게 해보자. **Audio Mixer** 창에서 Ambient 그룹을 선택하고, **Add** 버튼을 클릭한다. 그리고 컨텍스트 메뉴에서 Duck Volume 이펙트를 선택해 그룹에 추가한다.

2. **Inspector** 창에서 이미 Ambient 그룹에 속해 있는 Send 이펙트 상단의 Duck
    Volume 이펙트를 선택해 드래그한다. 그리고 다음과 같도록 파라미터를 설정
    한다.

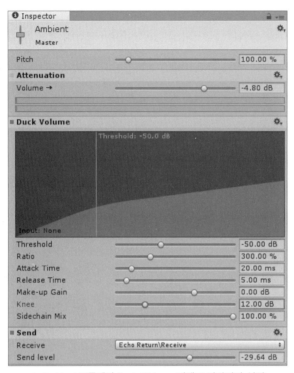

▲ Ambient 그룹에서 Duck Volume 이펙트 파라미터 설정

 앞에서 제안한 오디오 설정이 여러분이 생각하는 오디오 설정과 항상 같지는 않다. 오디오가
재생되는 방식이나 사용하는 시스템에 다양한 차이점이 존재하기 때문이다. 사실, 이것은 특
히 염두에 둬야 하는 점이기도 하다. 그러므로 헤드폰이나 스피커 등의 다양한 시스템이나 매
체를 이용해 게임 오디오를 들어보길 바란다. 그리고 전반적으로 듣기에 괜찮고 시스템에 최
적화된 설정으로 조정해보자. 스냅샷을 이용해 주된 차이점들이 있는지 살펴본다.

3. 다음에는 Wind 그룹을 선택하고 Inspector 창에서 **Add Effect**를 클릭해 Send 이 펙트를 추가한다. **AmbientDuck Volume Receive** 레벨에 맞게 이펙트를 설정하고, 다음과 같이 **Send level**을 최대로 조정하자.

▲ Wind 그룹 Send 이펙트 Receive와 Send level 설정

4. 플레이를 눌러 씬을 작동시키고 오디오의 변화가 있는지 들어본다. 필요에 따라 오디오를 자유롭게 조정해보자. 편집을 끝냈으면, 씬을 멈추고 수정한 부분을 저장한다.

바람이 부는 날 걸어보면 주변에 휘몰아치는 공기가 어떻게 다른 소리를 차단하는지 알 것이다. 이것이 바로 덕 볼륨 이펙트를 추가하면서 기대하는 부분이다. 오디오의 Direrct 그룹에는 덕킹 이펙트를 추가하지 않았지만, 바람 소리를 좀 더 자연스럽게 표현하고 싶다면 추가해도 좋을 것이다.

 경험이 있는 사운드 엔지니어 또는 믹서와 이야기를 나눌 때 그들이 짚어주는 단 한 가지는 두려워하지 말고 자신의 뜻대로 조정해보라는 것이다. 오디오 믹싱과 사운드 디자인은 예술적 인 노력에 의해 만들어지는 것이므로 틀을 깨고 제대로 만드는 데는 시간이 걸린다. 그러므로 규칙을 깨는 것을 두려워하지 말고 자신의 생각에 맞게 시도해보자.

다음 절에서는 환경 오디오 존^{environmental audio zone}을 살펴보면서 다른 게임 개발에 사용할 수 있는 실용적인 이펙트에 대해 알아볼 것이다.

▌ 환경 오디오 존 제작

현재로선 게임 전체 레벨이나 씬은 단일 글로벌 오디오 믹스를 사용한다. 이전에 만들었 던 여러 개의 스냅샷은 게임이 정지했을 때 오디오를 전환하게 해주지만, 어느 곳으로 가든 전반적으로 사운드가 같다. 물론 3D 입체 사운드를 제공하는 다양한 오디오 소스가 있지만, 주변의 물리적 공간의 변화를 묘사해주지는 못한다. 그러므로 SFX 리버브와 에코에 대해 다룰 때는 더 현실적인 반영을 주면서 공간을 설명할 때 어떻게 쓰이는지 기억해두자. 불행히도 모든 오디오는 같은 리버브와 에코 이펙트를 사용하고 있으며 모든 사운드가 같다. 이상적으로는 오디오가 다르게 들리는 존을 만들고 플레이어가 그러한 존에 들어가면 믹스에 변화를 줄 수 있기를 바란다. 이제 높은 레벨 뷰를 가진 마을 씬을 살펴보고 소리가 달라야 하는 장소에 대해 알아보자.

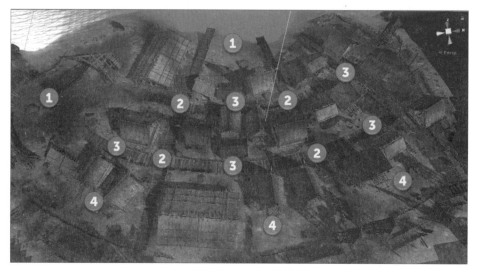

▲ 환경 존 타입이 표시된 마을 씬 지도

지도는 환경 존 타입의 레이블이 지정된 전체 마을 씬을 보여준다. 각 숫자는 다음의 설명에 따라 다양한 타입의 환경을 나타낸다.

- Exposed(①): 이 존은 요소들에 노출되어 있고 넓고 개방된 공간을 나타낸다. 오디오로 이것을 강조하려면 윈드 볼륨을 늘리거나, 리버브 또는 에코를 줄이거나, 다이렉트 오디오의 볼륨을 낮춘다.
- Crossroads(②): 주변의 빌딩에 의해 야기되는 집중 이펙트로 인해 특히 바람이 불거나 난기류인 곳이다. 이 지역에서는 윈드 볼륨을 늘리고 그 밖의 글로벌 설정은 유지한다.

- Sheltered(③): 빌딩 때문에 직접적으로 바람이 들이치지 않는 곳으로, 이곳에서는 윈드 볼륨을 크게 줄여야 한다. 그리고 빌딩 사이에 있는 공간이므로 리버브와 에코 볼륨은 늘린다. 다이렉트 오디오의 증가는 더 작거나 꽉 막힌 공간감을 준다.
- Fringe(④): 이곳은 마을의 외곽이다. 바람으로부터 떨어져 있음에도 불구하고 금지 구역은 아니다. 여기서는 바람과 다이렉트 오디오를 줄인다.

다른 환경 존을 추가해볼 수도 있다. 예를 들어 실내나 지하, 비행 존 등이 있으며 목록을 이야기하자면 아주 많다.

환경 존의 개념을 이해했으면 구현에 옮길 차례다. 다음 예제를 따라 환경 존을 정의하고 배치해보자.

1. 유니티를 열고 Audio Mixer 창으로 간다. Groups 목록에 있는 Wind 그룹을 선택하고 + 아이콘을 클릭해 새로운 자식 그룹을 만든다. 다음과 같이 이 그룹의 이름을 'WindRaw'라고 정한다.

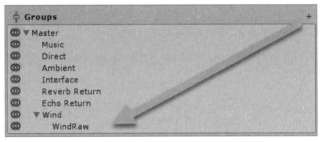

▲ Wind 그룹의 새로운 WindRaw 자식 그룹 만들기

2. Hierarchy 창에서 Wind Zone 게임오브젝트를 선택해 Inspector 창에서 Audio Source를 새로운 WindRaw 그룹으로 보낸다. WindRaw는 Wind의 자식이므로, 모든 오디오를 부모 그룹에 전송한다. 자식 그룹을 이용해 윈드 오디오의 볼륨을 조정할 수 있도록 이 그룹을 만든 것이다. 앞의 내용을 상기해보면 AudioWeatherVane 스크립트는 역동적으로 Wind 그룹의 볼륨을 바꾸었고 스냅샷 설정을 무효로 만들었다.

3. Unpaused 스냅샷에서 우클릭(맥에서는 Ctrl+클릭)한다. 다음와 같이 컨텍스트 메뉴에서 Set as start snapshot을 선택한 다음 Duplicate를 선택한다.

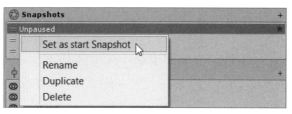

▲ start 또는 global 스냅샷 설정

4. 이렇게 해서 오디오 믹스의 출발점으로 Unpaused 스냅샷을 설정하면 이것이 글로벌 믹스 설정이 될 것이다. 앞서 만들었던 복제한 스냅샷의 이름을 'Exposed'로 다시 정한다.

5. Exposed 스냅샷에 맞는 오디오 설정을 믹스할 차례다. Exposed 스냅샷이 선택된 상태로 다음의 오디오 수정사항을 적용한다.

   ● WindRaw: Volume을 10dB로 늘린다.

   ● Direct: Volume을 −10dB로 줄이고 Reverb ReturnReceive에 있는 Send level을 −60dB로 낮춘다.

   ● Ambient: Echo ReturnReceive에 있는 Send level을 −60dB로 낮춘다.

6. 메뉴에서 GameObject > Create Empty를 선택한다. 새로운 오브젝트의 이름을 'EnvironmentalZones'라고 정하고 Transform을 0(Position: 0, 0, 0)으로 재설정한다.

7. 새로운 오브젝트에서 우클릭(맥에서는 Ctrl+클릭)하고 컨텍스트 메뉴에서 Create Empty를 선택해 EnvironmentalZones 게임오브젝트에 속한 자식 오브젝트를 만든다. 새로운 오브젝트의 이름을 'Zone_Exposed_1'이라 정한다. Inspector 창에서 Add Component를 클릭해 컴포넌트 컨텍스트 메뉴를 연다. 검색란에 'environmentalzone'을 입력해 Environmental Zone 컴포넌트를 선택한다. Zone_Exposed_1 게임오브젝트에서 다음와 같이 파라미터를 설정한다.

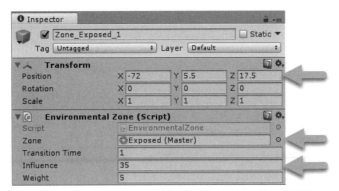

▲ Zone_Exposed_l Transform & Environmental Zone 파라미터 설정

8. 파라미터를 설정한 후 **Hierarchy** 창에서 Zone_Exposed_1 게임오브젝트를 더블클릭한다. 이렇게 하여 씬 뷰에 있는 오브젝트를 강조하고 존이 위치한 곳을 보여준다. 존은 보트와 함께 넓고 개방된 공사 현장에 있으며 이전의 마을 지도에서 #1로 표시된 곳이다.

9. **Hierarchy** 창에서 EnvironmentalZones 오브젝트를 선택하고 **Inspector** 창에서 **Add Component**를 클릭한다. 검색란에 'environmentalzonemanager'를 입력해 목록에 있는 **Environmental Zone Manager** 컴포넌트를 선택해 추가한다. 그리고 다음과 같이 컴포넌트의 파라미터를 설정한다.

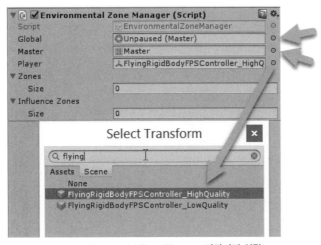

▲ Environmental Zone Manager 파라미터 설정

10. 편집을 마치면, 플레이를 눌러 씬을 작동시킨다. 플레이어가 씬을 돌아다니며 보트가 있는 넓고 개방된 공사 현장으로 가게 한다. 이 장소로 들어가면 바람 소리가 아주 시끄러워지고, 다른 오디오가 들리지 않음을 알게 된다. 바로 우리가 원하던 바다. 테스트를 마치면, 씬을 멈추고 수정한 부분을 저장한다.

전체 이펙트를 보기 전에 EnvironmentalZoneManager 스크립트에 어떤 일이 일어나는지 알아야 한다. 에디터에서 스크립트를 열어 **Start**와 **Update** 메소드를 찾는다.

```
void Start()
{
    zones = GetComponentsInChildren<EnvironmentalZone>();
    globalInfluenceZone = new InfluenceZone
    {
        Snapshot = global,
        Weight = 1
    };
}

void Update()
{
    influenceZones.Clear();
    influenceZones.Add(globalInfluenceZone);
    for (int i = 0; i < zones.Length; i++)
    {
        // 존은 영향력 범위에 들어왔을 때만 영향력을 행사한다.
        var distance = Vector3.Distance(player.position,
                                        zones[i].transform.position);
        if (distance < zones[i].influence)
        {
            influenceZones.Add(new InfluenceZone
            {
                Snapshot = zones[i].zone,
                Weight = (1 - distance / zones[i].influence) *
                        zones[i].weight
            });
        }
```

```
    }

    // 존을 블렌드한다.
    master.TransitionToSnapshots(GetSnapshots(), GetWeights(), 1);
}
```

여러분이 개발자가 아니거나 스크립트에 대한 지식이 거의 없다면 처음에는 스크립트 자체가 어려울 수 있다. C#의 수준 높은 기능을 가진 코드도 있지만, 그런 부분들은 알아보지 않을 것이다. 대신 스크립트에서 중요한 부분만 알아보자.

- void Start(): 이 메소드에 무슨 내용이 있는지 요약해보겠다. 첫 줄의 GetComponentsInChildren은 게임오브젝트의 모든 자식 존을 로드하는 데 사용한다. 다음 코드는 globalInfluenceZone이라 부르는 새로운 InfluenceZone 오브젝트를 만들고 몇몇 영역들을 초기화한다. 글로벌 존은 기본 또는 글로벌 오디오 믹스를 나타낸다. InfluenceZone의 정의는 스크립트 하단에 있지만 실제로 하는 일은 영향이 미치는 존을 나타내는 데이터를 들고 있는 것이다.

- influenceZones.Add(globalInfluenceZone);: Update 메소드의 두 번째 줄이다. 첫 번째 줄은 influenceZones 목록(오브젝트의 컨테이너)을 클리어한다. 다음에는 목록의 Add 메소드를 사용해 globalInfluenceZone을 추가한다.

- for (int i = 0 ; i < zones.Length: i++): for 루프의 첫 줄로 i를 인덱서로 사용해 이전에 초기화했던 모든 자식 존을 반복한다.

- var distance = Vector3.Distance(player.position, zones[i].transform.position);: 이 코드는 for 루프에서 플레이어 오브젝트와 i로 인덱싱된 존 사이의 거리를 계산한다.

- if (distance < zones[i].influence): if 문은 플레이어와 존 사이의 거리가 존의 influence보다 작은지 확인한다. influence는 영향이 미치는 존의 범위를 나타내며, 이 장의 뒷부분에서 세부적인 내용을 다룰 것이다. 존이 범위 안에 있다면 새로운 InfluenceZone이 목록에 추가될 것이다.

- `Weight = (1 - distance / zones[i].influence) * zones[i].weight`: 이 코드는 거리에 기초해 존의 효율을 계산한다. 앞의 스크립트를 보면, 글로벌 존에 1의 Weight로 할당했다. 책의 뒷부분에서 다시 설명할 것이다.

- `master.TransitionToSnapshots(GetSnapshots(), GetWeights(), 1);`: 마지막으로, Update 메소드의 마지막 부분에서 믹서의 `TransitionToSnapshots` 메소드를 사용해 존들을 섞는다. `TransitionToSnapshots`은 스냅샷의 배열과 가중치의 배열을 취해 최종적인 믹스를 얻어낸다. 처리를 간단히 하기 위해 `GetSnapshots()`과 `GetWeights()` 함수를 사용해 `influenceZones` 목록에서 스냅샷과 가중치 배열을 얻어온다.

> 이벤트 트리거(event trigger)나 물리 레이 캐스팅(physics ray casting)을 이용해 오디오나 환경 존을 구현하는 방법도 있다. 어떻게 구현하는지 알아보지는 않겠지만 같은 개념이 적용된다. 관심이 있다면 인터넷에서 트리거를 이용해 존을 제어하는 예제들을 찾을 수 있을 것이다.

코드에 대해 설명을 했지만 여전히 코드를 시각화하기에는 어려움이 있을 수 있다. 존 개념에 대한 이해를 돕기 위해 다이어그램을 나타내었다.

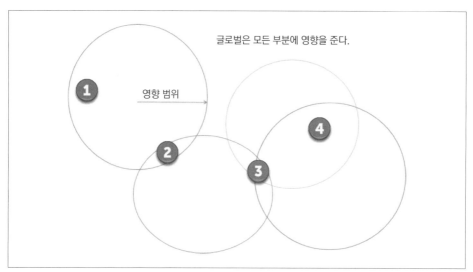

▲ 환경 또는 영향력 존의 겹치는 부분을 보여주는 다이어그램

다이어그램에는 4개의 각기 다른 환경 또는 영향력 존이 표시되어 있다. 각 존들은 다른 영향 범위를 가지고 그들만의 반경과 세기로 표시된다. 플레이어가 각각의 숫자가 표시된 지점에 있다고 가정해보자. 얼마나 많은 영향 존들이 서로의 지점에 영향을 미칠까? 답을 확인하기 전에 이 질문에 대해 한번 생각해보자.

- ①번 존: 글로벌 영향 존과 하나의 존
- ②번 존: 글로벌 존과 2개의 중복 존
- ③번 존: 글로벌 존과 3개의 중복 존
- ④번 존: 글로벌 존과 2개의 중복 존

영향력의 범위가 특정 지점에서 어떤 조합의 스냅샷이 들리게 하는지에 영향을 미치는 유일한 요인은 아니다. 각 존에서 세기와 가중치도 그 요인이 된다. 이로써 전체 믹스에서 존이 갖는 영향력을 통제할 수 있다. 존의 세기와 가중치는 다음과 같이 중심에서 모서리로 멀어질수록 떨어진다.

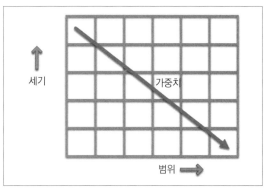

▲ 존의 세기와 범위에 기초한 가중치의 선형 계산

존에 설정했던 세기에 따라 존이 더 효과적이게 되며, 세기를 조절해 겹치는 존과 글로벌 존 사이를 전환할 수 있다. 세기가 강한 존일수록 더 큰 영향력을 갖는다. 특별한 이유가 있지 않다면, 세기를 너무 강하게 설정해 존 사이에 전이가 부자연스럽게 되는 걸 원하지 않을 것이다. 예를 들어, 플레이어가 빌딩 안으로 들어가거나 밀폐된 공간에 있을 때는 세기를 강하게 설정해 해당 존이 들리게 할 수 있다. 또 다른 방법으로 이전에 언급했듯이 트리거 존 이펙트를 사용할 수도 있다.

노출된 파라미터 예제를 다룰 때, 파라미터에서 스냅샷 전환을 제어하는 기타 옵션들을 봤을 것이다. 컨텍스트 메뉴에 다음과 같은 예가 있다.

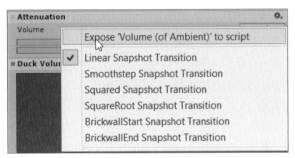

▲ 파라미터 노출과 스냅샷 전환 메뉴

앞의 그래프에서 봤듯이 환경 존 메소드는 스냅샷의 가중치를 조합하기 위해 선형 전환을 사용하고, 추가적인 전환 설정이 큰 영향을 주지 않는다. 수학에 흥미가 있다면 우리가 사용했던 예제에 다른 전환 형태를 구현해볼 수도 있을 것이다.

 다양한 스냅샷 전환은 유니티로 몇 개의 파라미터만을 이용해 스냅샷 사이에 단순한 전환이 용이하게 해주며, 이것은 정지 이펙트를 구현했던 첫 번째 예제를 통해 알 수 있다. 그러므로 여기서 전환 타입에 대해 다루지는 않을 것이다.

그러면 어떻게 이 모든 존이 완성된 예제에서 결합되는지 알아보자. 완성된 예제를 가져오기 위해 다음의 설명을 따라 해보자.

 책에서 모든 존의 설정에 대해 다루지 않는다고 실망했을 수도 있다. 걱정하지 않아도 된다. 여러분이 제작하고 있는 게임에서 많은 시간 동안 이 작업을 하게 될 것이다.

1. 메뉴에서 **Assets > Import Package > Custom Package**를 선택하면 Import package 대화창이 열릴 것이다. 책에서 다운로드된 소스 코드 Chapter_4_Assets 폴더로 가서 Chapter_4_Zones.unitypackage를 선택한다. **Open**을 클릭해 애셋을 로드한다.

2. Import 대화창에서 디폴트를 선택하고 애셋을 가져오기 위해 **Import**를 클릭한다.

3. 애셋을 가져온 후 Project 창으로 가서 검색란에 'zones'를 입력한다. The_Viking_Village_Chapter4_Zones라는 씬을 보여주기 위해 뷰를 걸러낼 것이다. 씬을 더블클릭한 후 연다.

4. 플레이를 눌러 씬을 작동시킨다. 주변을 돌아다니면서 빌딩의 뒤로 가거나 개방된 곳으로 움직이면서 사운드의 변화를 알아본다. 테스트를 마치면 씬을 멈춘다. 책의 목적에 맞게 일반적으로 다양한 이펙트를 지나치게 강조한 부분이 있는데 이것은 여러분의 청력, 헤드폰, 스피커를 포함한 기기 등의 차이점을 언급하기 위해서였다.

5. Hierarchy 창에서 EmvironmentalZones 게임오브젝트를 더블클릭하고 씬 뷰를 살펴보자. 다음과 같이 보이도록 스크롤을 이용해 영상을 축소하거나 **Alt+좌클릭**을 한 상태로 드래그한다.

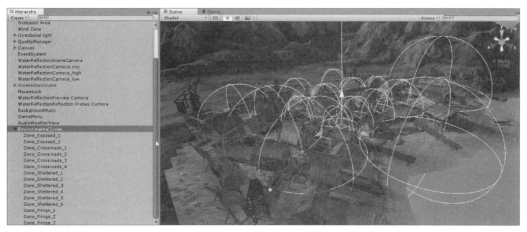

▲ 씬에서 환경 오디오 존 전부 보기

6. 청록색의 구 전체는 앞에서 알아봤던 스냅샷 설정에 기초해 환경 오디오 존을 나타낸다. 작동하고 있는 씬으로 돌아가 존의 전환을 알아본다. 원한다면 기호에 맞게 추가 존을 넣을 수도 있고 현재의 존이나 스냅샷 설정을 바꿀 수도 있다.

 퀴즈

또 다른 퀴즈를 풀어보자.

첫 장으로 돌아가서, 우리가 사용했거나 앞으로 사용할 다음의 오디오 사운드 중 다이어제틱과 논다이어제틱은 어느 것인가? 두 개념의 정의가 생각나지 않으면, 1장으로 돌아가 찾아보자.

- Wind
- Lake shore waves
- Music

정답은 4장의 마지막에 나올 것이다.

4장의 마지막 절에서는 동적으로 콘텐츠를 믹스하는 방법을 다룰 텐데, 앞으로 다룰 예제들의 기초가 될 것이다.

▌ 동적인 음악 믹싱

유니티에서 디지털 오디오 워크스테이션^{DAW, Digital Audio Workstation}이 갖는 강력한 기능 중의 하나는 동적인 콘텐츠 믹싱을 제공하는 것이다. 물론 환경 존을 통해 오디오를 동적으로 믹스하는 흥미로운 방법을 접하긴 했지만, 어떻게 유니티 안에서 자신만의 음악 믹스를 만들 수 있을까? 자신만의 오디오 믹스를 만들 줄 아는 능력이 있다면 어댑티브 음악을 포함한 다양한 기능을 가진 플레이를 할 수 있을 것이다. 5장에서 어댑티브 음악을 다룰 테니, 지금은 다음의 설명에 따라 음악 믹스를 만드는 방법에 대해 알아보자.

1. 유니티 에디터를 열고 메뉴에서 **File > New Scene**을 선택한다. 그리고 현재 씬을 저장한다.

2. 메뉴에서 GameObject > Create Empty를 선택한다. 새로운 오브젝트의 이름을 'Instruments'라고 정하고 Transform Position을 0으로 재설정한다.

3. Hierarchy 창에서 새로운 게임오브젝트에 우클릭(맥에서는 Ctrl+클릭)해 컨텍스트 메뉴에서 Create Empty를 선택하고 새로운 오브젝트를 'Fiddle'이라고 한다. 그런 다음 오브젝트에 오디오 소스 컴포넌트를 추가하고 AudioClip을 fiddle로 설정한 후, 다음과 같이 Play On Awake와 Loop 설정을 확인한다.

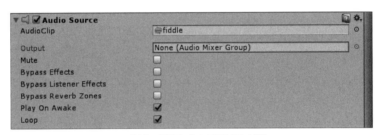

▲ fiddle 오디오 소스 컴포넌트 설정

4. Hierarchy 창에서 Fiddle 게임오브젝트를 선택하고 복제하기 위해 Ctrl+D를 누른다. 오브젝트의 이름을 'Tribe_Drum'으로 다시 정하고, Inspector 창에서 새로운 오브젝트를 위한 AudioClip을 tribe_drum으로 설정한다.

5. Celtic_Flute와 Beat라는 새로운 두 오브젝트에 위의 작업을 반복한다. Audio Source AudioClip 슬롯을 그들의 이름인 celtic_flute 및 beat와 매치되도록 각 컴포넌트에 맞게 설정한다.

6. 플레이를 눌러 씬을 작동시킨다. 사운드는 조화롭지 않으며 끔찍하게 들릴 것이다. 씬을 멈추고 변경사항을 저장한다.

단순히 여러 개의 클립을 사용한다고 해서 음악을 만들기는 어렵다. 오디오 믹서가 이것을 어떻게 작업하는지 알아보는 것이 어떨까? 다음 설명을 따라 MusicMix 믹서를 만들어보자.

1. 에디터를 열고 Audio Mixer 창으로 가서 새로운 믹서를 만들기 위해 Mixers 옆에 있는 + 아이콘을 클릭한다. 이 믹서의 이름을 'MusicMix'라 하고 새로운 MusicMix 믹서를 선택한다.

2. Groups 목록 옆에 있는 + 아이콘을 클릭해 새로운 믹싱 그룹을 만든다. 그리고 'fiddle'이라고 이름을 정한다.

3. 그 밖의 악기들 tribe_drum, celtic_flute, beat에 대해서도 위의 작업을 반복해 적용한다. 믹서 창은 다음과 같을 것이다.

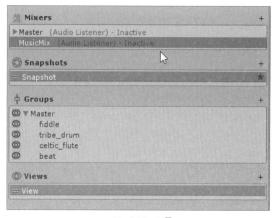

▲ MusicMix 그룹

4. Hierarchy 창에서 Fiddle 오브젝트를 선택하고 Inspector 창에서 다음과 같이 Audio Source 컴포넌트의 Output 슬롯을 MusicMix ➤ fiddle 믹서 그룹으로 설정한다.

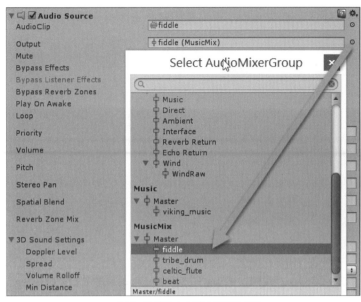

▲ fiddle 오디오 소스에서 아웃풋 설정

5. 다시 tribe_drum, celtic_flute, beat 같은 악기에 대해서도 동일한 과정을 반복한다. Output 설정을 각각의 오디오 믹서 그룹에 맞게 일치시킨다.

6. 다양한 악기 클립이 갖는 기본적인 문제 중의 하나는 모든 악기가 초당 다른 비트로 플레이된다는 점이다. 그러므로 우리가 할 일은 같은 BPM[beats per minute]에서 모든 트랙이 플레이되도록 맞추는 것이다. 믹서 그룹에 있는 오디오의 피치를 조정해 그 부분을 고칠 수 있다. 다음은 모든 오디오를 100BPM으로 맞추도록 각 그룹의 피치를 조정하는 표다.

> ⓘ 각 클립의 BPM은 http://www.abyssmedia.com에서 BPM 카운터를 사용해 결정한다. 그리고 다음 공식을 이용해 피치의 조정을 계산한다.
>
> 피치% = 원하는 BPM / 실제 BPM * 100
>
> 100BPM으로 조정한 바이올린의 예:
>
> 피치% = 100 / 140 * 100 = .714 * 100 = 71%

악기	현재 BPM	피치 조정
fiddle	140	71%
tribe_drum	120	83%
celtic_flute	137	73%
beat	120	83

 오디오 클립의 피치 조정은 피치를 늦추거나 낮추는 것, 속도를 높이거나 늘리는 것과 같다. 오디오 클립의 BPM을 결정하는 데 도움을 주는 무료 툴이 많은데, 선호하는 검색 엔진에서 'bpm counter'를 검색해보자.

7. 피치를 조정하고 싶은 믹서 그룹을 선택하면 Inspector 창 상단에 설정이 보일 것이다. 각 그룹에 표와 일치하는 피치 설정을 입력한다.

8. 피치를 설정하고 나면 씬을 작동시킨다. 이번에는 악기들이 얼마나 조화를 이루는지 음악이 어떻게 들리는지 살펴본다. 다 듣고 난 후 씬을 멈추고 변경사항을 저장한다.

앞서 다뤘던 작은 변경이 큰 영향을 주지만 더 많은 것이 남아 있다. 대부분의 편집은 여러분이 악기들을 어떻게 조합하느냐에 따라 달라질 수 있다. 하지만 스냅샷이나 다른 파라미터로 제어하는 동적인 음악 조합도 만들어낼 수 있음을 기억하자.

음악 믹스의 밸런스를 맞추기 위해 다음 설명을 따라 유용한 이펙트와 컨트롤을 추가해보자.

1. 각 뮤직 그룹에 맞게 ParamEQ 이펙트를 추가한다. 그룹의 하단에 있는 Add를 클릭하고 컨텍스트 메뉴에서 ParamEQ를 선택해 구현한다.

2. 플레이를 눌러 씬을 작동시키고 Edit in Play Mode를 클릭한다. 씬이 작동하기 시작하면 다음과 같이 믹스를 조정한다.

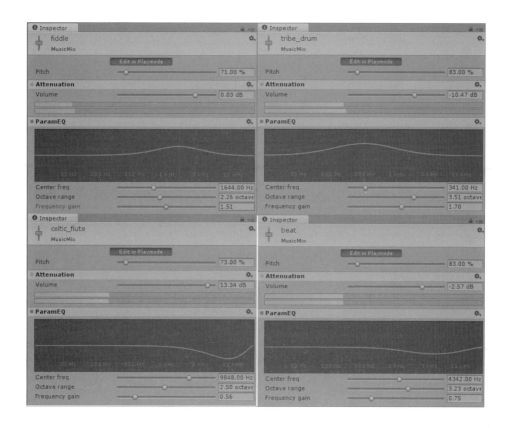

3. 믹스는 악기들을 조합하는 하나의 방법이다. 다양한 믹서 그룹에 다른 이펙트를 추가할 수도 있다. 여러분이 원하는 믹스를 더 만들어보고 스냅샷으로 저장하자.

4. 편집과 믹싱을 마치면 씬을 멈추고 저장한다.

유니티 내에서 음악을 믹스할 수 있는 능력은 다양한 가능성을 갖게 해준다. 다음 장에서는 이 컨셉을 구현해보고 확장해볼 것이다.

퀴즈 정답

지난 절에서 물어봤던 퀴즈의 정답이 아래에 있다.

- Wind: 날아가는 물체를 볼 수 있다면 다이어제틱이고 그렇지 않다면 논다이어제틱이다.
- Lake shore waves: 파도를 볼 수 있다면 다이어제틱이고 그렇지 않다면 논다이어제틱이다.
- Music: 뮤지션의 연주를 볼 수 있다면 다이어제틱이고 그렇지 않다면 논다이어제틱이다.

이 모든 사운드는 다이어제틱이 될 수도 있고 논다이어제틱이 될 수도 있다. 그러므로 약간 어려운 질문이기도 하다. 사운드가 스크린의 어떤 것이나 게임의 활동과 매치되면 다이어제틱이고, 반대로 사운드가 스크린을 벗어나 있거나 분위기나 테마를 강조하기 위한 것이면 논다이어제틱이다.

▌요약

4장에서는 실용적이고 더 고급 수준의 오디오 믹서 사용법에 대한 예제들을 살펴봤다. 처음에는 스냅샷의 제작, 녹음, 전환 방법을 알아봤고, 정지 기능 같은 실용적인 예제에 적용해봤다. 다음에는 움직이는 여러 부분들을 가진 동적인 윈드 이펙트를 만들어봤다. 이 과정에서 오디오 환경 존에 대해 알아볼 수 있었다. 오디오 환경 존은 지형, 빌딩, 물체와의 거리에 따라 글로벌 오디오에 생기는 차이점을 시뮬레이션하는 곳이다. 마을 레벨의 한 지점에 환경 존을 구현한 후, 노출되거나 가려지거나, 교차하거나, 부분적으로 커버되는 다양한 존의 추가를 보여주는 씬을 로드했다. 마지막으로, 4개의 오디오 클립을 이용해 동적인 음악 믹스를 만들고 새로운 씬을 만들어냈다.

5장에서는 어댑티브 오디오$^{adaptive\ audio}$라는 새로운 믹스를 적용한 오디오 믹서의 기능을 더 살펴볼 것이다. 어댑티브 오디오의 첫 장이므로 다이내믹하고 어댑티브한 오디오에 대한 소개와 정의를 다루고, 사운드 이펙트와 음악을 사용하는 예제들을 만들어볼 것이다.

05

어댑티브 오디오를 위한 오디오 믹서의 사용

지금까지 여러 장들을 통해 게임을 만들 때 오디오를 다루는 방법들을 다양하게 살펴봤다. 반복되는 주변^{ambient} 오디오 클립의 기본부터 3D 입체 기술을 사용한 수준 높은 방법까지 알아보고, 그 과정에서 게임의 사운드와 음악을 개선하기 위해 프로세싱과 믹싱 기술을 소개했다. 그리고 바람과 환경에 관한 역동적인 오디오 이펙트를 개발하기 위해 고급 믹싱 기술을 살펴봤다. 지금까지 다뤘던 모든 기술이 뛰어난 오디오를 만들 수 있게 해줬지만, 이번에는 한 단계 더 업그레이드된 어댑티브 오디오에 대해 알아보자.

5장에서는 어댑티브 오디오^{adaptive audio}라는 새로운 기술을 소개하려고 한다. 물론 지금까지 항상 그래왔듯이 새로운 개념들은 예제를 통해 알아볼 것이다.

5장에서 다루는 내용은 다음과 같다.

- 어댑티브 오디오 소개

- 어댑티브 오디오 큐 만들기

- 어댑티브 음악으로 분위기 제작

- 오디오 믹서로 버티컬 리믹싱

- 어댑티브 사운드를 이용한 발자국

지금부터 다룰 예제는 4장에서 마친 부분부터 진행할 것이다. 5장으로 바로 넘어왔다면 Viking Village 유니티 프로젝트를 설치하고 Chapter_5_Assets 폴더에 있는 소스 코드에서 Chapter_5_Start.unitypackage를 가져오자.

> 프로젝트를 설치하거나 유니티 애셋을 가져오는 방법을 잘 모르겠다면 1장으로 돌아가 다시 살펴본다.

▌ 어댑티브 오디오 소개

게임 개발자들이 말하는 어댑티브 오디오는 부정적이기도 하고 긍정적이기도 하며 양쪽을 다 언급하기도 하는데, 그 이유는 어댑티브 오디오의 구현보다도 정의에 대해 그런 견해를 갖기 때문이다. 그러면 자세히 알아보기 전에 먼저 적합한 정의를 만들어보자. 아래에 최근의 게임 개발에 적용되는 정의가 있다.

> '어댑티브 오디오'란 게임 플레이에 적합하게 반응하고 예측하는 오디오와 음악을 묘사하는 데 사용되는 용어다.
>
> – 가이 위트모어 Guy Whitmore / 가마수트라 Gamasutra

위의 정의가 다소 추상적으로 들릴 수도 있지만, 실제로 어댑티브 오디오가 무엇인지 제대로 표현한 정의다. 게임 플레이를 향상하기 위해 게임 플레이를 예측하고, 적용하고,

반응하는 오디오라 할 수 있다. 이 정의에서 중요한 부분은 게임 플레이며, 이것이 동적인 오디오와 다른 부분이다. 앞서 동적인 오디오는 환경 또는 레벨 변화의 결과이며 거기에 반응하는 오디오로 정의됐다. 4장에서 개발한 환경 존과 윈드 이펙트는 동적인 오디오를 보여주는 예다.

 동적이고(dynamic), 어댑티브하고(adaptive), 상호적인(interactive) 오디오는 서로 공유가 가능한 개념이다. 하지만 용어와 정의에 있어 혼란을 피하기 위해 세 가지를 구분하려고 한다. 오디오 개발은 여전히 새로운 분야이므로 위의 정의는 앞으로도 바뀔 수 있으며, 어댑티브 오디오를 동적인 오디오로 교체해서 사용할 수 있는 경우를 찾을 수도 있다.

어댑티브 오디오의 정의가 아직 이해하기 어려울 수 있으므로, 다음 설명에 따라 어댑티브 오디오를 이용한 게임 플레이 시나리오를 살펴보자.

- 플레이어가 전투 지역에 가까이 가면, 음악이 일정 속도로 더 빨라지고 소리가 커지며 악기 음이 두드러진다.
- 플레이어가 놀래려는 찰나 음악의 분위기가 불안이나 긴장을 암시하는 듯이 침울하게 바뀐다.
- 플레이어가 레벨의 마지막을 향해 달려가면, 음악도 빨라지고 축하하는 듯한 느낌을 준다. 하지만 플레이어가 실패하면, 음악도 침울해지고 패배를 표현하는 듯한 느낌으로 표현된다.
- 게임의 분위기나 상태에 따라 플레이어의 소리, 발자국은 더 빨라지고 서두르는 듯하다.
- 플레이어는 게임의 상태나 다른 액션에 기초해 용기를 복돋우거나 의지를 꺾는 듯한 보컬 큐를 만들어낼 수도 있고, 들을 수도 있다.

위 목록에 어댑티브 음악을 잘 설명해주는 예시들이 나와 있으며, 최근에 게임을 플레이했다면 그런 오디오를 접해봤을 것이다. 발자국과 보컬 큐를 이용한 예시는 덜 접했을 수도 있지만 분명히 있다.

이 책에서는 다른 툴을 이용해 어댑티브 오디오의 구현을 자세히 검토해보려고 한다. 먼저 유니티를 구현하고 지금까지 알아본 기능들이 어댑티브 오디오를 구현하는 데 어떻게 쓰이는지 살펴보자. 그 과정에서 어댑티브 오디오를 구현하는 전문적인 메인 툴을 알아보고 다른 오디오 작업도 수행해본다. 이 장을 끝내면 미래에 여러분이 작업할 프로젝트에서 어떤 오디오 툴이 적당할지 판별할 수 있을 것이다.

어댑티브 오디오를 두 가지 방법으로 구현하는 이유는 대단한 작업이어서가 아니라 기술과 지식의 교차점을 증명해 보이기 위해서다. 그리고 유니티가 오디오 믹서로 뛰어난 작업을 해왔지만, 여전히 다른 툴에서 구현할 수 있는 기능이 부족하기 때문에 이 부분을 알아보려는 목적도 있다.

어댑티브 오디오를 구현하려면 어떻게 시작해야 할까? 어떻게 활성화하거나 비활성화할 수 있을까? 아래에 어댑티브 오디오를 구현하는 데 필요한 핵심과 방안이 제시되어 있다.

- **이벤트 트리거**event trigger : 플레이어가 언제 특정 지역, 포털 또는 복도로 들어왔는지 추적하는 데 쓰인다. 일반적으로 레벨에 따라 다양한 세기를 가진 각기 다른 트리거들이 있다. 환경 존과 유사하지만 좀 더 구조적이다.

- **근접 트리거**proximity trigger : 적과의 거리를 추적하는 데 사용된다. 그 거리가 좁으면 어댑티브 레벨은 늘어난다. 오디오의 속도나 긴장감이 레벨마다 늘어날 가능성이 높다.

- **게임 상태**game state : 플레이어의 체력, 적의 체력, 작업을 마치는 시간, 그 밖의 유사한 게임 상태 등이 요소로 쓰인다.

- **기타**: 게임 개발자 및 디자이너가 맞닥뜨리게 되는 게임 플레이상의 끈임없는 변화에 맞추어 이 목록 또한 끝이 없다. 상상력을 발휘해 오디오의 변화에 쓰일 수 있는 혁신적인 트리거의 예시를 생각해보자. AAA급 게임을 플레이하며 어디에 트리거를 놓아야 하는지 생각해보자.

 어댑티브 오디오의 유저에 맞는 기준으로 AAA급 게임을 사용하지만, 개발자의 허용 여부에 관계없이 다양한 분야에서 사용되고 있다.

어댑티브 오디오의 정의가 아직 어렵다고 느껴지더라도, 몇 가지 예제를 통해 자세히 알아볼 테니 걱정하지 않아도 된다. 다음 절에서는 어댑티브 오디오 변화에 신호를 주는 트리거를 구축하는 방법에 대해 알아볼 것이다.

▌ 어댑티브 오디오 큐 만들기

앞에서 봤듯이 어댑티브 오디오의 변화를 트리거하는 다양한 방법이 있다. 우리는 이미 언급했던 두 가지 방법인 이벤트 트리거와 근접 트리거를 사용할 것이다. 두 트리거는 일반적인 경우 잘 동작하며, 이후의 장들에서 어댑티브 오디오를 구현할 때 더 자세히 알아볼 것이다.

지금까지는 데모 게임으로서 게임을 플레이하는 요소들에 대해 언급하지 않았다. 기술적인 구현에 대해서만 다뤘기 때문에 그럴 필요가 없었기 때문이다. 하지만 어댑티브 오디오의 구현에서는 트리거와 오디오가 매치되도록 만들기 위해 게임 플레이의 요소에 맞는 적합한 정의가 필요하다. 그러므로 게임 플레이의 속성을 알려주기 위해 허구의 게임 디자인 상태를 가정해 알아볼 것이다.

플레이어는 그다지 쎄 보이지 않는 바이킹 전사로, 드래곤과 함께 마을에서 버림받았다. 마을 사람들은 외로운 영웅이 드래곤을 스스로 처치하도록 내버려둔 채 산으로 떠난다. 영웅의 역할을 위해 플레이어는 드래곤을 잡을 수 있는 아이템을 찾아야 한다. 주변을 돌아다니면서 드래곤 때문에 위협을 느끼거나 잠재적으로 공격당하는 것을 느낄 수 있다.

 게임 디자인 상태가 마음에 들거나 전체적인 게임 컨셉을 개발하고 싶다면, 계속 진행하길 바란다.

이벤트 트리거를 구현하기 전에 하고자 하는 것이 무엇인지 살펴보자. 다음 페이지에 현재 레벨의 이미지가 있으므로 어댑티브 오디오를 제어하는 이벤트 트리거를 이동시키는 방법을 알아보자.

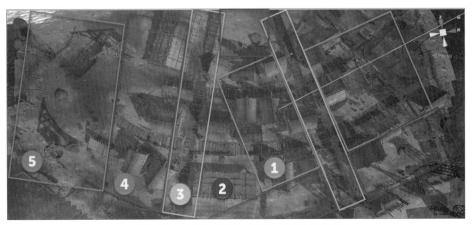

▲ 어댑티브 오디오를 제어하는 이벤트 트리거 지역 위치

위의 지도는 우리가 옮기려고 하는 각 트리거 타입의 위치를 나타내고 있다. 어떻게 지도의 ①번부터 ⑤번까지 진행되는지 알아보자. 숫자의 진행은 현재 주제와도 관련이 있으므로 각 지역마다 검토해보자.

- **초록(①)**: 이 장소는 플레이어가 안정을 취하고 공격받지 않는 곳을 나타낸다. 플레이어는 조용히 이 지역을 지나갈 수 있으며 드래곤의 공격을 두려워하지 않아도 된다. 이곳에서 오디오는 기분이 좋고 긍정적인 분위기를 준다.
- **검정(②)**: 이 장소는 글로벌 존 또는 명시되어 있는 트리거가 표시되지 않은 다른 지역이다. 이곳에서 오디오는 중립적인 느낌을 준다. 그리고 플레이어가 공격받지 않을 만한 장소다.
- **노랑(③)**: 이 장소는 불안과 경고의 분위기를 주는 노출된 지역이다. 플레이어가 공격을 받을 수도 있지만 다른 지역과 가까워 빠르게 이동이 가능하다.
- **보라(④)**: 이곳은 언제라도 공격받을 수 있는 긴장감이 흐르는 장소다.
- **빨강(⑤)**: 언제든지 공격이 일어나므로 오디오가 극적이고 기대감으로 꽉 차 있다. 여기서 플레이어는 공격을 피하기 위해 빠르게 달려야 한다.

이제 계획을 알아봤으니 다음 설명을 따라 오디오 트리거를 만들어보자.

1. 유니티 에디터를 열고 GameAudioBasics 프로젝트를 로드한다. 이 책의 다른 부분에서 5장으로 바로 넘어왔다면, 새 프로젝트를 만들고 애셋 스토어에서 Viking Village 유니티 프로젝트를 가져온다.

> 앞에서 다룬 변경사항들을 저장하고 싶으면, 새 프로젝트를 만들거나 프로젝트 폴더를 복사해 다시 시작한다.

2. Chapter_5_Assets 폴더의 메뉴에서 Assets > Import Package > Custom Package를 선택해 Chapter_5_Start.unity.package를 가져온다. 그리고 Chapter_5_Assets 폴더를 찾기 위해 Import package 대화창을 이용해 패키지를 선택한다. Open을 클릭해 로드하고 패키지 가져오기를 시작한다. 모든 패키지 콘텐츠를 가져오기 위해 Import 대화창에서 Import를 클릭한다.

3. 메뉴에서 GameObject > Create New를 선택한다. Hierarchy 창에서 새로운 오브젝트를 선택하고 이름을 'AdaptiveAudioManager'라고 정한다. Inspector 창에서 오브젝트를 설정하고, Transform Position을 0으로 맞춘다. Add Component를 클릭하고 검색란에 'adaptiveaudiomanager'를 입력한다. 걸러진 목록에서 컴포넌트를 추가하기 위해 Adaptive Audio Manager를 선택한다.

4. Hierarchy 창의 AdaptiveAudioManager에서 우클릭(맥에서는 Ctrl+클릭)한 후 새로운 자식 오브젝트를 만들기 위해 컨텍스트 메뉴에서 Create Empty를 선택한다. Inspector 창에서 새로운 오브젝트의 이름을 'AAT_1_1'(AAT = Adaptive Audio Trigger, level 1, #1)이라고 정한다.

5. 메뉴에서 Component > Physics > Box Collider를 선택해 오브젝트에 콜리더collider를 추가한다. Add Component를 클릭해 검색란에 'adaptiveaudiotrigger'를 입력해 컴포넌트 목록을 걸러낸다. Adaptive Audio Trigger 컴포넌트를 선택해 오브젝트에 추가한다. Inspector 창에서 Transform, Box Collider, Adaptive Audio Trigger 컴포넌트 파라미터를 다음과 같이 신중하게 설정한다.

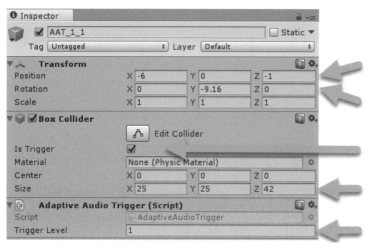

▲ 첫 번째 트리거 파라미터 설정

6. Hierarchy 창에서 AAT_1_1 오브젝트를 선택하고 **Ctrl+D**를 눌러 복제한다. 복제
   된 오브젝트의 이름을 'AAT_1_2'라고 정하고, 다음과 같도록 파라미터를 설정
   한다.

이름	컴포넌트	파라미터
AAT_1_2	Transform Box Collider Adaptive Audio Trigger	Position.X = 36.6, Position.Z = 5, Rotation.Y = −9.16 Size.X = 35, Size.Y = 25, Size.Z = 40 Trigger Level = 1
AAT_3_1	Transform Box Collider Adaptive Audio Trigger	Position.X = −31.5, Position.Z = 8, Rotation.Y = 19 Size.X = 11, Size.Y = 25, Size.Z = 75 Trigger Level = 3
AAT_3_2	Transform Box Collider Adaptive Audio Trigger	Position.X = −13.2, Position.Z = 5.3, Rotation.Y = −9.16 Size.X = 8, Size.Y = 25, Size.Z = 70 Trigger Level = 3
AAT_4_1	Transform Box Collider Adaptive Audio Trigger	Position.X = −7.4, Position.Z = 33.3, Rotation.Y = 8.5 Size.X = 12, Size.Y = 25, Size.Z = 12 Trigger Level = 4
AAT_4_2	Transform Box Collider Adaptive Audio Trigger	Position.X = −52.1, Position.Z = 7.4, Rotation.Y = 19 Size.X = 25, Size.Y = 25, Size.Z = 60 Trigger Level = 4

이름	컴포넌트	파라미터
AAT_4_3	Transform Box Collider Adaptive Audio Trigger	Position.X = 41.2, Position.Z = −26, Rotation.Y = −9.16 Size.X = 37, Size.Y = 25, Size.Z = 20 Trigger Level = 4
AAT_4_4	Transform Box Collider Adaptive Audio Trigger	Position.X = −7.9, Position.Z = −33.9, Rotation.Y = −9.16 Size.X = 37, Size.Y = 25, Size.Z = 20 Trigger Level = 4
AAT_5_1	Transform Box Collider Adaptive Audio Trigger	Position.X = −81.9, Position.Z = 23.3, Rotation.Y = 19 Size.X = 36, Size.Y = 25, Size.Z = 60 Trigger Level = 5

7. Ctrl+D를 이용해 오브젝트의 복제를 계속 진행하면서 이름을 다시 정하고, 위의
   표와 같도록 모든 오브젝트의 파라미터를 설정한다. 작업을 마치면 Hierarchy 창
   에서 AdaptiveAudioManager 오브젝트를 더블클릭하고 카메라 뷰를 조정해
   트리거가 다음 스크린샷과 같도록 맞춘다.

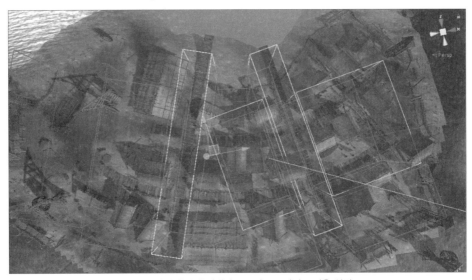

▲ 다양하게 추가된 어댑티브 오디오 트리거로 마을 설정

8. 플레이를 눌러 씬을 작동시키고 돌아다니면서 다양한 트리거를 거치는 동안 Adaptive Audio Manager 컴포넌트의 Current Adaptive Level 설정이 어떻게 바뀌는지 알아본다. 한 트리거에 맞춰진 지역을 벗어나 보고 레벨이 어떻게 설정되는지 알아본다.

9. 테스트를 마치면, Esc를 눌러 마우스의 잠금을 풀고 플레이를 다시 눌러 씬을 멈춘다. 메뉴에서 Save Scene을 선택해 변경사항을 저장한다.

트리거 레벨을 설정하는 어댑티브 오디오 요소를 추가하기 위해 어댑티브 오디오 트리거 스크립트를 자세히 살펴보자.

1. Inspector 창에서 AAT 오브젝트에 첨부된 Adaptive Audio Trigger 컴포넌트를 찾는다. AdaptiveAudioTrigger 스크립트를 보여주는 슬롯을 클릭한다. 스크립트는 다음과 같이 Project 창에서 노란색으로 강조되어 있을 것이다.

▲ Project 창에서 AdaptiveAudioTrigger 스크립트를 강조하는 모습

2. 원하는 코드 에디터에서 스크립트를 더블클릭해서 연다. 스크립트의 코드는 아래에 나와 있다.

```
using UnityEngine;

[RequireComponent(typeof(BoxCollider))]
public class AdaptiveAudioTrigger : MonoBehaviour
{
    public int triggerLevel;

    void OnDrawGizmosSelected()
```

```csharp
{
    Gizmos.color = GetGizmoColor();
    Gizmos.matrix = transform.localToWorldMatrix;
    Gizmos.DrawWireCube(Vector3.zero,
                        GetComponent<BoxCollider>().size);
}

private Color GetGizmoColor()
{
    switch (triggerLevel)
    {
        case 0:
        case 2:
            return Color.black; // 디폴트 값은 검은색이다.
        case 1:
            return Color.green;
        case 3:
            return Color.yellow;
        case 4:
            return new Color(.4f, .1f, .6f); // 보라색
        case 5:
            return Color.red;
    }
    return Color.black;
}

void OnTriggerEnter(Collider collider)
{
    AdaptiveAudioManager.Instance.AdjustAudioLevel(triggerLevel);
}

void OnTriggerExit(Collider collider)
{
    AdaptiveAudioManager.Instance.AdjustAudioLevel(2);
}
}
```

3. 스크립트는 단순하지만 전형적인 형식을 따르지는 않는다. 굵은 글씨체로 된 코드를 자세히 살펴보자.

- [RequireComponent(typeof(Boxcollider))]: 특수한 속성으로, 이 스크립트는 BoxCollider를 첨부하고 있는 오브젝트에만 사용해야 한다는 것이다. BoxCollider 없이 AdaptiveAudioTrigger를 추가하려고 하면 에디터가 에러를 내거나, 그렇게 하지 못하게 막을 것이다.

- void OnDrawGizmosSelected(): 이 메소드는 유니티 에디터에 의해 호출되며 이 오브젝트가 선택되면 그린다. 이 코드는 트리거 레벨에 따라 영역에 색상을 넣는다. GetGizmoColor 메소드를 살펴보면 switch 문이 있고 이곳에서 색상을 결정한다.

- void OnTriggerEnter(Collider collider): 또 다른 게임오브젝트가 콜리전 영역에 들어오면 이 메소드가 호출된다. 콜리전의 경우 BoxCollider를 사용하고 있으며, **Is Trigger** 옵션이 설정되어 있어야 한다.

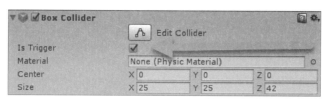

▲ Box Collider에서 Is Trigger 설정

> ⓘ Is Trigger가 설정되지 않으면 여타 콜라이더와 같은 방식으로 처리된다. 즉, 다른 콜라이더를 가진 오브젝트가 이 오브젝트를 통과하지 못하게 된다. 씬에서 대부분의 오브젝트들은 트리거가 아니다.

4. AdaptiveAudioManager.Instance.AdjustAudioLevel(triggerLevel);: 이 코드는 OnTriggerEnter 메소드에서 활성화된다. AdjustAudioLevel 메소드를 이용해 AdaptiveAudioManager에서 현재 트리거 레벨을 설정한다. 메소드라고 부르는 친숙하지 않은 방법에 대해 걱정하지 않아도 되며 매니저 스크립트를 다룰 때 살펴볼 것이다.

5. `void OnTriggerExit(Collider collider)`: 이 메소드는 콜라이더가 트리거 콜라이더의 영역에서 나갈 때 호출된다.

6. `AdaptiveAudioManager.Instance.AdjustAudioLevel(2);`: 이 메소드는 OnTriggerExit 메소드에서 트리거 레벨을 글로벌 레벨 2로 다시 설정할 때 쓰인다. 이상적으로는 이 값을 스크립트하고 싶겠지만 단순화하기 위해 하드코딩했다. 그러므로 플레이어가 트리거 지역을 나갈 때 레벨은 글로벌 레벨인 2로 설정될 것이다.

트리거를 사용해 어댑티브 오디오의 레벨을 변경하는 방법을 설정하면서 4장에서 다뤘던 환경 존 메소드를 쉽게 사용하는 방법을 배워봤다. 궁극적으로는 트리거를 사용해 환경 존을 만들 수 있다고 할 수 있다. 그러나 이 방법은 환경 사운드의 전환 방법을 자유자재로 제어할 수 없다. 다음 절에서는 어댑티브 오디오를 제어하는 그 밖의 옵션들을 알아보고, 그중 하나를 이용해 음악을 추가해보자.

어댑티브 음악으로 분위기 제작

음악은 수십 년 동안 영화나 게임에서 분위기를 설정하는 데 사용돼왔다. 가장 영향력 있는 논다이어제틱 오디오 요소인 감독, 에디터, 제작자, 그리고 게임 개발자는 그들의 창작물에 깊이와 퀄리티를 더하기 위해 항상 몰두해왔다. 그렇게 음악은 게임에 있어서 수십 년 동안 중요한 제작 요소가 되었다. 게임 개발의 초기 단계에는 개발자들이 정적, 선형적인 음악을 게임에 사용해 큰 성공을 거뒀지만, 게임이 점점 세련되어지면서 그런 음악은 더 이상 찾지 않게 됐다. 무엇보다도 영화와는 다르게 게임은 선형적이지 않으며 음악의 분위기를 계속 조절해야 한다. 게임 플레이가 음악을 조정한다는 자각이 바로 어댑티브 음악이 됐다.

이제 우리가 만드는 게임에는 어댑티브 음악이 있어야 하며 5개의 레벨 또는 장소에 다양한 음악이 필요하다. 게임에 5개의 트랙을 넣어보고 플레이어가 트리거를 쓸 때 바꿔보자.

쉽지 않은 작업이긴 하다. 만약 5개의 트랙이 굉장히 다르다면 플레이어가 이동할 때 사운드가 전환되는 것이 거슬릴 수도 있다. 플레이어에게 혼란을 주지 않고 트랙의 전환을 순조롭게 하기 위해서는 경험이 필요하다. 순조롭게 음악을 바꾸는 작업이 단순하다고 생각하기 쉽지만, 실제로는 그렇지 않다. 사운드 디자이너의 관점에서 그것은 속임수가 될 수도 있다. 여기에 게임에서 구현된 어댑티브 음악의 현재 방식과 장단점이 나와 있다.

1. **수평 재배열**^{horizontal re-sequencing} : 복합적인 트랙을 한데 섞는 방법으로, 사용하는 기술에는 크로스 페이딩^{cross-fading}, 프레이즈 브랜칭^{phrase branching}, 음악 경계 브랜칭^{musical demarcation branching}, 브리지 트랜지션^{bridge transition}이 있다.

   - **장점**
     - 다른 방법보다 작곡과 구현이 용이함
     - 템포, 하모니, 악기, 멜로디에 전반적인 수정 가능
   - **단점**
     - 종종 변화를 줄 때 플레이어에게 여전히 거슬림
     - 크로스 페이딩을 제외하고 수정이 즉각적이지 않음
     - 오디오의 변화가 어댑티브하기보다는 스크립트된 것 같음

2. **스팅어 기반 시퀀싱**^{stinger-based sequencing} : 수평 재배열의 또 다른 종류이며, 음악에 변화를 주거나 전환 포인트에서 이벤트 트리거를 끄고 스팅어^{stinger}(짧은 오디오 클립)를 사용한다.

   - **장점**
     - 템포, 하모니, 악기, 멜로디의 전체적인 변화에 빠르게 전환함
     - 게임 이벤트로 변화를 강조함
     - 다른 수평적 재배열 방법보다 구현과 믹스가 용이함
   - **단점**
     - 한 번에 이벤트 한 가지로 수정이 제한됨
     - 변화가 일관성이 없어 보임

3. **버티컬 리믹싱**^{vertical remixing}(레이어링^{layering}): 음악은 템포, 하모니, 악기, 멜로디를 조정해 레이어로 나뉘어 믹스되고 전환의 공통적인 부분은 공유한다. 각 전환은 음악 믹스를 조정하기 위해 복합적인 제어 인풋을 필요로 한다.

- **장점**
  - 빠르고 매끄러운 전환
  - 변화가 아주 자연스러움
  - 구성^{composition}한 이후에 조정하는 능력

- **단점**
  - 적합한 툴 없이는 구성하기 어려움
  - 구성할 때 템포와 하모니를 극적으로 변화시킬 수 없음
  - 전환이 너무 빨라서 놓칠 수 있음

다음 다이어그램은 오디오의 변화나 트랙 전환 포인트를 화살표로 표시해 수평 재배열과 버티컬 리믹싱의 차이점을 시각적으로 보여준다. 수평 재배열은 오디오 표에서 변화가 수평적으로 일어나므로 이름을 적합하게 지었다. 반면에 버티컬 리믹싱은 공통의 레퍼런스 요소를 공유하면서 트랙이 겹치기 때문에 표의 다양한 곳에서 변화가 일어난다.

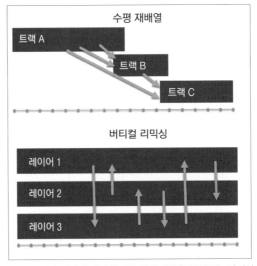

▲ 수평 재배열과 버티컬 리믹싱 기술의 차이점을 보여주는 다이어그램

책에서 살펴볼 메소드는 앞의 목록에서 2번과 3번이다. 다음 절에서는 오디오 믹서를 가지고 어댑티브 음악에 사용할 버티컬 리믹싱(레이어링)을 구현해볼 것이다.

오디오 믹서로 버티컬 리믹싱

유니티 오디오 믹서는 어댑티브 음악의 버티컬 리믹싱을 수행하기 위해 뛰어난 툴셋을 제공한다. 사실 지금의 유니티 믹서는 수평 재배열 형식을 거의 이용하지 않는다. 이 부분은 7장 '다이내믹하고 어댑티브한 오디오를 위한 FMOD'에서 그 기술을 사용하는 방법을 살펴볼 것이다.

 정확히 말하면 유니티 오디오 믹서가 수평 재배열 기술을 구현하지 못하는 게 아니라 현재 그렇게 하는 게 맞지 않다는 뜻이다.

믹서의 능력에 따라 스냅샷을 이용해 음악을 뚜렷한 레이어로 나눌 수 있으며, 4장의 마지막 부분에서 역동적인 음악 믹스를 만들었을 때와 같다. 다양한 음악적 변화가 있는 스냅샷을 갖고 있다면 이전에 다룬 것처럼 전환을 하는 것이 간단하다. 버티컬 리믹싱에서 까다로운 부분은 레퍼런스와 제어 포인트를 고르는 것이다. 아래에 오디오 믹서를 가지고 버티컬 리믹싱된 레이어를 작곡할 수 있는 방법이 제시되어 있다.

1. 에디터를 열고 Project 창에서 MusicMix 씬을 찾고 더블클릭한 후 연다. 그리고 현재 씬을 저장한다.

 다양한 창에서 상단에 위치한 검색란에 어떤 종류의 애셋, 게임오브젝트, 컴포넌트를 입력해 찾을 수 있다. 검색어만 입력하면 자동으로 해당 콘텐츠를 걸러낸다.

2. 메뉴에서 Window > Audio Mixer를 선택해 믹서 창을 연다. 믹서 목록에서 MusicMix 믹서를 선택하고 Snapshots 목록에서 level1 스냅샷을 고른다. 창이 다음과 같이 뜰 것이다.

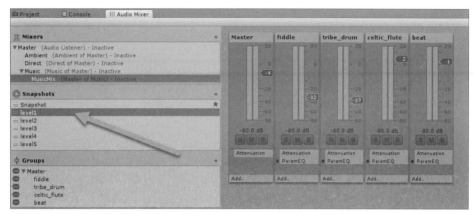

▲ Audio Mixer 창에서 MusicMix 믹서와 level1 보기

3. MusicMix 믹서가 어떻게 정의하고자 하는 레벨이나 스냅샷 레이어를 이미 갖고 있는지 알아본다. 다양한 스냅샷을 클릭해보면 설정의 변화를 알 수 있다.

> ℹ️ 여러분이 다양한 레이어를 직접 믹싱하는 경험을 원하는 만큼 그룹 변화에 대한 많은 설명을 이번 절에서 다룰 것이다.

4. 플레이를 클릭해 씬을 시작하고, 작동하는 동안 Esc를 눌러 마우스의 잠금을 해제하고, Audio Mixer 창 상단의 Edit in Play Mode를 클릭한다. 다양한 스냅샷을 바꿔가며 음악의 변화를 알아본다. 스냅샷이 어떻게 템포와 악기 중심의 변화를 포함하는 복합적인 변주를 가능하게 하는지 알아본다.

> 💡 TIP
> 템포를 바꾸기 위해 4장 '고급 오디오 믹싱'에 나오는 동일한 피치 조정 기술을 사용했다. 이 기술은 원하는 BPM을 실제 레코드된 BPM으로 나누어 그 비율에 따라 피치를 조정하는 것이다. 공식은 다음과 같다.
>
> 피치% = 원하는 BPM / 실제 BPM * 100

5. 스냅샷으로 이동하면서 각 악기 그룹을 클릭해보고, 이펙트, 볼륨, 피치 설정에 주의한다. 아래에 제시된 이미지처럼 다양한 레이어를 통해 비트 그룹을 설정하고 이용하는 방법을 특히 주의 깊게 살펴본다.

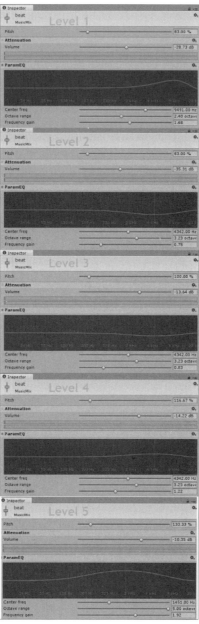

▲ 다양한 레이어 또는 레벨을 통한 비트 그룹의 버티컬 리믹싱

> 예를 들어, 레이어 사이에 전환 작업을 하기 위해 레퍼런스나 제어 포인트를 제공하는 데 비트나 드럼 그룹을 사용한다. 두 믹스에서 드럼 비트는 나중에 접하게 될 급격한 변화를 커버하는 역할을 한다. 10장 '작곡'에서 버티컬 리믹싱을 위한 어댑티브 음악 요소와 기술에 대해 자세히 알아볼 것이다.

6. 설정에 변화를 주면 믹서에 저장될 수 있으므로 가급적 피한다. 대신에 음악을 듣는 동안 스냅샷마다 앞에서 정의한 트리거 레벨에 맞게 필요한 방법을 기억해 둔다. 다 듣고 나면 씬을 멈춘다.

버티컬 리믹싱의 특정한 세부사항에 대해서는 다루지 않을 텐데, 여기서 의도하는 바는 어댑티브 오디오와 음악의 사용 및 구현을 확실히 할 줄 아는 것이기 때문이다. 오디오 믹서를 이용해 수직으로 오디오를 리믹스하는 방법에 대한 설명은 고통스러울 정도는 아니지만 어렵고, 오디오 믹서는 레퍼런스와 제어 포인트에 대한 시각적인 표현이 부족하다. 그러므로 10장 '작곡'에서 버티컬 리믹싱을 다시 다룰 것이다. 그리고 버티컬 믹싱을 위한 시각적인 레퍼런스와 큐를 제공하는 툴을 가지고 작업하면서 마을 씬에서 모든 설정을 마치면, 수직적인 방법으로 하되 스스로 리믹스를 시도해보자.

이제 버티컬 리믹스가 어떻게 구성되는지 알았으므로, 다음 설명에 따라 마을 씬을 설정하는 방법을 살펴보자.

1. The_Viking_Village_Chapter_5_Start를 찾아 Hierarchy 창으로 드래그해 다음과 같이 씬을 로드한다.

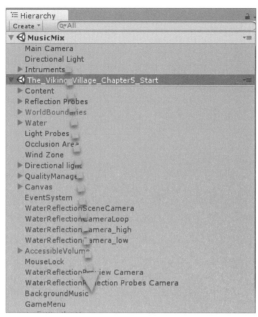

▲ Hierarchy 창에서 2개의 씬으로 작업

2. MusicMix 씬에서 Instruments 오브젝트를 드래그해 마을 씬에 있는 BackgroundMusic 오브젝트에 드롭한다.

3. MusicMix 씬에서 우클릭(맥에서는 Ctrl+클릭)해 컨텍스트 메뉴에서 **Remove Scene**을 선택한다. 변경사항을 저장하라는 메시지가 떠도 저장하지 않는다. 나중에 다시 돌아와서 믹스 씬을 작업할 수 있기 때문이다.

4. Hierarchy 창에서 AdaptiveAudioManager 오브젝트를 선택한다. 그리고 Inspector 창에서 Snapshot Levels 목록을 펼치고 크기 5를 입력한다. 이렇게 하면 다섯 아이템 또는 요소의 목록을 보여줄 것이다. 다음과 같이 각 레벨마다 적합한 레벨 스냅샷을 설정한다.

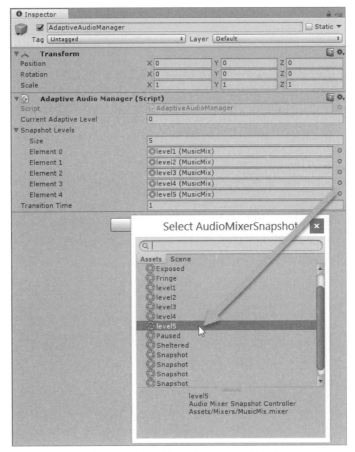

▲ 어댑티브 오디오 매니저에서 스냅샷 레벨 설정

5. **Audio Mixer** 창을 열고 MusicMix를 선택한다. 그리고 level2 스냅샷에서 우클릭 (맥에서는 Ctrl+클릭)한 다음 컨텍스트 메뉴에서 다음과 같이 **Set as start Snapshot** 을 선택한다.

▲ MusicMix 믹서의 시작 스냅샷을 level2로 설정

6. 플레이를 눌러 씬을 시작한다. 트리거 레벨 지역을 이동하면서 음악이 어떻게 변하는지 주의하며 씬을 돌아본다. 5개의 다른 모든 지역에서 시도해보자. 그렇게 하면서 한 레이어 또는 레벨에서 다음으로 넘어갈 때 음악이 어떻게 전환되는지 살펴보자.

7. 이 시점에서 특정 지역의 믹스를 바꾸고 싶다면 **Esc**를 눌러 마우스 잠금을 해제하고 **Edit in Play Mode**를 클릭해 에디터를 켠다. 해당 지역에 적합한 변화를 주고 작업을 마치면 **Edit in Play Mode**를 클릭해 에디터를 끈 후, 씬을 더 돌아보자.

Edit in Play Mode를 클릭해 에디터를 켜면, 믹서의 전환이 불가능해진다. 그러므로 음악과 바람처럼 다이내믹 또는 어댑티브 믹스를 위해 편집할 때는 오디오 리스너가 반드시 씬에 있어야 한다. 에디터를 끄면 다른 지역에서 설정을 편집하는 곳으로 리스너를 이동시킨다. 그렇게 하지 않으면 편집 모드에서 이동할 때 알맞은 다이내믹/어댑티브 전환음을 들을 수 없으며, 믹스한 것은 실제 플레이 모드에서 사운드가 꺼져 있을 수 있다.

8. 작업을 끝내고 나면, 씬을 멈추고 변경사항을 저장한다.

앞서 살펴봤듯이 예제를 설정하는 것은 꽤 단순하다. 대부분의 작업이 악기를 레이어나 레벨로 믹스할 때 이미 이뤄졌기 때문이다. 이제 AdaptiveAudioManager 스크립트에 작업할 코드가 아주 많으므로 스크립트를 열어 어떻게 변화가 일어나는지 살펴보자.

1. 에디터를 열어 **Project** 창에서 AdaptiveAudioManager 스크립트를 찾는다. 스크립트를 더블클릭해 선호하는 코드 에디터에서 열고 다음과 같이 검토해보자.

```
using UnityEngine;
using UnityEngine.Audio;

public class AdaptiveAudioManager : Singleton<AdaptiveAudioManager>
{
    public int currentAdaptiveLevel;
    public AudioMixerSnapshot[] snapshotLevels;
    public float transitionTime = 1;
    public void AdjustAudioLevel(int level)
    {
        currentAdaptiveLevel = level;
        snapshotLevels[currentAdaptiveLevel - 1].TransitionTo(transitionTime);
    }
}
```

2. 코드의 가장 중요한 부분을 하나하나 살펴보자.

   - public class AdaptiveAudioManager : Singleton<AdaptiveAudioManager>: Singleton 클래스를 상속해서 AdaptiveAudioManager를 만든다. Singleton 은 프로그래밍 패턴으로서 해당 오브젝트가 전역으로 접근 가능하게 해준 다. AdaptiveAudioManager는 싱글톤 클래스를 상속하고 Instance 속성을 통해 접근할 수 있다. 트리거에서 오디오 매니저로 레벨을 넘길 때 다음 코 드를 사용했음을 기억하자.

     AdaptiveAudioManager.Instance.AdjustAudioLevel(triggerLevel)

- `public AudioMixerSnapshot[] snapshotLevels;`: 이 코드는 오디오 매니저 스크립트에서 제어하고 싶은 스냅샷 레벨의 배열 또는 목록에 대한 정의다.
- `snapshotLevels[currentAdaptiveLevel-1].TransitionTo(transitionTime);`: 이 코드는 스냅샷 레벨의 목록을 인덱싱하는 것으로, 스냅샷의 TransitionTo 메소드라 한다. currentAdaptiveLevel에서 1을 빼는 이유는 프로그래밍할 때 항상 0에서 시작하기 때문이다. 그러므로 스냅샷 레벨 배열의 첫 요소는 사실 인덱스 0에서 시작된다. 이와는 별개로 지난 시간에 이미 TransitionTo 메소드는 다룬 적이 있다.

책에 제시된 대부분의 예제들은 개념을 설명하기 위한 것으로, 실제 제품에서 사용할 만큼 뛰어난 코드는 아니다. 필요에 따라 안전성 체크 코드가 있긴 하지만 실제 제품을 위한 코드를 작성할 때는 코딩에 관한 더 좋은 참고 문헌을 살펴보는 것을 추천한다.

이전에 다뤘던 코드와 트리거를 설정하는 데 간단한 코드를 사용하면서 유니티가 얼마나 신속한 개발에 적합한 시스템인지 알게 됐을 것이다. 그리고 유니티 오디오 믹서가 버티컬 리믹싱을 이용해 어댑티브 음악을 지원하는 데 얼마나 적합한지도 알았을 것이다. 다음 절에서는 오디오 믹서가 어떻게 어댑티브 사운드를 지원하는지 알아보자.

퀴즈

아래의 각 상황에 맞는 어댑티브 음악 기술은 (a) 수평 재배열, (b) 스팅어를 사용한 수평 재배열, (c) 버티컬 리믹싱 중 무엇인가?

1) 게임 개발에 완전히 신입인 팀인데 게임에 맞는 음악을 아웃소싱하려고 한다. 음악이 완전히 구성된 상태이며 부분마다 극적인 변화가 있다. 어느 옵션이 맞을까?

2) 오디오 믹서로 작업해본 경험이 있는 팀이며 팀원들이 원하는 다양한 악기 사운드를 찾고 있다. 어느 옵션이 맞을까?

3) 개발 중인 게임이 음악(템포, 하모니, 악기)에 이벤트 중심의 전반적인 변화를 주려고 한다. 어느 옵션이 맞을까?

퀴즈의 정답은 5장의 마지막에서 알려줄 것이다.

어댑티브 사운드를 이용한 발자국

어댑티브 사운드는 종종 어댑티브 음악과 동의어로 사용되지만 여기서는 다르게 볼 필요가 있다. 어댑티브 사운드를 설명하기 위해 현재 어댑티브 레벨로 제어하는 발자국 오디오를 구현해보려고 한다. 지금까지는 우리가 믹싱한 오디오를 복잡하게 만들지 않으려고 발자국 사운드 작업을 시도하지 않았다. 다음 설명에 따라 씬에 발자국을 추가해보자.

1. 에디터에서 **Audio Mixer** 창을 열고 **Mixers** 목록에서 Master 믹서를 선택한다. 그리고 Direct 그룹에서 우클릭(맥에서는 Ctrl+클릭)해 컨텍스트 메뉴에서 **Add child group**을 선택한다. Direct 그룹에 새로운 자식 그룹이 추가된다. 다음과 같이 이 그룹을 'Footsteps'라고 이름을 정한다.

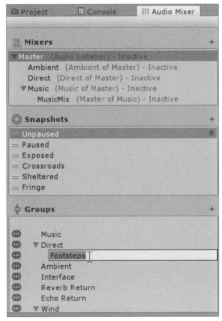

▲ Master 믹서에 새로운 발자국 그룹 추가

2. Hierarchy 창에서 검색란에 'fps'를 입력한다. 그리고 Project 창의 검색란에 'footstepsaudio'를 입력한다. Project 창에서 FootstepsAudio 스크립트를 드래 그해 FlyingRigidBodyFPSController_HighQuality 오브젝트에 드롭하여 다음 과 같이 컴포넌트를 추가한다.

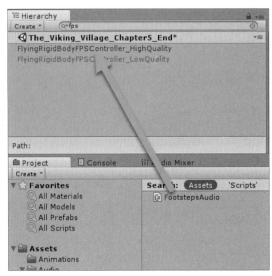

▲ 발자국 오디오 스크립트를 컨트롤러로 드래그하고 드롭하기

3. Hierarchy 창에서 FlyingRigidBodyFPSController_HighQuality 오브젝트를 선 택한다. 그리고 Inspector 창에서 Audio Source ➤ Output을 Footsteps (Master)로 하고, Footsteps Audio ➤ Footsteps Sounds의 속성을 다음과 같이 설정한다.

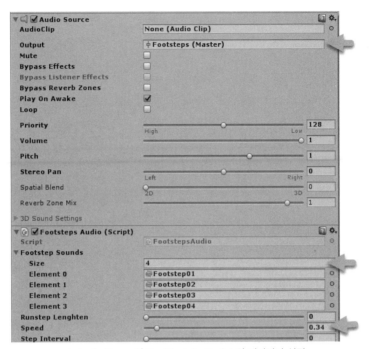

▲ Audio Source와 Footsteps Audio 소스와 파라미터 설정

4. **Audio Mixer** 창으로 돌아가서 Direct 그룹을 선택하고 **Inspector** 창에서 다음과 같이 **Send level**을 −80dB로 낮추고 **Music\Duck Volume**으로 맞춘다.

▲ Send를 덕 볼륨 이펙트로 낮추기

5. 플레이를 눌러 씬을 작동시키고 돌아다니면서 캐릭터의 발소리가 어떻게 변하는지 잘 들어본다. 발자국, 속도, 빈도는 이동하는 동안 트리거 레벨에 따른다.

6. 새로운 믹서 그룹을 추가했으므로 Footsteps나 Direct 그룹에 맞는 환경 지역 설정을 조정하고자 한다. 씬을 돌아다니면서 노출된 지역, 교차로, 은신처, 주변 지역 중 한 곳을 지날 때는 발자국의 오디오 사운드가 어떤지 주의를 기울인다. 스냅샷 사운드의 어떤 부분 때문에 그룹 설정을 편집하고 싶다면 움직임을 멈춘 다음, **Edit in Play Mode**를 클릭해 편집을 시작하고 조정한 다음 편집을 멈춘다.

캐릭터는 스크립트를 활용하면서 어댑티브한 발자국 소리를 만든다. 결과는 훌륭하지만 스크립트에 대한 이해가 필요하다. FootstepsAudio 스크립트를 열어 내용을 살펴보자.

1. Project 창에서 'footstepsaudio'를 검색한다. 콘텐츠가 걸러지면 스크립트를 더블클릭한 다음 에디터에서 연다. 아래에 우리가 살펴봐야 할 전체 스크립트가 나와 있다.

```
using UnityEngine;
using UnityStandardAssets.Characters.FirstPerson;

[RequireComponent(typeof(AudioSource))]
[RequireComponent(typeof(RigidbodyFirstPersonController))]

public class FootstepsAudio : MonoBehaviour
{
    public AudioClip[] footstepSounds;
    public float runstepLenghten;
    public float speed;
    public float stepInterval;
    private RigidbodyFirstPersonController characterController;
    private AudioSource audioSource;
    private float stepCycle;
    private float nextStep;

    void Start()
    {
        characterController =
            GetComponent<RigidbodyFirstPersonController>();
        audioSource = GetComponent<AudioSource>();
    }

    void FixedUpdate()
    {
        switch (AdaptiveAudioManager.Instance.currentAdaptiveLevel)
        {
            case 0:
            case 2:
```

```
            speed = 1; stepInterval = 3;
            Time.timeScale = 1f;
            break;
        case 1:
            speed = .5f; stepInterval = 2.5f;
            Time.timeScale = .5f;
            break;
        case 3:
            speed = 1.5f; stepInterval = 2.5f;
            Time.timeScale = 1.5f;
            break;
        case 4:
            speed = 2.5f; stepInterval = 3.5f;
            Time.timeScale = 2f;
            break;
        case 5:
            speed = 3.5f; stepInterval = 5f;
            Time.timeScale = 2.5f;
            break;
    }
    ProgressStepCycle(speed);
}

private void ProgressStepCycle(float speed)
{
    if (characterController.Velocity.sqrMagnitude > 0)
    {
        stepCycle += (characterController.Velocity.magnitude
            + (speed * (characterController.Running ?
            runstepLenghten : 1f))) * Time.fixedDeltaTime;
    }

    if (!(stepCycle > nextStep))
    {
        return;
    }

    nextStep = stepCycle + stepInterval;
```

```
        PlayFootStepAudio();
    }

    private void PlayFootStepAudio()
    {
        if (characterController.Grounded == false)
        {
            return;
        }

        // 배열에서 0번 인덱스를 제외한 발자국 소리를 랜덤하게 골라서 재생한다.
        int n = Random.Range(1, footstepSounds.Length);
        audioSource.clip = footstepSounds[n];
        audioSource.PlayOneShot(audioSource.clip);
        // 선택된 발자국 소리를 0번 인덱스로 설정해 다음 발자국 소리로 선택되지 못하게 한다.
        footstepSounds[n] = footstepSounds[0];
        footstepSounds[0] = audioSource.clip;
    }
}
```

2. 이 스크립트는 물리 오브젝트와 상호작용하는 다른 스크립트와 여러 면에서 유사하다. 간단한 수식을 제외하고 스크립트에 나와 있는 대부분의 내용은 이해 가능하다. 굵은 글씨체로 강조한 부분은 실제 코드에서 중요한 부분이며, 더 자세한 설명은 다음과 같다.

- FixedUpdate(): 물리 시스템과 상호작용하기 때문에 코드에서 처리하는 캐릭터 컨트롤러는 Update보다는 FixedUpdate여야 한다.

- switch (AdaptiveAudioManager.Instance.currentAdaptiveLevel): 이 switch 문은 고정된 업데이트마다 호출되며 AdaptiveAudioManager 오브젝트의 currentAdaptiveLevel 속성에 따라 코드가 실행된다. 우리가 사용하는 AdaptiveAudioManager는 싱글톤이므로 어떤 스크립트에서도 호출할 수 있다. 이 말은 트리거가 AdjustLevel을 이용해 AdaptiveAudioManager의 currentAdaptiveLevel을 업데이트할 때 간접적으로 이 스크립트로 업데이트를 보낼 수 있다는 뜻이다. switch 문 안에는 각 레벨이 케이스 구문으로

나누어지며 캐릭터의 움직임이나 발자국 사운드가 일어나는 빈도에 맞는 특정한 파라미터를 설정한다.

- `Time.timeScale = 1.5f;`: 씬에서 시간의 스케일을 설정한다. 그러므로 이 경우에는 어댑티브 트리거로 오디오 기능을 제어할 뿐만 아니라 시간 스케일 기능도 제어할 수 있다. 본질적으로 우리는 게임 플레이에 극적인 이펙트를 넣기 위해 캐릭터를 다양한 타임워프에 둔다. 이러한 타입의 타임워프 이펙트는 최근 게임에 대부분 사용되고 있으며, 캐릭터가 죽어가는 슬로우 모션부터 왜곡된 움직임 이펙트에도 사용된다.

> 🔵 **TIP**
> 캐릭터 컨트롤러의 속도를 높임으로써 높아진 속도감을 느낄 수 있다. 그러나 오브젝트의 물리적 기능을 수정하는 데 일반적으로 사용되지는 않는 이유는 게임의 다른 물리적 시스템에 극적인 영향을 줄 수 있기 때문이다. 예를 들어, 캐릭터의 이동이 급격히 빨라지면 임팩트에 더 큰 압력이 생기게 되고 이로 인해 이동할 수 없었던 물체가 캐릭터가 그쪽으로 돌진하면 이동하게 되기도 한다. 반면에 타임워프에는 문제가 되지 않는데, 캐릭터가 여전히 같은 속도로 움직이기 때문에 단지 시간이 좀 더 빨라지거나 느려짐을 인식할 뿐이다.

- `private void ProgressStepCycle(float speed)`: 이 메소드에 있는 코드는 유니티의 1인칭 캐릭터 컨트롤러에서 가져온 것이고 속도에 기반해 스탭의 길이를 제어한다. 이 부분에 대해 자세히 파고들지는 않을 것이므로 발자국의 수와 빈도를 결정하는 두 가지 중요한 값만 알고 있으면 된다. 그것은 걸음 거리 또는 걸음 간격과 속도다. `FixedUpdate` 메소드에서 플레이어가 트리거 지역에 있다는 전제하에 이 값이 설정된다. 해당 메소드의 수학을 이해할 수 있으면 트리거 지역마다 해당 파라미터를 조정해보길 바란다.

> ℹ️ 이 스크립트에서 다양한 값들을 하드코딩하고 있음을 알아야 하는 이유는 잘못된 프로그래밍 습관이기 때문이다. 여기에 대해서는 뒤에서 하드코딩의 대안이 되는 수준 높은 툴들을 알아보며 개선해보자.

- `private void PlayFootStepAudio()`: 이제 발자국 소리가 실제로 플레이되는 마지막 메소드를 알아보고 다양한 발자국 소리가 어떻게 랜덤하게 재생되는지 살펴보자. 2장 '오디오 스크립트'에서 다뤘던 오디오 랜덤화와 같은 방식으로 구현된다. 발자국에 사용되는 사운드는 실제로 유니티 프로젝트의 일부분이다. 앞으로 다양한 표면에 닿는 플레이어의 움직임이 변할 때 역동적인 발자국을 추가하는 방법을 알아볼 것이다.

- `if (characterController.Grounded == false)`: 이 코드는 캐릭터가 땅 위에 있는지 확인한다. 그렇지 않다면 발자국을 플레이할 필요가 없기 때문이다.

여타 스크립트와 비교하면 꽤 긴 스크립트였다. 불행히도 기본적인 발자국 작업을 할 때 이것이 필수적인 이유는 우리가 현재 사용하는 컨트롤러는 발자국 사운드를 사용하도록 설정되어 있지 않기 때문이다. 표준 FPS 컨트롤러의 경우 발자국 오디오를 사용하고 실제로 이 스크립트에 있는 메소드 두 가지 정도를 소스로 이용하고 있다. 이 스크립트는 설명하기에는 충분했지만, 개발하는 데 있어서는 코드에서 모든 설정이 정의돼야 하므로 완벽하지 않다. 하지만 FootstepsAudio 스크립트는 기본 개념을 설명하는 데 좋은 출발점이 된다. 음악에서 했던 것처럼 어댑티브 오디오에도 역동적인 변화를 줄 수 있기를 바란다. 7장 '다이내믹하고 어댑티브한 오디오를 위한 FMOD'에서 흥미로운 방식으로 스크립트를 향상해보자.

 퀴즈 정답

이전 퀴즈의 정답을 알아보자.

1) 여러분의 팀은 게임 개발에 신입이며 게임에 맞는 음악을 아웃소싱하기로 결정했다. 그러므로 음악이 완벽하게 구분되어 있어야 하고, 각 부분마다 극적인 변화가 있어야 한다. 수평 재배열이 여기에 맞는 답이다. 신입 팀이고 음악을 아웃소싱하기로 했기 때문에 좀 더 전통적인 기술을 쓰는 게 맞다.

2) 여러분의 팀이 오디오 믹서로 작업을 해본 경험이 있으며 팀원들이 원하는 악기 소리를 찾고자 한다. 버티컬 리믹싱이 여기에 맞는 답이다. 오디오 믹서에 대한 지식이 있다면 그 팀은 필요한 어댑티브 음악을 만드는 데 기술을 사용할 수 있을 것이다.

▍ 요약

5장에서는 최근 게임 및 AAA급 게임에서 게임 플레이를 향상하는 데 사용되는 새로운 기술들을 살펴봤다. 게임 플레이에 적응하고, 반응하고, 향상하는 방법인 어댑티브 오디오에 대한 소개로 시작해, 어댑티브 오디오를 트리거하는 기술을 알아보고 마을 씬에 구현하면서 매끄러운 음악의 전환을 만드는 데 필요한 다양한 기술을 살펴봤다. 그리고 유니티 오디오 믹서에 가장 잘 맞는 기술 중의 하나인 버티컬 리믹싱을 이용해 데모 씬에서 어댑티브 음악을 구현해보고 작곡의 기본적인 이해에 대한 필요성을 느끼게 됐다. 마지막으로, 발자국 오디오를 이용해 어댑티브 사운드를 사용하는 부분을 살펴봤다. 그리고 해당 스크립트를 소개하면서 어댑티브한 발자국 소리가 스크립트로 어떻게 구현되는지 설명했다.

6장에서는 어댑티브 사운드를 구현하는 주제를 계속 다루면서 오디오 믹서만큼 유용한 상업 툴인 FMOD에 대해서도 알아볼 것이다.

06

FMOD 소개

FMOD는 가장 오래된 상업 오디오 엔진으로, 1995년 3월에 처음 상용화되면서 원래 MOD 파일로 작업한다고 하여 이름이 지어졌다. 게임 개발을 위한 오디오 개발 표준 툴로 자리잡으며 다수의 AAA급 게임에 사용됐다. 오디오 믹서로 작업을 시작하기 전까지 유니티의 오디오 엔진은 FMOD이다. 게임 엔진에 관한 책이라면 적어도 1개 장 정도는 반드시 FMOD를 다루고 있기 때문에, 6장에서는 FMOD를 소개하고 2개 장 정도에서는 FMOD 작업을 다뤄보려고 한다. 유니티에 맞게 FMOD를 설정하고 이용하는 데 따른 기본 내용을 알아보고, 어댑티브 오디오를 개발할 때 어떻게 쓰이는지 알아볼 것이다. 하지만 FMOD는 선택사항이므로, 팀원들이 오디오 믹서로 작업하는 데 불편함이 없다면 사용할 필요를 느끼지 않을 수도 있다.

6장에서는 FMOD 스튜디오를 소개하고 프로젝트 오디오 개발을 위해 유니티로 어떻게 통합되는지 알아볼 것이다. FMOD 스튜디오^{FMOD Studio}는 FMOD로 작동하는 DAW 소프트웨어로, FMOD 디자이너로 알려진 오디오 게임 개발에 이용된다. 책의 전반적인 내용이 FMOD 스튜디오의 작업에 중점을 두고 있으므로 지금까지 했던 설명을 적용해 간단하게 정리해볼 것이다. 이 기회를 통해 툴을 비교해볼 수 있고, 오디오 믹서와 FMOD 스튜디오의 유사한 부분을 알 수 있을 것이다.

6장에서 다루는 내용은 다음과 같다.

- FMOD 스튜디오 시작하기
- 기본으로 돌아가기
- 이펙트와 믹싱
- 리버브 이펙트의 믹싱
- 파라미터, 스냅샷, 트리거

> ℹ️ FMOD는 전체 오디오 시스템을 가리키지만, 이 경우에는 FMOD 스튜디오를 포함하기도 한다. 이제부터 FMOD는 FMOD 스튜디오와 동일한 뜻으로 받아들이자.

어댑티브 오디오와 음악 개발에서 FMOD의 역량을 알아보기 위해 먼저 기본 사항부터 살펴볼 필요가 있다. FMOD는 소프트웨어 중 복잡한 부분이므로 설정에 대해 먼저 이해하고 나서 어댑티브 오디오 예제를 다뤄보는 것이 좋다. 다음 절에서는 FMOD 설치와 기본 설정에 대해 알아보자.

▌ FMOD 스튜디오 시작하기

FMOD는 상업적인 제품이고 독립형^{standalone} 툴로서, 개별적인 개발자에게 무료로 라이선스를 제공하며 유니티 라이선스와 유사하다. 독립형 툴이기 때문에 유니티와 함께 사용할 필요는 없으며 그 밖의 상업용 게임 엔진과도 호환이 된다. 게임 엔진 플랫폼 전체에 오디오 애셋을 개발한다면 더욱 뛰어난 면모를 볼 수 있을 것이다. 하지만 내장된 툴과의 호환성은 또 다른 이슈다.

'완전히 다른 것을 위하여'

– 존 클리스[John Cleese] / 몬티 파이썬[Monty Python]

불행히도 위의 인용구처럼, 유니티에서 FMOD로 작업할 때는 완전히 다른 컴포넌트를 설정해야 하며 우리가 이미 작업했던 것과 호환이 되지 않는다. 나중에 FMOD와 오디오 믹서 사이에 연결고리를 찾을 수도 있겠지만, 현재로선 오디오 시스템이 완전히 다르다. 그러므로 기본 작업을 다시 해야 하지만, 지금까지 예제를 제대로 실행했다면 상대적으로 간단하게 느껴질 것이다.

FMOD 스튜디오 설치

FMOD 스튜디오는 독립형 상업 소프트웨어 패키지로, 유니티에 개별적인 설치가 필요하다. 다음의 설명에 따라 소프트웨어를 설치해보자.

1. 브라우저에 http://www.fmod.org/download/를 입력해 해당 사이트로 간다.
2. 사이트에서 소프트웨어를 내려받기 위해 유니티에서 한 것처럼 계정을 등록한다. 페이지 상단의 Register를 찾아 클릭하면 다음과 같이 보일 것이다.

▲ FMOD 사이트의 계정 등록

3. 계정 등록을 마치고 이메일 주소를 입력한 후 로그인해 페이지 다운로드를 진행한다. 다음과 같이 FMOD Studio Authoring Tool의 OS 및 플랫폼에서 사용 중인 컴퓨터와 맞는 다운로드를 선택한다.

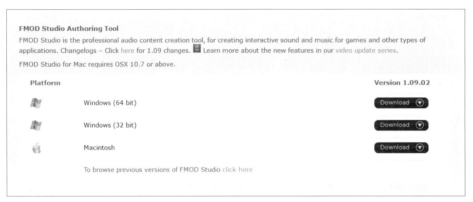

▲ 시스템에 맞는 다운로드 선택

4. 다운로드를 마치면, 인스톨러를 켜고 소프트웨어를 설치하기 위해 기본 설정들을 따른다.

5. 다음과 같이 FMOD 다운로드 페이지에서 스크롤을 내려 FMOD Studio Unity Integration으로 간다.

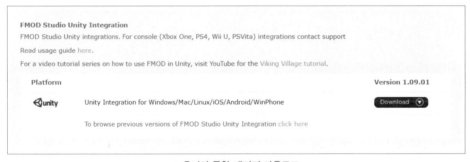

▲ 유니티 통합 패키지 다운로드

6. Download를 클릭해 내려받을 장소에 fmodstudio{version}.unitypackage 파일을 다운로드한다. 나중에 유니티로 가져올 것이다.

7. 유니티 에디터를 열고, 비어 있는 새 3D 프로젝트에 GameAudio_FMOD라고 이름을 정한다. 프로젝트를 열고 메뉴에서 Assets > Import Package > Custom Package를 선택한다. 그러면 Import 패키지 대화창이 열릴 것이다. 창에서 다운로드했던 파일 fmodstudio{version}.unitypackage를 찾아서 가져온다. 패키지를 가져오기 전에 Import 대화창을 따른다.

8. 패키지 가져오기가 완료되면, FMOD라는 새로운 메뉴 항목이 보일 것이다. 그리고 Console 창의 Status 바에서 FMOD Studio: FMOD Studio Project path not set 이라는 에러가 뜬다. 에러를 고치려면 FMOD 스튜디오를 시작해 새 프로젝트를 만들고 유니티에 첨부해야 한다. 다른 소프트웨어로 FMOD 스튜디오를 시작한다.

9. 메뉴에서 FMOD 스튜디오 로딩이 끝나면, File > Save As를 선택한다. Save As 대화창을 이용해 유니티 프로젝트를 만든 폴더를 찾는다. 'GameAudio_FMOD'를 입력하고 Save를 클릭한다.

10. 메뉴에서 File > Build를 선택해 빈 프로젝트를 만든다.

11. 유니티 에디터를 열고, 메뉴에서 FMOD > Edit Settings를 선택한다. 다음과 같이 Inspector 창에서 Studio Project Path 옆의 Browse를 클릭한다.

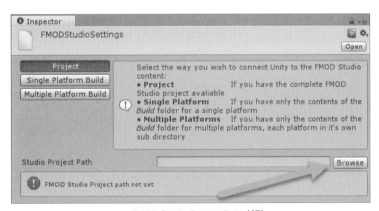

▲ FMOD Studio Project Path 설정

12. 그러면 Locate Studio Project 대화창이 열릴 것이다. 여기서 FMOD 프로젝트 폴더를 열고 저장했던 프로젝트 파일을 선택한다. Open을 클릭해 프로젝트 경로를 설정한다. 설정되면 다음과 같이 Inspector 창에 뜰 것이다.

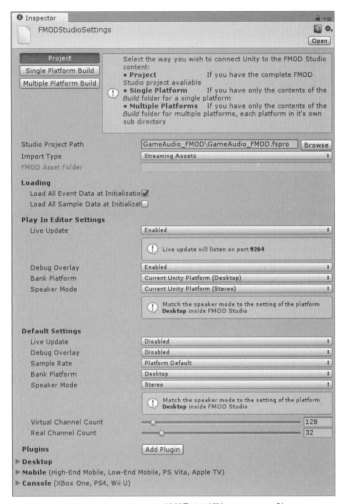

▲ FMOD Studio Project 설정을 보여주는 Inspector 창

FMOD 설치 작업을 완료했다. 다음 절에서는 씬의 오디오에 맞게 FMOD를 사용하는 기본 사항에 대해 알아보자.

218

기본으로 돌아가기

이미 논의했듯이 FMOD는 유니티 내에서 자체적인 오디오의 구현을 제공한다. 그러므로 씬에 사운드를 삽입하기 위해 FMOD 방식으로 다시 알아볼 필요가 있다. 다시 시작하는 것처럼 느껴질 수 있지만 사실 그렇지는 않다. FMOD는 유니티와 다른 컴포넌트와 용어를 사용하지만 개념은 같기 때문이다.

유니티 에디터를 열고 앞에서 만든 새 프로젝트로 가서 다음 방법에 따라 Viking Village 애셋을 가져오기 시작한다.

1. 메뉴에서 Windows > Assets Store를 선택한다. 스토어 창을 로드한 후, 검색란에 'unity viking village'를 입력하고 예제 프로젝트를 찾는다. 여러 결과 목록 중 첫 번째 아이템을 선택하고 애셋 페이지에서 다음과 같이 Import를 클릭한다.

▲ Unity Viking Village 예제 프로젝트 가져오기

 이 장으로 바로 넘어왔거나 앞에서 다뤘던 예제를 완료하지 못했다면, **Download**를 찾아 다운로드한 후 애셋을 가져온다.

2. 1장에서 다뤘던 것처럼 프로젝트 가져오기에 대해 순차적으로 설명해주지는 않을 것이다. 새 프로젝트로 애셋을 가져오기 위해 앞에서 다뤘던 방법을 따라 해보길 바란다. 시간이 좀 걸릴 수 있으므로 여유를 가지고 기다리자.

3. 애셋의 로딩이 끝나면, 다음과 같이 The_Viking_Village 씬을 찾아서 연다.

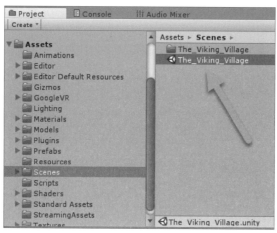

▲ The_Viking_Village 씬 열기

4. 메뉴에서 File > Save Scene as를 선택하고 Scenes 폴더에 Chapter_6_Start라는 씬을 저장한다. 앞으로 수정할 경우를 대비해 씬의 복사본을 만들어두는 것이 좋다.

 검색란을 이용하면 다양한 에디터 창에서 검색어를 빠르게 찾아볼 수 있다. 창에 애셋이나 씬, 스크립트를 입력하면 거기에 맞는 콘텐츠를 걸러줄 것이다.

이제 Viking Village 애셋을 새롭게 설치했으므로 FMOD 통합 부분으로 돌아가자. 먼저 FMOD 스튜디오를 열어 다음 설명을 따라 오디오를 가져오는 방법과 이벤트를 설정하는 방법을 살펴보자.

1. 먼저 FMOD 스튜디오를 열고 소프트웨어의 타이틀 바에 주목해 GameAudio_FMOD 프로젝트가 로드됐는지 확인한다.

2. 메뉴에서 File > Import Audio Files를 선택한다. 책의 다운로드 소스 코드에서 Open 대화창을 이용해 Chapter_1_Audio 폴더를 찾아서 연다. 폴더에서 torch.wav와 lake-shore-waves2.wav 파일을 프로젝트로 가져온다. 파일을 선택한 후, Open을 클릭해 가져온다.

3. 파일을 가져오면 Audio Bin 창에서 보일 것이다. 다음과 같이 torch.wav를 선택한다.

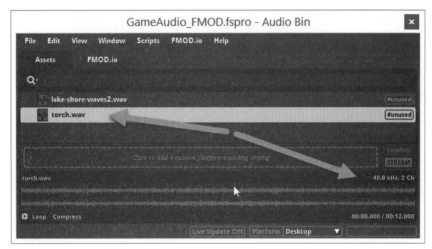

▲ FMOD 프로젝트 오디오 빈으로 오디오 애셋 가져오기

4. 같은 파일을 가져오면 유니티에서 봤던 것과 유사한 정보가 보일 것이다. Audio Bin 창은 더 이상 필요가 없으므로 닫는다. 스튜디오로 돌아와 Assets 탭을 선택하고 torch.wav 애셋에서 우클릭한다. 컨텍스트 메뉴에서 다음과 같이 Create Event를 선택한다.

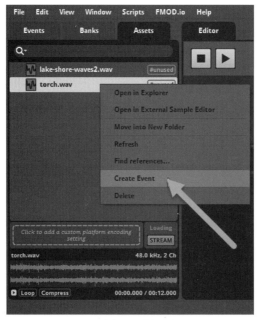

▲ 토치 애셋에서 이벤트 만들기

ℹ️ FMOD는 이벤트(Event)라는 용어를 유니티에서 오디오 소스와 믹서 그룹의 결합이라는 뜻으로 사용한다. 소스와 그룹으로 작업하고 난 뒤라 낯설게 느껴지기도 하겠지만 실제로는 작업을 간단하게 해준다.

5. Create Event 창이 뜨면 2D와 3D 중 무엇을 선택할지 묻는다. 다음과 같이 3D를 선택하고 Create를 클릭한다.

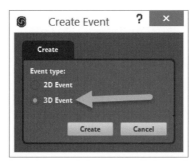

▲ 이벤트 제작

6. Create Event 창이 닫히면 바뀐 것이 없어 보일 것이다. Events 탭을 선택하고 목록에서 새로운 torch 이벤트를 선택하면 다음과 같이 인터페이스가 완전히 새로워 보일 것이다.

7. 일단 당황하지 말자. 화면이 새로운 것들로 가득 차 있는 것처럼 보이지만, 사실 대부분이 유니티 오디오 믹서에서 사용했던 것과 유사하다. 인터페이스의 중요한 부분에 번호가 매겨져 있고, 간략한 설명은 다음과 같다.

- Events 탭: 프로젝트에서 정의한 이벤트 목록을 보여준다.
- 플레이백 컨트롤: 이벤트를 플레이하게 해주고 시간이나 비트를 모니터링해준다.
- 이벤트 에디터 영역: 트랙이나 모듈을 수평으로 편집하게 해준다. 제어 영역은 유니티 오디오 믹서에서 FMOD 스튜디오를 분리하게 해준다. 이 창에서 작업하는 데 시간이 많이 걸릴 것이다.

- **오버뷰 창**: 사운드가 3D이므로 인터페이스는 입체적인 모습을 보여주고 리스너를 이동시킬 수 있다.

- **덱 영역**: 오디오 편집의 초기에 쓰였던 오래된 믹싱 레코드에서 따온 이름이다. 믹서 그룹의 Inspector 창 뷰에서 이벤트나 트랙에 이펙트가 추가된다.

- **마스터 컨트롤**: 유니티 믹서와 마찬가지로, 마스터 컨트롤에 의해 이벤트와 그룹이 제어된다.

8. 다음으로 Event 창의 torch 트랙에서 우클릭한 후 다음과 같이 컨텍스트 메뉴에서 New Loop Region을 선택한다.

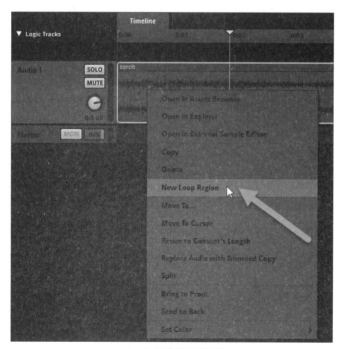

▲ torch 트랙 루프 만들기

9. 플레이를 눌러 Event를 플레이하고 오디오가 반복되는지 알아본다. 사운드가 반복되고 있으면 마우스로 3D Preview 주변 지역으로 포인트를 드래그하면서 위치에 따라 사운드의 변화가 어떻게 반영되는지 살펴본다. 다음으로 믹싱 창에서 3D Panner 이펙트에 있는 Distance Attenuation을 다음과 같이 그래프로 바꾼다.

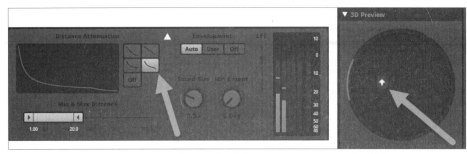

▲ 3D Panner 이펙트와 3D 프리뷰에서 Distance Attenuation 그래프 설정

> 이펙트가 보이지 않으면 트랙 지역에서 Master 트랙을 선택한다. 3D Panner 이펙트는 항상 Master 트랙에 적용된다.

10. 거리 감쇠^{distance attenuation}가 만족스러울 때까지 제어하면서 플레이해본다. 유니티의 3D 설정 제어보다 인터페이스가 더 시각적이고 뛰어나다. 탐색을 마치면 Stop 버튼을 누른다.

11. Events 탭에 있는 torch 이벤트에서 우클릭(맥에서는 Ctrl+클릭)한 후 컨텍스트 메뉴에서 Assign to Bank ➤ Master Bank를 선택한다. 이벤트에서 #unassigned 태그가 제거됐을 것이다. 그런 다음 메뉴에서 File ➤ Build를 선택한다. 그러면 프로젝트가 빌드되고 유니티에서 오디오를 통합할 준비가 된다.

FMOD 스튜디오에서 처음으로 오디오 이벤트를 만들어봤으므로 유니티에 통합해 어떻게 들리는지 알아보자. 유니티 에디터를 열어 Viking Village 씬으로 돌아가 다음 설명을 따라 오디오를 연결해보자.

1. 앞에서 했던 것처럼 토치 전체에 torch 이벤트를 할당하려고 한다. Hierarchy 창에서 'prop_torch'를 입력하고 씬에 있는 모든 토치를 걸러낸다. Shift나 Ctrl 중 선호하는 방법을 이용해 모든 토치를 선택한다.

2. Inspector 창에서 Add Component를 클릭한다. 검색란에 'fmod'를 입력하고 컴포넌트를 추가하기 위해 걸러진 목록에서 FMOD Studio Event Emitter를 선택한다. 새 컴포넌트 중 Play Event에서 Object Start를 설정하고 검색을 클릭해 Event 파인더를 연다. torch 이벤트를 선택하면 다음과 같이 컴포넌트가 확장되어 그 밖의 속성도 보여준다.

▲ FMOD Studio Event Emitter 환경 설정

3. Hierarchy 창으로 돌아와서 검색란에 'camera_high'를 입력하고 해당 오브젝트를 찾는다. 그리고 오브젝트를 선택한 다음 Inspector 창에서 FMOD Studio Listener 컴포넌트를 추가한다.

 TIP **Studio Listener** 컴포넌트를 추가하지 않으면, 오디오를 들을 수는 있어도 입체적인 3D 캐릭터를 경험하지는 못할 것이다.

4. 플레이를 눌러 씬을 작동시킨다. 씬을 돌아다니며 토치 사운드에 주의를 기울인다. 사운드가 더 나아지거나 나빠졌는가? 결과는 여러분에게 맡기고, 테스트를 마쳤으니 씬을 멈추고 변경사항을 저장하자.

유니티로 시작해서 갑자기 새로운 툴을 사용해봤다. 다행히 이 장을 진행하면서,

FMOD 스튜디오와 같이 완전한 기능을 갖춘 DAW로 작업하는 데 효율성을 느낄 수 있었을 것이다. 다음으로 이펙트와 믹싱을 알아보면서 기본적인 내용을 더 알아보자.

▌ 이펙트와 믹싱

FMOD 스튜디오로 이펙트와 믹싱을 적용하는 능력은 오디오 믹서로 할 수 있는 것을 넘어서서 초보자에게는 이해 자체가 어려울 수 있다. 다행히 인터페이스가 꽤 다른 반면에 이전에 다뤘던 이론과 실전이 여기에도 적용된다. 이펙트와 믹싱을 알아보기 위해, 다음 설명을 따라 이전에 사용했던 호숫가 파도의 주변 사운드를 새로운 이벤트로 추가해보자.

1. FMOD 이벤트 에디터 창에서 이미 작업했던 GameAudio_FMOD 프로젝트를 연다.

2. 다운로드된 소스 코드의 Chapter_1_Audio 폴더에서 lake-shore-waves2. wav 오디오 클립을 찾는다. 폴더에서 이 파일을 드래그해 다음과 같이 **Events** 탭에 이벤트 에디터로 드롭한다.

▲ lake_shore_waves2.wav 파일을 FMOD 이벤트 에디터로 가져오기

3. Create Event 대화창이 뜨면 이벤트의 타입을 선택하기 위해 앞에서 한 것처럼 3D를 선택하고 Create를 클릭한다. 마우스 오른쪽 버튼을 클릭해 컨텍스트 메뉴를 띄우고 Assign To > Master Bank를 선택한다.

> FMOD 스튜디오에서는 각 작업을 위해 개별적인 창을 사용한다. 예를 들어, 믹싱과 이벤트 편집 같은 다양한 기능을 실제 창을 만들고 이용한다.

4. Tracks 지역에서 오디오 클립에 우클릭(맥에서는 Ctrl+클릭)하고, 컨텍스트 메뉴에서 이전에 torch 이벤트에서 했던 것처럼 New Loop Region을 선택한다.

5. Master 트랙을 선택해 이벤트의 3D Panner 이펙트를 살펴보고 다음과 같이 설정을 조정한다.

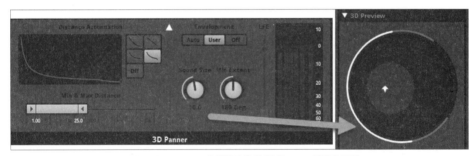

▲ lake_shore_waves2 이벤트에서 3D Panner 이펙트 조정

Panner에서 Sound Size와 Min Extent를 변경하면 3D 미리보기 플롯의 방식이 업데이트된다. 이렇게 하면 사운드가 줄어들거나 넓어지고 깊어지는 방법을 제어할 수 있다. 깊이를 만드는 것은 파도 사운드에서 필수적이다. 이렇게 하지 않으면, 씬에 같은 이펙트를 넣기 위해 다양한 사운드를 찾아야 한다.

 오디오 믹서에서 했던 것처럼 모든 FMOD 이펙트를 알아보기는 힘들겠지만, 각 이펙트를 플레이해보는 시간을 가지면 도움이 될 것이다.

6. 메뉴에서 File > Build를 선택해 프로젝트를 빌드하면 유니티에서 연결된 프로젝트가 업데이트된다. 다음으로 유니티 에디터를 열고 Hierarchy 창에서 Capsule 5 오브젝트를 찾는다. 그리고 첫 장에서 한 것처럼 오브젝트의 이름을 'Ambient_lake-shore-waves'로 바꾸고 Z 값을 60으로 맞춘다.

7. Add Component를 클릭하고 FMOD Studio Event Emitter 컴포넌트를 찾아 오브젝트에 추가한다. 다음과 같이 Play Event를 Object Start로 설정하고, Event를 event/lake-shore-waves2로 설정한다.

▲ Studio Event Emitter 속성 설정

8. 플레이를 눌러 씬을 작동시키고 주변을 돌아다니며 토치와 웨이브의 사운드를 들어보자. 오디오 믹서의 뛰어난 기능 중 하나는 씬이 작동하는 동안 편집이 가능하다는 것이다. 다행히 FMOD에서도 편집이 가능하다. 씬이 작동하는 동안 FMOD로 돌아가 메뉴에서 File > Connect to Game을 선택한다. Connect to Game 대화창이 열리고 호스트를 선택하라고 하면 다음과 같이 디폴트를 이용한다.

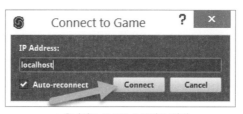

▲ 유니티로 FMOD 스튜디오 연결

9. 유니티에 FMOD를 연결한 후 이벤트를 실시간으로 편집하면 믹서처럼 변경사항을 자동으로 알 수 있다. 하지만 유니티와 달리 **3D Panner** 제어를 포함한 전반적인 제어가 가능하다. 아주 뛰어난 기능이기는 하지만, 모니터가 2대 이상이 아니면 인터페이스 사이를 이동하며 혼란스러울 수도 있다.

 FMOD 스튜디오는 다수의 모니터를 사용하는 것을 기본으로 만들어졌다. 편집 작업을 잘하고 싶다면 여러 대의 모니터를 이용하는 것을 추천한다.

10. 계속 탐색하면서 편집을 해본다. 작업을 마치면 씬을 멈추고 유니티와 FMOD에 변경사항을 저장한다.

우선 몇 가지 주변 사운드를 다뤄봤고, 퀄리티와 리얼리즘을 더 높이기 위해 이펙트를 추가했다. 이전에 사용했던 모든 테크닉과 이펙트를 다루지 않는 대신 다음 절에서는 이펙트의 작업 방식을 살펴보자.

▌리버브 이펙트의 믹싱

현재 주변 오디오는 환경에 반영되는 자연스러운 사운드의 물리적 기능을 놓치고 있다. 앞에서 한 것처럼 자연적인 사운드 퀄리티를 높이기 위해 리버브나 에코 이펙트를 추가하고 싶은 생각이 들 것이다.

그러나 FMOD에서 신호의 전송이 어떻게 이뤄지는지 이해하는 것이 먼저다. 앞에서는 이 부분을 믹서와 함께 다뤘으므로 FMOD 인터페이스를 이용해 어떻게 보이는지 살펴보자.

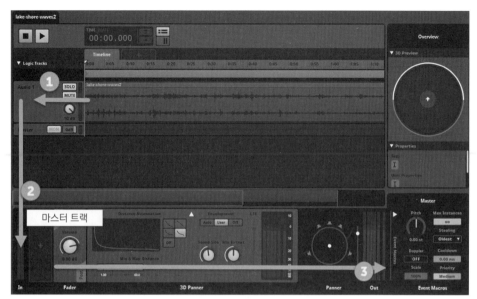

▲ FMOD 인터페이스를 통한 신호 흐름

인터페이스 화면은 신호가 어떻게 이벤트 에디터를 통해 전송되는지 보여준다. 이것은 신호의 절반이며, 나중에 믹서를 통해 어떻게 전송되는지 살펴볼 것이다. 각 단계를 살펴보자.

- **사운드 파일 또는 모듈 → 오디오 트랙**: 사운드는 처음에 모듈이라고 하는 오디오 파일에서 트랙으로 전송된다. 트랙은 필수적으로 오디오의 그룹을 나타내고, 이름 그룹에서 같은 레벨을 나타내는 데 사용된다.
- **오디오 트랙 → 마스터 트랙**: 오디오 트랙이 마스터로 전송된다. 유니티에서 그룹이 마스터로 전송되는 방식과 같다.
- **마스터 트랙 → 인풋 버스**: 믹서에 대해 알아볼 때 버스 라우팅에 대해 다룰 것이다. 지금은 마스터를 포함한 모든 트랙이 이펙트 프로세서를 통해 전송되는 것을 알아본다. 화면에서 이펙트는 Fader와 3D Panner를 보여준다.

이제 라우팅의 첫 단계를 이해했고, 다음 설명을 따라 리버브 이펙트를 torch 이벤트에 추가해보면서 어떻게 적용되는지 알아보자.

1. 트랙에서 우클릭(맥에서는 Ctrl+클릭)한 후, 컨텍스트 메뉴에서 **Add Return Track**을 선택한다. 이렇게 하면 새로운 트랙이 추가되며, A 라벨을 더블클릭해 'Reverb' 라고 이름을 변경한다.

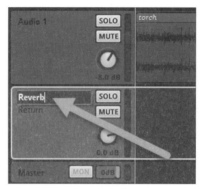

▲ 이벤트로 리턴 트랙 추가

2. Reverb 트랙이 선택되면 덱으로 가서 Fader 이펙트 다음 +를 클릭한다. 그리고 컨텍스트 메뉴에서 **Add Effect > FMOD Reverb**를 선택하면 리버브 이펙트가 트랙에 추가될 것이다. 새 이펙트에서 우클릭한 후 **Presets > Mountains**를 선택한다. 다음과 같이 이펙트가 추가될 것이다.

▲ 리버브 이펙트에 프리셋 설정

> ℹ️ 리버브 이펙트의 모든 설정은 유니티의 이펙트와 매우 유사한데, 이는 궁극적으로 같은 코드 베이스를 사용하기 때문이다. 그러나 선택할 수 있는 프리셋 설정 옵션을 모두 살펴보길 바란다. FMOD를 사용하지 않는다고 하더라도 여전히 프리셋 설정 옵션들은 SFX 리버브에 적용할 수 있기 때문이다.

3. Audio 1 트랙을 다시 선택해 덱 영역으로 돌아간다. +를 클릭해 이번에는 **Add Send > Reverb**를 선택하고 Send 이펙트를 추가한다. Send 레벨을 다음과 같이 0dB로 맞춘다.

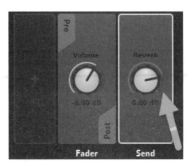

▲ Send 이펙트를 추가하고 Reverb 트랙의 Send 레벨을 설정한다.

 이것은 오디오 믹서에 사용했던 방법과 같기 때문에, 왜 이 작업을 하는지 설명하진 않을 것이다. 이 부분이 이해되지 않는다면 2장을 다시 살펴보자.

4. 메뉴에서 **File > Build**를 선택해 프로젝트를 업데이트하고 유니티로 넘어간다. 플레이를 눌러 작동시키고 리버브 이펙트 사운드가 어떤지 테스트한다. 토치 쪽으로 걸어가 보고 리버브를 듣는다. 리버브가 너무 많으면 씬이 작동하는 동안 FMOD로 돌아가 신호 레벨을 낮춘다.

5. 테스트를 마치면, 오디오를 수정한 후 씬을 멈추고 변경사항을 저장한다.

이번 단계에서 규칙적인 이펙트나 리턴 이펙트를 오디오 트랙에 추가하는 것이 어렵지는 않았을 것이다. 같은 단계를 반복해보고 리버브 리턴 이펙트를 lake-shore-waves 이벤트에도 추가해보자. 각 트랙마다 같은 리버브 이펙트를 설정하는 것은 지루한 작업일 수 있기 때문에 다음 설명을 따라 더 나은 방법을 살펴보자.

1. 먼저 리버브 트랙에서 우클릭(맥에서는 Ctrl+클릭)해 갖고 있는 리버브 리턴 이펙트를 제거하고 컨텍스트 메뉴에서 Delete를 선택한다. 그리고 Audio 1 트랙을 선택하고 덱 영역의 Send 이펙트에서 우클릭한 후, 컨텍스트 메뉴에서 Delete를 선택한다.

2. 메뉴에서 Window > Mixer를 선택한다. Mixer 창을 열면 전송 목록에서 2개의 이벤트와 디폴트 리버브가 보일 것이다. 창이 처음 열리면 오디오 믹서와 아주 유사해 보일 것이다.

> ℹ️ **Mixer** 창은 인풋 버스가 그룹처럼 믹스되고 모두 마스터 버스로 전송하도록 정의한다. 처음에는 약간 혼란스러울 수 있지만, 이것이 유니티에서 그룹으로 전송되는 자식 그룹을 만드는 방법이다.

3. torch 이벤트에서 우클릭하고 컨텍스트 메뉴에서 **Reroute to New Group**을 선택한다. 다음과 같이 새 그룹을 'Ambient'라고 하고, lake-shore-waves2 이벤트를 같은 그룹으로 드래그한다.

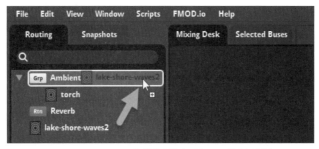

▲ lake_shore_waves2 이벤트를 Ambient 그룹으로 전송

4. Ambient 그룹을 선택하고, 덱 영역에서 **+**를 클릭해 메뉴에서 **Add Send > Reverb**를 선택한다. 그리고 앞에서 했듯이 Send 레벨을 0dB로 조정한다.

5. Reverb 그룹을 선택하고 덱 영역에서 Reverb 이펙트의 빈 공간에 우클릭해서 컨텍스트 메뉴를 연다. 메뉴에서 **Presets > Mountains**를 선택한다. 다음은 완성된 창을 보여주는 스크린샷이다.

▲ Ambient 그룹과 신호 루트를 보여주는 Mixer 창

6. 메뉴에서 File > Build를 선택해 유니티로 돌아가 플레이를 눌러 씬을 작동시킨다. 다시 FMOD로 돌아와 유니티에서 한 것처럼 자유롭게 믹스한다. 편집과 테스트를 마치면, 씬을 멈추고 변경사항을 저장한다.

> 앞서 논의한 것처럼 시스템의 퍼포먼스가 좋아졌다면, 에코처럼 값이 저렴한 딜레이 이펙트를 사용하는 대신에 리버브 이펙트의 사용을 고려해볼 필요가 있다.

이제 FMOD를 이용하는 이펙트와 믹싱에 대한 기본적인 소개가 끝났다. 앞의 내용을 통해 알 수 있었듯이, 오디오 믹서에 있는 컨셉과 인터페이스의 특정 요소가 꽤 비슷하다.

다음에는 파라미터와 트리거로 작업 속도를 높여보자.

▌ 파라미터, 스냅샷, 트리거

FMOD는 유니티처럼 파라미터, 스냅샷, 트리거를 가지고 오디오를 제어하는 능력을 제공한다. 그러나 유니티와 달리, FMOD로 제어할 수 있는 부분이 더 많고, 스크립트 없이도 고급 오디오 처리가 가능하다. 이러한 능력을 보여주기 위해 스크립트를 쓰지 않고 고급 예제 중 하나를 가지고 몇 가지 기능을 똑같이 만들어보자.

유니티에서 오디오 재생을 어떻게 자동화하고 제어할 수 있는지 알아보기 위해 윈드 존 이펙트를 부분적으로 복제할 것이다. 전체 예제를 다룰 여유가 없으므로 개념만 알아보자. 다음 설명을 따라 새로운 버전의 다이내믹 윈드 이펙트를 만들어보자.

1. FMOD 이벤트 에디터를 열고 메뉴에서 File ➤ Import Audio Files를 선택한다. 다운로드된 소스 코드에서 대화창을 이용해 Chapter_6_Audio 폴더를 찾는다. wind.wav 파일을 선택하고 Open을 클릭해 파일을 가져온다. Create Event 창이 뜨면 이번에는 3D 대신 2D를 선택하고 Create를 클릭한다.

2. Events 탭의 새로운 wind 이벤트에서 우클릭(맥에서는 Ctrl+클릭)하고 메뉴에서 Assign to Bank ➤ Master Bank를 선택한다. 그리고 Audio 1 트랙의 오디오 클립에서 우클릭(맥에서는 Ctrl+클릭)해 메뉴에서 New Loop Region을 선택하고, Audio 1 트랙에서 우클릭(맥에서는 Ctrl+클릭)해 메뉴에서 Add Audio Track을 선택한다. 이제 Audio 1과 Audio 2 트랙이 생겼다.

3. 메뉴에서 Window ➤ Mixer를 선택해 Mixer 창을 연다. Routing 탭에 있는 wind 이펙트에서 우클릭(맥에서는 Ctrl+클릭)해 메뉴에서 Reroute to New Group을 선택한다. 새 그룹의 이름을 'WIND'라고 바꾸고 남은 볼륨을 최대 10dB까지 높인다.

4. Snapshots 탭을 선택하면 스냅샷을 만들지 않았기 때문에 비어 있을 것이다. 빈 공간에 우클릭(맥에서는 Ctrl+클릭)하고 메뉴에서 New Blending Snapshot을 선택한다. 그리고 'wind_snapshot'이라고 이름을 정한 다음, WIND 그룹과 볼륨을 나타내는 초록 점이 있는 곳을 클릭해 다음과 같이 −50dB로 낮춘다.

▲ wind_snapshot에서 윈드 그룹 볼륨 설정 조정

5. 볼륨 손잡이를 클릭하면 표준 컨트롤로 바뀌고 볼륨을 조정할 수 있다. 다음으로 Mixer에서 이벤트 에디터로 wind_snapshot을 선택해 드래그하고 다음과 같이 Audio 2 트랙에서 드롭한다.

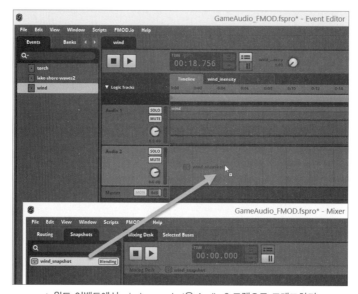

▲ 윈드 이벤트에서 wind_snapshot을 Audio 2 트랙으로 드래그하기

6. 이벤트 에디터 창으로 가서 마우스를 이용해 스냅샷을 선택하고 조정해 wind 클립에서 한 것처럼 같은 곳에서 트랙을 채운다. 다음 그림과 같다.

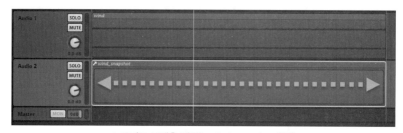

▲ 오디오 트랙을 채우는 wind_snapshot 설정

7. 다음으로 트랙에서 wind_snapshot을 선택해 Deck 영역 아래를 본다. Intensity 손잡이에서 우클릭(맥에서는 Ctrl+클릭)하고 메뉴에서 Add Automation을 선택한다. 이렇게 하면 새로운 트랙이 Intensity라는 Tracks 영역에 추가된 모습이 보일 것이다.

8. Tracks 영역 상단의 Timeline 탭 옆에 +를 클릭한다. 메뉴에서 Add Builtin Parameter ➤ Distance를 선택하고 열자. Parameter 대화창이 뜨면 [0,20]의 범위 내에서 입력한다. 이렇게 새로운 파라미터 탭이 열리면 마우스를 이용해 Intensity 트랙에 있는 회색 라인을 선택하고 조정해 다음과 같도록 한다.

▲ 파라미터에서 wind_snapshot 강도 조정

9. 플레이를 눌러 이벤트를 플레이하고, 마우스를 이용해 트랙에서 인풋 파라미터 제어를 왼쪽에서 오른쪽으로 드래그한다. 거리가 줄어들 때 윈드 오디오가 어떻게 커지는지, 거리가 늘어나면 어떻게 잦아드는지 살펴본다. 뒤에 있는 것 같지만 Wind 그룹에서 스냅샷 베이스를 −50dB로 설정했음을 기억하자. 스냅샷의 Intensity가 증가함에 따라 볼륨이 낮아진다. 테스트를 마치면, 이벤트를 멈추고 프로젝트를 저장해서 만든다.

리스너가 이벤트 타깃에 얼마나 가까운지에 따라 wind_snapshot의 세기를 제어하는 Distance라는 새로운 파라미터를 만들어봤다. 생각해보면 이것이 가장 직관적인 방법은 아니지만, 유니티에서 어떻게 작동하는지 알아보자.

유니티를 열고 새로운 이벤트를 연결하기 위해 다음 단계를 따라 해보자.

1. 유니티를 열고 Viking Village 씬이 로드됐는지 확인한다. 메뉴에서 Game Object > Create Empty를 선택해 새로운 오브젝트를 만든다. 해당 오브젝트에 'AudioZones'라고 이름을 붙이고 Transform Position을 0으로 설정한다.

2. 새로운 AudioZones 오브젝트에서 우클릭(맥에서는 Ctrl+클릭)하고, 메뉴에서 3D Object > Cube를 선택한다. 오브젝트에 다시 이름을 붙이고 컴포넌트를 제거하고 다음과 같이 파라미터를 설정한다.

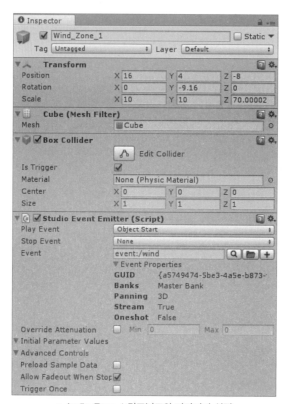

▲ Audio_Zone_1 컴포넌트와 파라미터 설정

 작업을 마무리하기 위해 컴포넌트 중 하나를 제거한다. 도움이 필요하면 앞에서 다뤘던 부분을 다시 검토해보자.

3. 편집을 마치면 플레이를 눌러 씬을 시작한다. 주변을 돌아다니며 거리를 조절하면서 윈드 오디오가 상대적으로 줄어들거나 늘어나는 방식을 살펴보자. 테스트를 마치면, 씬을 멈추고 유니티와 FMOD에 변경사항을 저장한다.

다이내믹 윈드 존 예제에서 스냅샷으로 제어된 환경 오디오 존을 복제할 수 있음을 알아봤다. 윈드 볼륨만 조정해봤지만 믹서에 있는 그 밖의 설정도 조정해볼 수 있을 것이고, 하나의 스냅샷을 제어하는 방법만 알아봤지만 같은 이벤트 내의 같거나 다른 트랙에서 다양한 스냅샷을 제어해볼 수도 있을 것이다. 다음 장에서는 FMOD로 작업하는 몇 가지 스크립트를 업그레이드하면서 다이내믹 윈드 이펙트의 기능을 복제하는 작업을 계속 진행할 것이다.

 퀴즈 정답

딜레이 이펙트로 분류된 것은 무엇인가? 정답은 굵은 글씨체로 표시했다.

a) **Reverb**
b) **Echo**
c) **Flange**
d) Equalization
e) 3D Panner

리턴 또는 사이드 체인을 통해 사용하는 기준이 되는 이펙트는 무엇인가? 정답은 굵은 글씨체로 표시했다.

a) **Reverb**
b) **Duck Volume**
c) Equalization
d) 3D Panner
e) Equalization

FMOD에서 유효한 신호 전송 통로는 무엇인가?

a) **사운드 파일 → 오디오 트랙 → 마스터 트랙**
b) 마스터 트랙 → 오디오 트랙 → 사운드 파일
c) 인풋 버스 → 사운드 파일 → 마스터 트랙
d) 오디오 트랙 → 인풋 버스 → 마스터 트랙

▌ 요약

지금까지 오디오 개발에 있어 선두적인 FMOD 스튜디오에 대해 알아봤다. 먼저 FMOD 의 시작부터 오디오 개발 툴로서 산업에 얼마나 적합한지를 알아보고, 그 과정에서 FMOD 스튜디오를 다운로드해 설정한 후 마을 씬에서 FMOD 방식으로 오디오를 설정 하는 기본 사항들을 알아봤다. 그리고 FMOD에서 이펙트와 믹싱이 어떻게 작동하는지 를 알아보고, 유니티와는 어떤 부분이 다르며 유사점은 무엇인지 살펴봤다. 마지막으로, FMOD를 이용한 예제 중 하나에서 몇 가지 기능을 복제해봤다. FMOD의 파라미터, 스 냅샷, 트리거에 의해 제공되는 기능을 이용해 약간의 코드만으로 대체로 비슷한 것들을 만들어낼 수 있음을 알아봤다.

7장에서는 FMOD 스튜디오로 계속 작업하면서 스크립트와 함께 더욱 수준 높은 개발 예 제를 다뤄보고, 앞에서 했던 어댑티브 오디오 예제를 개선해보자.

07

다이내믹하고 어댑티브한 오디오를 위한 FMOD

6장에서 다뤘듯이 FMOD 스튜디오는 뛰어난 오디오 워크스테이션으로 유니티와 매끄럽게 통합된다. 그리고 사운드 디자이너와 개발자가 플랫폼과 게임 엔진 전반에 사용할 수 있는 전문적인 퀄리티의 오디오를 만들 수 있게 도와준다. 툴을 다루는 작업은 익히는 데 시간이 많이 걸리고 1개 장에서 모든 내용을 담을 수는 없기 때문에 2개의 장에 걸쳐 다루기로 했다.

6장에서 다양하고 친숙한 예제로 유니티와 FMOD를 함께 사용하는 기본 사항들에 대해 알아봤는데, 이번에는 좀 더 깊이 파고들어 다이내믹하고 어댑티브한 오디오를 만드는 복잡한 작업을 해보려고 한다. 이번에도 같은 자료로 작업하는 이유는 FMOD가 뛰어나서이기도 하지만, 자료에 대한 배경지식을 이미 앞에서 다뤄봤기 때문이다. 신속하게 FMOD를 이용하기 위해 다양한 예제로 작업해보자.

7장에서는 FMOD로 다이내믹하고 어댑티브한 오디오를 만들어볼 것이다. 앞에서 필요한 배경 자료를 다뤄봤으므로 비교적 쉽고, 반복적으로 FMOD를 이용하면서 툴을 다뤄봤기 때문에 편하게 느껴질 것이다.

7장에서 다루는 내용은 다음과 같다.

- 다이내믹한 바람과 환경 존
- FMOD로 스크립트하기
- 발자국 예제 다시 보기
- FMOD를 이용한 어댑티브 음악
- 타임라인과 스팅어의 전환

여기서 다룰 다양하고 복잡한 예제들은 여러분이 앞으로 작업하는 데 도움이 될 것이다. 안타깝지만 툴도 없고 시간도 없는 FMOD 마스터에게는 완료된 프로젝트가 제공되지 않는다. 하지만 개별적으로 완료된 FMOD와 유니티 프로젝트를 여러분의 프로젝트에 통합할 수는 있다.

▌ 다이내믹한 바람과 환경 존

앞 장에서는 스크립트 없이 FMOD로 간단한 오디오 존을 실행하는 방법에 대해 알아봤다. 4장의 '고급 오디오 믹싱'에서 FMOD로 만들었던 환경 존 예제를 스크립트 없이 수정해 완성도와 실용성을 높이려고 한다. 이 예제는 FMOD에 내재된 스냅샷의 가능성을 완벽하게 보여줄 것이다.

기본 Viking Village로 시작해 다른 프로젝트 애셋을 추가해보자. 아직 준비가 되지 않았다면 유니티 애셋 스토어와 다운로드된 소스 코드에서 필요한 애셋을 내려받는다. 6장 'FMOD 소개'를 참고해 마을 프로젝트와 FMOD를 설치한다.

유니티를 열고 다음 설명을 따라 해보자.

1. 앞 장에서 계속 작업 중이었으면 이미 만들어놓은 GameAudio 프로젝트를 연다. 7장으로 바로 넘어왔다면 GameAudio라는 새 유니티 프로젝트를 만들고 애셋 스토어에서 Viking Village 프로젝트를 가져온다.

2. 메뉴에서 **Assets ➤ Import Package ➤ Custom Package**를 선택하고 **Import Package** 창을 이용해 Chapter_7_Assets 폴더를 찾아서 열자. 파일을 선택해 Chapter_7_Start.unitypackage를 가져오고 **Open**을 클릭한다. 설명에 따라 애셋을 가져오자.

3. **Project** 창의 Assets/GameAudio/Scenes 폴더에서 Chapter_7_Start.scene 파일을 찾아 더블클릭해서 열자.

4. 다음 단계를 위해 다운로드된 소스 코드에서 유니티 프로젝트 폴더로 FMOD 프로젝트 폴더를 수동으로 복사한다. 진행하기 전에 FMOD 스튜디오가 닫혀 있음을 확인한다. 컴퓨터 파일 탐색기를 이용해 책의 소스 코드 폴더에서 Chapter_7_FMOD 폴더를 찾아서 연다. 원하는 방식으로 GameAudio_FMOD 라는 프로젝트 폴더를 복사한다.

5. 다시 컴퓨터의 파일 탐색기를 이용해 GameAudio 유니티 프로젝트 폴더를 찾아서 열자. GameAudio_FMOD 폴더를 GameAudio 폴더로 넣어 다음과 같도록 한다.

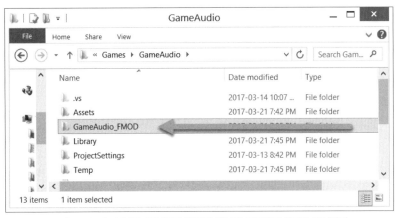

▲ GameAudio_FMOD 프로젝트 폴더를 유니티 프로젝트 폴더로 복사하기

기존 파일에 겹쳐 쓰기를 확인하는 창이 뜨면 승낙하고 앞 장의 파일을 겹쳐 쓴다. FMOD 파일의 복사가 중단되면 FMOD 스튜디오가 모두 닫혀 있는지 체크해보자.

6. 유니티 에디터를 열고 메뉴에서 FMOD > Edit Settings를 선택한다. Inspector 창으로 가서 앞 장의 Studio Project Path가 제대로 설정됐는지 확인하거나 다음과 같이 Browse를 이용해 설정한다.

▲ Studio Project Path 설정 확인

 FMOD 메뉴 옵션이 보이지 않으면, 6장 'FMOD 소개'로 돌아가 FMOD 유니티 통합 패키지를 다운로드하고 설치한다.

7. FMOD 스튜디오를 시작하고 메뉴에서 File > Open Recent > GameAudio_FMOD.fspro > GameAudio를 선택해 프로젝트를 열자. 스튜디오를 시작하거나 설치한 적이 없으면 앞 장으로 돌아가 설명에 따라 다운로드하고 설치한 후 FMOD 스튜디오를 설정한다.

8. 메뉴에서 File > Build를 선택하면 유니티 프로젝트에서 스트리밍 애셋 폴더가 업데이트된다.

9. 유니티 에디터로 돌아가 플레이를 눌러 씬을 작동시킨다. 주변을 돌아다니며 토치가 깜빡이는 소리나 파도 소리에 귀를 기울인다. 제대로 작동되고 있음을 확인하면 씬을 멈춘다.

10. Project 창에서 EnvironmentalZones 프리팹을 찾아 씬에 드래그해서 드롭한다. 그러면 이전에 사용했던 EnvironmentalZones 지역이 추가되고 스크립트는 제거된다. 다음과 같이 오브젝트를 확장하고 존을 검토해보자.

```
▼ EnvironmentalZones
    Zone_Exposed_1
    Zone_Exposed_2
    Zone_Crossroads_1
    Zone_Crossroads_2
    Zone_Crossroads_3
    Zone_Crossroads_4
    Zone_Sheltered_1
    Zone_Sheltered_2
    Zone_Sheltered_3
    Zone_Sheltered_4
    Zone_Sheltered_5
    Zone_Sheltered_6
    Zone_Fringe_1
    Zone_Fringe_2
    Zone_Fringe_3
```

▲ 다양한 존을 보여주는 확장된 EnvironmentalZones 오브젝트

 이전 예제를 보면 각 존마다 아래에 요약된 대로 분류되어 있다.

- **Exposed**: 이곳은 바람에 노출되고 개방되어 있으며 최소한의 반향, 바람이 있다.
- **Crossroads**: 경로의 합류 지점이며 바람이 거의 없고 반향도 없다.
- **Sheltered**: 바람을 막아주고 빌딩에 가까우며 최대한의 반향과 최소한의 바람이 있다.
- **Fringe**: 마을의 벽 쪽에 있으며 부분적으로 막혀 있지만 약간의 바람과 오디오 반향이 있다.

이제 유니티에서 새로운 씬을 만들고 기본 FMOD 프로젝트를 열었으므로 환경 존이 오디오를 믹스하는 데 사용할 스냅샷의 조합을 만들어보자.

이것은 유니티 오디오 믹서로 스냅샷과 믹서의 전환을 이용했던 개념과 같다. 이제 FMOD로 스크립트 없이 같은 이펙트를 만들어낼 수 있으므로 FMOD 스튜디오를 열고 다음 설명을 따라 해보자.

1. 메뉴에서 Window ➤ Mixer를 선택해 Mixer 창을 열고 Snapshots 탭을 클릭해 열자.

2. Snapshots 탭에서 우클릭(맥에서는 Ctrl+클릭)해 메뉴에서 New Blending Snapshot 을 선택하고, 새로운 스냅샷 이름을 'crossroads'라고 정하고 선택한다. crossroads는 바람이 높고 잔향이 낮음을 나타내므로 다음과 같이 믹스를 조정 하자.

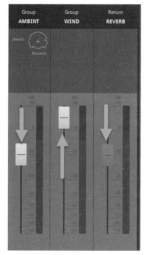

▲ crossroads 스냅샷 조합 설정

 TIP 설정은 같을 필요가 없으므로 적당히 편의에 맞게 조정한다.

3. sheltered, fringe, exposed 스냅샷에 대해 2단계를 반복한다. 믹서 설정은 다음과 같다.

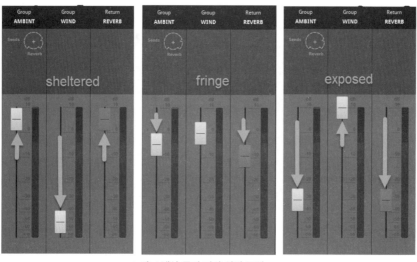

▲ 각 스냅샷 존의 믹서 설정 조정

248

> ⓘ 4개의 블렌딩 스냅샷을 만든 다음 스냅샷이 어떻게 섞일지 환경을 설정한다. 앞의 예제를 떠올려 보면 스크립트로 쓰여진 간단한 선형 거리 함수를 가지고 블렌딩을 제어했다. 이제 FMOD로 스크립트 없이 유사한 작업을 해보자.

4. crossroads 스냅샷을 선택하고, 다음과 같이 에디터 창 상단의 트랙을 클릭해 노출한다.

5. 트랙 뷰에서 Timeline 옆의 +를 클릭하고, 메뉴에서 Add Built-In Parameter ➤ Distance를 선택한다. 파라미터 대화창이 뜨면 0~20의 범위를 입력한다.

6. Master 트랙을 선택하고 덱 영역에 있는 믹서 창 우측 하단으로 간다. Intensity 다이얼에서 우클릭(맥에서는 Ctrl+클릭)하고 다음과 같이 메뉴에서 Add Automation 을 선택한다.

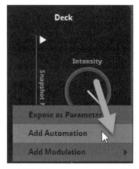

▲ 스냅샷에 Intensity 자동화 추가

7. 이제 Intensity 트랙이 **Tracks** 뷰에 추가될 것이다. 다음과 같이 마우스로 선을 조정해 거리 0일 때 100부터 시작해 거리 20일 때 0으로 간다.

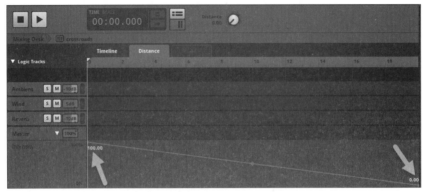

▲ 거리에 Intensity 조정

> 이런 방식으로 세기(Intensity)를 조정하면서 스냅샷이 조합되는 방식을 설정한다. 이 예제에 서는 간단한 직선 경사각을 이용했지만, 필요에 따라 곡선으로 조정할 수도 있다. 선 위에 새 로운 제어 포인트를 추가할 곳을 클릭해 원하는 대로 움직여보자. 여기서는 최대 범위를 20으 로 했지만 바꿀 수 있다.

8. 남은 세 가지 스냅샷(sheltered, fringe, exposed)에 맞게 4~7단계를 반복해보자. 아직은 같은 거리 범위와 직선 제어 커브를 지킨다. 작업을 마치면 프로젝트를 빌드하고 저장한다.

모든 믹서의 스냅샷에 환경 설정이 완료됐고 블렌딩 파라미터가 설정됐으므로 이제 유니 티로 통합할 차례다. 완료된 부분에서 유니티 에디터를 열고 다음 설명을 따라 해보자.

1. Hierarchy 창에서 EnvironmentalZones 오브젝트를 선택하고 **Inspector** 창에서 **Add Component**를 클릭한다. FMOD Studio Event Emitter 컴포넌트를 찾아 오브 젝트에 추가하고 다음과 같이 컴포넌트 속성을 설정해보자.

▲ EnvironmentalZones 오브젝트로 윈드 이벤트 추가

2. 다음으로 Hierarchy 창에서 EnvironmentalZones 하단의 모든 오브젝트 존을 선택한다. 선택이 완료되면 1단계에서 한 것처럼 FMOD Studio Event Emitter 컴포넌트를 추가한다.

3. Zone_Exposed 오브젝트의 그룹을 선택하고(오브젝트 2개), 다음과 같이 Studio Event Emitter 컴포넌트 속성을 설정한다.

▲ exposed 스냅샷을 사용하기 위해 Zone_Exposed 오브젝트 설정

> **Event**를 exposed라는 스냅샷으로 설정했다. 검색 툴을 이용해 이벤트를 찾을 때 스냅샷 그룹이 열려 있으며 이벤트 그룹이 아님을 확인하자.

4. 그 밖의 존 그룹(sheltered, crossroads, fringe)에 3단계를 반복해서 작업해보자. 믹서에서 환경을 설정했던 스냅샷에 맞게 존 그룹 이벤트가 설정됐음을 확인한다.

5. 각 존에 맞는 스냅샷 설정을 마치면 플레이를 눌러 씬을 시작한다. 지금까지 한 것처럼 주변을 돌아다니며 존이 어떻게 조합됐는지 살펴보자. 모든 테스트를 끝내고 나면, 씬을 멈추고 유니티와 FMOD 프로젝트를 저장한다.

한 줄의 스크립트도 쓰지 않고 복잡한 예제를 이용해 같은 이펙트를 만들어냈다. 인상적인 것은 조합하는 방식을 바꿀 수 있는 사용 가능한 추가 옵션의 개수이며, 거리 또는 기타 파라미터로 블렌딩 세기를 제어하는 방식을 바꿀 수도 있다. 다음 절에서는 스크립트로 파라미터를 직접 제어하는 방법에 대해 알아보자.

▌ FMOD로 스크립트하기

지금까지는 스크립트를 사용하지 않고 꽤 인상적인 결과를 만들어냈다. 하지만 현재 갖고 있는 컴포넌트로 만들어낼 수 없는 작업도 있는데, 앞에서 개발한 AudioWeatherVane 스크립트가 좋은 예라고 할 수 있다. 해당 스크립트는 바람의 압력을 측정하고, 볼륨을 제어하기 위해 오디오 믹서 파라미터를 조정할 수 있는데, 스크립트의 장점을 보여주기에 가장 좋은 예제라고 볼 수 있다.

처음에는 FMOD에서 새로운 파라미터를 만들면서 기반 작업을 시작할 것이다. FMOD 스튜디오의 이벤트 에디터를 열고 다음 설명을 따라 작업해보자.

1. Events 탭에서 wind 이벤트를 선택하고 Master 트랙을 클릭한다. 그리고 덱 영역을 보면서 Volume 손잡이에서 우클릭(맥에서는 Ctrl+클릭)하고 메뉴에서 **Add Automation**을 선택한다.

2. Timeline의 상단에 있는 **+**를 클릭하고 메뉴에서 **Add Parameter**를 선택한다. **Add Parameter** 대화창이 뜨면 새 파라미터에 'Wind_Intensity'라고 이름을 정하고 디폴트 범위를 [0,1]로 한다.

 파라미터에 맞게 정상 범위인 0에서 1 사이로 작업하는 것이 좋다. 이렇게 하면 게임 기기나 레벨의 다른 부분이 바뀌었을 때, 다시 돌아가 파라미터 범위를 수정할 필요가 없다. 이 범위가 스크립트에서 어떻게 계산되는지는 나중에 살펴보자.

3. Wind_Intensity 탭을 열고, Volume 자동 제어 라인automation control line을 다음과 같이 조정해보자.

▲ Wind_Intensity 파라미터에 맞게 볼륨 자동화 조정

4. 타임라인 뷰로 돌아가기 위해 Timeline 탭을 선택하고 파란색 웨이브 형태의 윈드 오디오 클립을 선택한다. 그리고 다시 덱 영역을 보고 Volume 손잡이에서 우클릭(맥에서는 Ctrl+클릭)하고, 메뉴에서 Add Modulation > Random을 선택하면 Random 모듈레이션 이펙트가 추가된다. Random 모듈레이터 내의 Volume 손잡이에서 우클릭(맥에서는 Ctrl+클릭)하고, 메뉴에서 Add Automation을 선택한다. 다음과 같은 화면이 뜰 것이다.

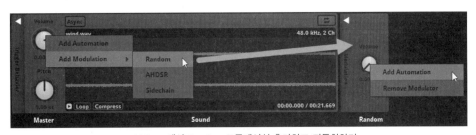

▲ Volume에서 Random 모듈레이션 추가하고 자동화하기

> 이전 장들에서는 리스너에게 변화를 주기 위해 오디오에 몇 가지 랜덤화를 추가했다. FMOD 는 다양한 방식으로 오디오를 랜덤화할 수 있는 방법을 제공하며, 여기서는 가장 빈번하게 쓰이는 방식을 이용하려고 한다.

5. Pitch 손잡이에서 우클릭(맥에서는 Ctrl+클릭)하고 4단계에서 한 것처럼 자동화된 랜덤 피치 모듈레이션을 만든다.

6. 4단계와 5단계를 마치면 2개의 새로운 Random Modulator 트랙이 추가되어 있을 것이다. Wind_Intensity 탭을 선택하고 다음과 같이 자동화 라인을 조정해보자.

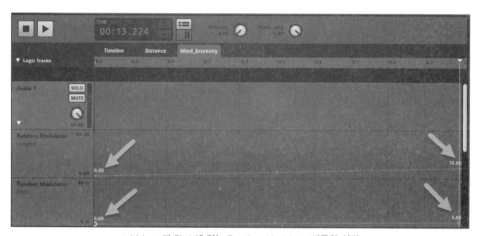

▲ Volume과 Pitch에 맞는 Random Modulator 자동화 설정

7. 자동화 곡선의 설정을 마치면, 프로젝트를 저장하고 빌드한다.

유니티로 돌아와 스크립트를 작성하기 전에 다음 설명을 따라 새로운 Wind_Intensity 파라미터를 테스트해보자.

1. Hierarchy 창에서 EnvironmentalZones 오브젝트를 선택하고, Inspector 창에서 Studio Event Emitter 컴포넌트를 살펴보자. 새로운 파라미터가 Wind_Intensity라는 컴포넌트에 추가됐음을 알 수 있을 것이다. 이 파라미터를 스크립트하고 싶겠지만 지금은 다음과 같이 확인란을 클릭해 파라미터를 활성화하고, 최댓값을 1로 정한다.

▲ 윈드 이벤트 이미터에서 Wind_Intensity 파라미터 설정

2. 플레이를 눌러 씬을 작동시키고 주변을 돌아다니며 테스트한다. 바람 소리가 들리는 곳으로 가서 기다리자.

> ℹ️ 소리가 들리는가? 그렇다면, 어느 지점에서 바람이 멈추는 소리도 들릴 것이다. 이것이 바로 랜덤 피치 모듈레이션의 결과다. 가끔 오디오 파일이 빠르게 플레이되며 루프 포인트 앞에서 끝나버리기도 한다. 다행히 이것은 쉽게 고칠 수 있는 부분이지만, 무슨 문제인지 확신이 없으면 당황스러울 수 있다.

3. 씬을 멈추고 FMOD Event Editor를 열자. wind 이벤트를 선택하고 Timeline 탭이 열려 있음을 확인한다. 루프 구간을 줄여서 윈드 클립이 더 빠르게 플레이되면 사운드가 깨지지 않고 계속 플레이되도록 하기 위해 윈드 클립 상단 루프 구간의 맨 오른쪽을 선택해 드래그한 다음 다음과 같이 18초 표시 구간에서 멈추게 한다.

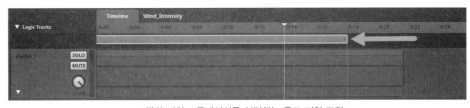

▲ 랜덤 피치 모듈레이션을 설명하는 루프 지역 조정

4. 조정을 마치고 플레이를 눌러 오디오를 플레이한 다음 어떻게 반복되는지 들어 본다. 탭을 선택하고 흰색의 파라미터 컨트롤을 움직여 Wind_Intensity 파라미터 가 켜져 있는지 확인한다. 반복이 자연스럽지 않으면 루프의 마지막 포인트를 조정한다.

5. 원하는 대로 루프의 설정을 마치면, 유니티로 돌아가 Hierarchy 창에서 EnvironmentalZones 오브젝트를 선택한다. 그리고 Inspector 창에서 파라미터 확인란에 체크하지 않고 Studio Event Emitter에서 Wind_Intensity 파라미터가 사 용되지 않게 한다.

6. 작업을 마치면 내용을 저장한다.

이제 생각했던 대로 Wind_Intensity 파라미터가 작동하게 됐으므로 다음 설명을 따라 업 데이트된 AudioWeatherVane 스크립트를 씬에 추가할 수 있다.

1. Hierarchy 창에서 Wind Zone 오브젝트를 찾아 선택하고, Inspector 창에서 Add Component를 이용해 AudioWeatherVane 스크립트를 열고 찾아서 추가한다. 그리고 다음과 같이 컴포넌트에 파라미터를 설정한다.

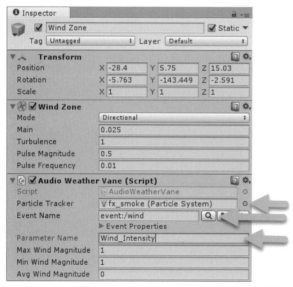

▲ Wind Zone에서 Audio Weather Vane 컴포넌트 파라미터 설정

2. 스크립트를 추가하고 파라미터를 설정하고 난 후 플레이를 눌러 씬을 시작한다. 스크립트를 설정하는 작업이 쉽게 느껴졌다면, 여러분이 유니티 사용법에 매우 친숙해졌음을 의미한다.

3. 씬을 탐색하면서 Inspector 창과 Audio Weather Vane 컴포넌트에 주목하자. 바람의 Max, Min, Avg 규모 값이 어떻게 바뀌는지, 윈드 오디오를 어떻게 조정하는지 살펴본다. 테스트를 마치면, 씬을 멈추고 프로젝트 파일과 함께 저장한다.

4. Project 창이나 Inspector 창에서 AudioWeatherVane 스크립트를 찾아서 에디터에서 연다. 다음에 스크립트를 좀 더 자세히 살펴보자.

AudioWeatherVane 스크립트를 활성화해 FMOD와 어떻게 작동하는지 살펴보자. 전체 스크립트는 다음과 같고 에디터에 스크립트가 열려 있어야 한다.

```
public class AudioWeatherVane : MonoBehaviour
{
    // ParticleSystem은 반드시 ExternalForces를 설정해야 한다.
    public ParticleSystem particleTracker;

    [FMODUnity.EventRef]
    public string eventName;
    public string parameterName;
    public float maxWindMagnitude = 1;
    public float minWindMagnitude = 1;
    public float avgWindMagnitude;

    FMOD.Studio.EventInstance windEvent; // 이벤트
    private ParticleSystem.Particle[] particles;
```

```
    void Start()
    {
        particles = new ParticleSystem.Particle[10];
        windEvent = FMODUnity.RuntimeManager.CreateInstance(eventName);
    }

    // FixedUpdate는 물리가 업데이트될 때 호출된다.
    void FixedUpdate()
    {
        var magnitude = 0f;
        if (particleTracker.GetParticles(particles) > 0) {
            for (int i = 0; i < particles.Length; i++) {
                magnitude += particles[i].velocity.magnitude;
            }
            avgWindMagnitude = magnitude / particles.Length;
            minWindMagnitude = Mathf.Min(avgWindMagnitude, minWindMagnitude);
            maxWindMagnitude = Mathf.Max(avgWindMagnitude, maxWindMagnitude);
            windEvent.setParameterValue(parameterName,
                (avgWindMagnitude - minWindMagnitude) / maxWindMagnitude);
        }
    }
}
```

이 스크립트에 대해서는 유니티 오디오 믹서 버전을 통해 다뤘으므로, FMOD를 지원하기 위해 변경된 사항에 대해서만 검토하려고 한다. 아래에는 스크립트에서 강조한 부분에 대한 세부적인 설명이 나와 있다.

```
[FMODUnity.EventRef]
public string eventName;
```

FMODUnity.EventRef 속성을 eventName에 추가해 이벤트 셀렉터 GUI가 Inspector에 추가되게 한다.

```
FMOD.Studio.EventInstance windEvent; // 이벤트
```

나중에 검색하거나 설정하게 될 이벤트와 파라미터 예시에 대한 코드다. 분명하게 명칭 (FMOD.Studio)을 구분해야 하므로 헷갈릴 수도 있지만, 다른 변수를 나타낼 때도 똑같이 쓰이므로 적응하길 바란다.

```
windEvent = FMODUnity.RuntimeManager.CreateInstance(eventName);
```

시작 메소드에서 이벤트와 파라미터를 설치하는 부분을 살펴봤다. FMODUnity. RuntimeManager의 호출은 싱글톤 클래스인 [AdaptiveAudioManager]를 호출하는 방법과 유사하다. RuntimeManager는 싱글톤 개체이므로 필수적으로 해야 할 일은 FMOD RuntimeManager에 이벤트를 만들고, 파라미터를 구할 이벤트를 사용하도록 요청하는 것이다.

 여러분이 개발자라면 우리가 사용했던 팩토리(Factory) 메소드 패턴을 사용하는 데 익숙할 것이다. 스크립트를 사용하는 데 있어 초보자라면 이것이 오브젝트를 만드는 제어 가능한 방법임을 이해할 필요가 있다.

```
windEvent.setParameterValue(parameterName,
  (avgWindMagnitude - minWindMagnitude) / (maxWindMagnitude ? minWindMagnitude);
```

마지막으로, 바람의 크기를 위해 정규화된 값 [0~1]을 이용해 파라미터를 설정한다. 나중에 게임 기기가 바뀌었을 때 더 편하게 대응하기 위해 정규화된 값을 사용한다. 위에서 강조된 코드는 최솟값과 최댓값이 바람의 세기에 따라 업데이트되는 것을 알려준다.

 값을 정규화하는 데 사용하는 공식은 대개 표준이며 아래의 형식을 따른다.
normalized = (value − min) / (max − min)
이 공식에 따르면, 값이 범위 안에 있으면 0~1 사이의 숫자가 반환된다.

FMOD 스크립트에 관해 다뤄봤다. 앞에서 봤듯이 FMOD의 사용으로 스크립트가 조금 달라졌지만 아직까지 개념은 익숙할 것이다. 다음 절에서는 스크립트를 더 알아보고 FMOD로 어댑티브 오디오 개발을 시작해보자.

▌ 발자국 예제 다시 보기

FMOD의 능력을 알아볼 수 있는 경험을 넓히면서 매우 간단한 어댑티브 오디오 기술을 소개하기 위해, 앞에서 다뤘던 발자국 예제를 다시 살펴보려고 한다. 우리가 했던 작업은 게임 캐릭터에 발자국 소리를 추가하는 것이었고 그 소리는 씬에서 우리가 만든 어댑티브한 장소에 반응했었다. 어댑티브한 장소는 어댑티브 레벨을 제어하는 데 사용됐으며 캐릭터, 움직임, 발자국 오디오, 그리고 음악의 분위기를 설정하는 데 사용됐다. 이 부분에 있어 궁금한 점이 있다면 5장 '어댑티브 오디오를 위한 오디오 믹서의 사용'을 다시 한번 살펴보자. 5장에서 왜, 무엇을, 어떻게 설정했는지에 대해 자세히 다루고 있다.

이제 유니티 및 FMOD와 친숙해졌으므로 다음은 간단한 예제가 될 것이다. 다음 설명을 따라 발자국 예제를 업데이트해보자.

1. FMOD를 열고 Events 탭에서 우클릭(맥에서는 Ctrl+클릭)해 메뉴에서 New 2D Event를 선택하고, 이벤트의 이름을 'footsteps'라고 정한다. 그 이벤트에서 우클릭(맥에서는 Ctrl+클릭)해 메뉴에서 Assign to Bank ➤ Master Bank와 이벤트를 선택한다.

2. 유니티 프로젝트로 돌아가, Project 창에서 'footstep'을 검색한다. 4개의 오디오 발자국 사운드 그룹을 선택하고 다음과 같이 그룹을 FMOD Event Editor 창으로 드래그한다.

▲ 유니티에서 FMOD로 4개의 오디오 발자국 사운드 선택 및 드래그하기

3. 오디오 클립의 그룹을 footsteps 이벤트 Audio 1 트랙에 드롭하면 다음과 같이 Multi Sound 소스 클립이 생길 것이다.

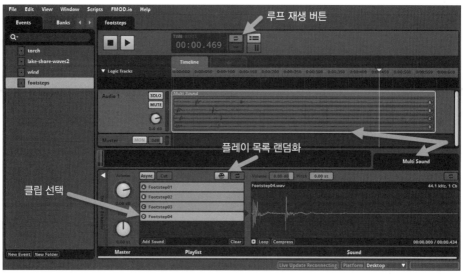

▲ Multi Sound 오디오 이벤트 생성

4. 위의 그림과 같이 Multi Sound 클립을 선택하고 Playlist 영역을 보면서 **플레이 목록 랜덤화** 버튼이 가능한지 확인한다. **루프 재생** 버튼을 클릭하고, 플레이를 눌러 이벤트를 플레이한다. 이벤트가 플레이되고 반복되면서 다양한 발자국 소리가 들릴 것이다.

> ⓘ 앞의 내용을 상기해보면 다양한 클립 재생을 랜덤화하기 위해서는 발자국 스크립트에 코드를 사용해야 했다. 하지만 FMOD를 사용하면 클릭 몇 번으로 가능하다.

5. Master 트랙을 클릭하고 창의 우측 하단으로 간다. Pitch 컨트롤에 우클릭(맥에서는 Ctrl+클릭)하고 메뉴에서 Add Automation을 선택하면 Master 하단에 자동화 트랙이 추가된다.

6. Timeline 탭 옆의 + 버튼을 클릭하고 메뉴에서 **Add Parameter**를 선택한다. **Add Parameter** 대화창이 뜨면 파라미터 이름을 'Adaptive_Level'이라고 하고 범위를 [1~5]로 정한다. 이렇게 하면 정규화 규칙이 깨지지만 이해하기는 더 쉬워졌다. 이미 파라미터의 범위를 1~5로 설정했기 때문에, **Adaptive_Level** 파라미터를 선택하고 **Pitch** 커브를 [−2.25~+5] 정도로 조정하거나 다음과 같이 맞춘다.

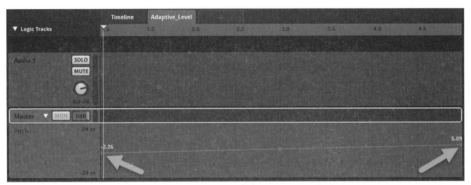

▲ Adaptive_Level 파라미터에 맞는 Pitch 자동 컨트롤 조정

7. 수정을 마친 후, 프로젝트를 빌드하고 저장한다.

발자국 예제에 맞는 FMOD 업데이트를 완료했다. 예제를 통해 봤듯이 FMOD는 몇 가지 간단한 방법을 알려주고, 파라미터를 더욱 제어할 수 있게 해줬다. 이 부분은 꼭 알아야 하며 조율된 파라미터 컨트롤은 추가하지 않았다. 그리고 유니티로 개발할 때 예제를 좀 더 단순하게 작업할 수 있게 했다. 유니티에 관해서라면 에디터로 다시 돌아가, 다음 설명을 따라 예제를 완료해보자.

1. 에디터를 열고 **Project** 창에서 AdaptiveAudioManager.prefab을 검색한다. 프리팹은 파란 박스 아이콘으로 표시되므로 동명의 스크립트와 혼동하지 않도록 한다. 프리팹을 Hierarchy 창 하단으로 드래그해 씬에 추가한다. AdaptiveAudioManager에서 더블클릭하면 줌아웃이나 줌인은 **Scene** 뷰에서 색깔이 있는 존을 보여준다.

2. Hierarchy 창에서 FlyingRigidBodyFPSController_HighQuality 오브젝트를 찾아서 선택하자. 그리고 Inspector 메뉴에서 **Add Component** 버튼을 이용해 FootstepsAudio 스크립트를 추가한다. 컴포넌트가 추가되면, 다음과 같이 파라미터를 설정한다.

▲ 발자국 오디오 스크립트 컴포넌트에 맞는 파라미터 설정

3. 편집을 마치면 씬을 저장하고 플레이를 눌러 주변을 돌아다니며 발자국 오디오가 어떻게 바뀌었는지 들어보자. 플레이어가 다양한 어댑티브 오디오 장소에서 움직일 때, 그 장소의 위험 레벨에 기반해 타임 컴프레션[time compression]을 경험하게 될 것이다.[1] 이제 업데이트한 스크립트와 함께 발자국 오디오 재생 시간(피치)은 타임 컴프레션과 잘 맞을 것이다.

5장 '어댑티브 오디오를 위한 오디오 믹서의 사용'에서 게임을 가장한 예제를 만들 때, 캐릭터가 억압되고 다소 걱정스러운 영웅으로 묘사됐기 때문에 인물이 가진 감정을 기본 게임 공학을 통해 타임 컴프레션이나 왜곡의 형태로 표현하고자 했다. 발자국 소리를 예로 들면, 이펙트가 아주 잘 작동하고 있다. 이 이펙트를 강화하기 위해 큐나 보컬 큐를 더 추가할 수도 있는데, 이 부분은 9장 '캐릭터 립싱크와 보컬'에서 자세히 다룰 것이다.

예제를 마치기 전에 작업을 위해 필요한 스크립트를 수정해야 한다. 먼저 에디터에서 FootstepsAudio 스크립트를 연다. 이미 이 스크립트를 다루고 변경도 여러 차례 해봤기 때문에 업데이트된 한 가지 메소드만 살펴보자.

---

1 타임 컴프레션은 피치를 조절하지 않고 연주 시간만 축소하는 것을 말한다. - 옮긴이

```
private void PlayFootStepAudio()
{
    if (characterController.Grounded == false)
    {
        return;
    }
    footstepsEvent.setParameterValue(parameterName,
        AdaptiveAudioManager.Instance.currentAdaptiveLevel
    );
    footstepsEvent.start();
}
```

강조된 두 줄의 코드는 중요한 차이점을 보여준다. 앞에서 다뤘던 첫 번째 차이점은 setParameterValue라는 예제였고, 두 번째 차이점은 이벤트를 플레이하는 start() 메소드의 사용이다.

 FMOD API를 학습하기 위한 소스와 라이브러리의 이용 방법은 바로 코드 그 자체다. 완전한 FMOD 유니티 통합 소스 코드는 C#을 사용하므로 익히는 데 시간이 필요하다. 물론 개발자가 아니라면 그렇게 중요한 사항이 아닐 수도 있으며 그저 믹싱을 더 해보려고 할 것이다.

유니티에서 FMOD 오디오 시스템을 스크립트하면서 무엇이 가능한지 표면적으로 살펴봤다. 다음 절에서는 FMOD로 개발하는 어댑티브 음악에 대해 깊이 있게 알아볼 것이다.

▌ FMOD를 이용한 어댑티브 음악

유니티 오디오 믹서 예제를 반복하는 마지막 부분으로, 어댑티브 음악을 개발하는 데 FMOD가 어떻게 쓰이는지 알아보자. 앞의 내용을 상기해보면 어댑티브 음악 예제에서는 플레이어가 있는 장소나 돌아다니는 장소에 맞추어 곡을 수정했다. 유니티로 발자국에 맞는 장소 트리거 시스템을 사용했고 버티컬 리믹싱이라는 어댑티브 음악 기술을 활용했다. 5장에서 버티컬 리믹싱을 이용했던 이유는 오디오 믹서의 역량과 잘 맞았기 때문이다. 이미 설명했듯이 유니티 믹서는 5장에서 다뤘던 수평적 재배열 기술과는 잘 맞지 않는다. 하지만 FMOD는 부분적으로 그 기술과 잘 맞으므로 마지막 부분에서 이 점을 다뤄보려고 한다.

 이후 내용을 진행하기에 앞서 5장 '어댑티브 오디오를 위한 오디오 믹서의 사용'을 다시 검토해보길 권한다.

애셋을 가져오고 오디오 트랙을 깔기 전에, 어댑티브 음악을 위해 곡에서 뽑아낸 소스와 기술에 대해 살펴보자. 먼저, 게임에 사용하는 음악은 freemusicarchive.org에서 가져온 여러 가지 트랙으로 디자이너가 제안한 취향과 테마를 반영한다. 두 번째로, 전체 트랙을 사용하기보다는 오디오의 각기 다른 5개의 레벨을 나타내는 각 트랙을 이용하길 바란다. 다행히 FMOD는 그러한 요소들을 분배할 수 있게 해주는데, 다음 예제를 따라 해보자.

1. FMOD Event Editor를 열고 **Events** 탭에서 우클릭(맥에서는 Ctrl+클릭)한 후, 메뉴에서 **New 2D Event**를 선택해 새로운 이벤트의 이름을 'music'이라고 정한다.

2. 파일 탐색기를 이용해 다운로드된 소스 코드에서 Chapter_7_Music 폴더를 찾아서 연다. Artofescapism_Watching_from_Red_Hill.mp3 파일을 선택하고 **Event Editor**로 드래그한 다음 새로운 이벤트 Audio 1 트랙에서 드롭하고 0에서 시작하도록 클립을 맞춘다.

3. 트랙 상단의 검정색 지역에서 우클릭(맥에서는 Ctrl+클릭)하고, 메뉴에서 **Add Tempo Marker**를 선택한다. 이렇게 하면 BPM 숫자와 시간 표시를 갖춘 마커가 추가된다. 숫자 120에서 더블클릭하고 99로 바꾼다. 검정색 부분에서 다시 우클릭(맥에서는 Ctrl+클릭)해 새로운 루프 지역을 만든다. 다음과 같이 오디오를 시작하기 위해 Tempo 마커와 Loop Region 마커를 이동시킨다.

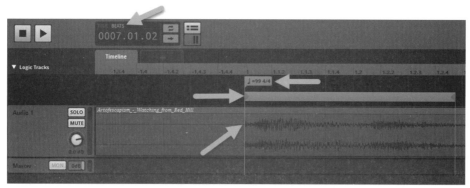

▲ 오디오를 시작하기 위해 Tempo와 Loop 이동

 메뉴에서 **View > Zoom In**을 이용해 트랙 뷰로 줌인하는 것이 편리하고, **Ctrl+]**(맥에서는 **커맨드+]**)나 마우스를 이용해 개요 창을 축소해 위의 그림처럼 사운드의 시작에 마커를 놓는다.

4. 위의 그림처럼 타이밍 컨트롤에서 **BEATS** 타이밍을 선택하면 타이밍이 두 번째에서 비트로 바뀌며 반복될 때나 서브 믹싱할 때 유용하다. 이미 줌인했다면, **View > Zoom To Fit**을 이용해 다시 전체 클립을 줌아웃한다. 마우스를 이용해 루프 지점 마커의 끝부분을 다섯 번째로 이동시키고 이벤트를 플레이한다.

 노래의 BPM이나 템포를 빨리 찾을 수 있는 무료 툴이 많다. 앞서 설명했듯이 윈도우에 맞는 BPM 카운터는 잘 작동한다. 그리고 맥, 안드로이드, iOS에서 사용하는 무료 bpm 카운터도 많다. 선호하는 검색 엔진이나 앱 스토어를 찾아보자.

5. 결론은 클립의 첫 번째 부분이 아주 자연스럽게 반복돼야 한다는 것이다. 타이밍 사운드가 꺼지면, 오디오를 시작하기 위해 템포 마커를 설정한다. 클립의 루프 마커에서 우클릭(맥에서는 Ctrl+클릭)하고, 메뉴에서 **Split**을 선택한다. 다음과 같이 클립의 마지막에 이 부분을 다시 반복해보자.

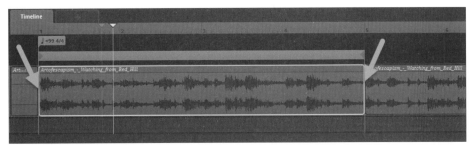

▲ 오리지널 클립에서 변경한 루핑 클립 추출

6. 새로운 클립에서 우클릭(맥에서는 Ctrl+클릭)하고 메뉴에서 Replace Audio with Trimmed Copy를 선택하면 추출된 루프의 다듬어진 버전이 만들어진다.

7. 작업을 마치면 music 이벤트를 제거하고 다시 만든다. 그러면 작업 환경이 깔끔해지고, 실제 음악 설치를 준비할 수 있다. 다음에는 music 이벤트를 Master Bank에 할당하자.

예제는 어댑티브 오디오 예제를 구축하는 데 사용한 루핑 클립^{looping clip}을 모두 추출했던 프로세스와 같다. 불행히도 모든 예제를 다시 만들 시간은 없지만, 위의 예제를 통해 음악 트랙으로 작업해야 할 때 필요한 유용한 기술을 알게 됐다.

이제 다양한 루핑 클립이 디자이너가 선택한 2개의 음악 트랙에서 어떻게 분리되고 추출되는지 알게 됐으므로 다음 방법을 따라 music 이벤트에 추가해보자.

1. Chapter_7_Music 폴더로 돌아가 Music_Level_1.wav 파일을 드래그해 Audio 1 트랙의 music 이벤트 위에 드롭한다. 클립을 조정해 트랙의 초반부에서 시작하게 한다.

2. 마지막 숫자에 따라 순서대로 폴더에서 다른 Music_Level 클립마다 1단계를 반복한다. 그리고 모든 파일을 트랙에 드래그하고 나면 다음과 같은 화면이 뜰 것이다.

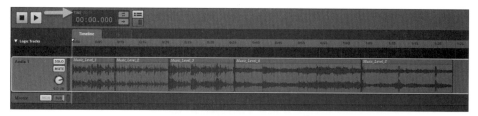

▲ Audio 1 트랙에서 Music_Level 클립 조정

3. 이벤트를 플레이하여 다양한 레벨을 통해 음악이 어떻게 플레이되는지 듣는다. 레벨 3과 4 사이의 전환이 매끄럽지 않은 것은 신경 쓰지 않아도 되며 나중에 다시 다룰 것이다. 다음으로 할 일은 제어 파라미터를 만들어 게임에서 만든 어댑티브 레벨마다 어떤 음악 레벨 클립이 플레이되는지 설정하는 것이다.

4. 메뉴에서 Timeline 옆의 + 버튼을 클릭해 메뉴에서 Add Parameter를 선택한다. Add Parameter 대화창이 뜨면, 파라미터의 이름을 'Adaptive_Level'이라 하고, 발자국 예제와 같이 범위를 [1~5]로 맞춘다.

5. Timeline 탭을 다시 선택해 클립 뷰로 돌아간다. 각 클립마다 우클릭(맥에서는 Ctrl+클릭)하고, 메뉴에서 New Loop Region을 선택한다. 5개의 모든 클립에 이 내용을 반복한다. 다음으로 마커 지점에서 루프 지점마다 아래로 드래그해 루프가 수직으로 차이를 두게 하면 다음과 같은 모습이 될 것이다.

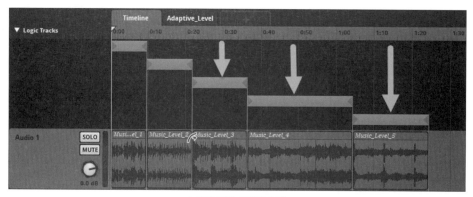

▲ 루프 지점 추가와 조정

6. Music_Level_1 클립의 상단에서 첫 번째 루프 지점을 선택해 덱 영역의 Conditions 패널을 살펴본다. Add Condition을 클릭하고 메뉴에서 Add Parameter Condition > Adaptive_Level을 선택한다. 다음과 같이 Adaptive_Level 컨디션 바^{conditions bar}를 1~1.5 사이로 설정한다.

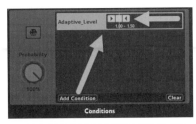

▲ 루프 지점에 루핑 파라미터 컨디션 추가

7. 레벨을 아우르는 조건 범위를 제외하고 다른 루핑 지점마다 이 작업을 반복한다. 예를 들어 레벨 2의 루핑 지점은 추가적인 조건 범위 1.5~2.5로 하고, 레벨 3은 2.5~3.5로 한다. 각 지점마다 루핑 조건의 설정을 마치면, 프로젝트를 빌드하고 저장한다.

8. 이제 유니티 에디터로 돌아가 Hierarchy 창에서 AdaptiveAudioManager 오브젝트를 찾는다. 해당 오브젝트에 FMOD Studio Event Emitter 컴포넌트를 추가하고 다음과 같이 파라미터를 설정한다.

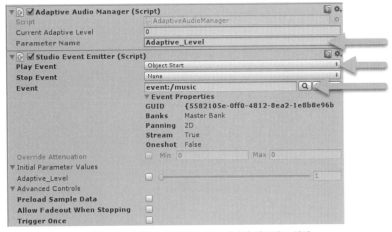

▲ 이벤트 이미터와 어댑티브 오디오 매니저 컴포넌트 설정

9. 파라미터의 설정을 마치면 플레이를 눌러 씬을 작동시키고 주변을 돌아다니며 음악의 변화가 있는지 주의를 기울인다. 테스트를 마치면, 씬을 멈추고 변경사항을 저장한다.

여러분이 이동하는 레벨의 다양한 지점에 따라 음악이 어떻게 반복되는지 알아챘는가? 자연스럽게 하는 것이 우리가 원했던 결과이지만, 레벨에서 음악이 다시 반복되지 않고 시퀀스에서 쉽게 이탈하는 문제들이 있다. 다음 절에서는 이 부분을 수정해보자.

 퀴즈

아래의 어댑티브 기술 중 FMOD를 지원하는 것은 무엇인가?

a) 버티컬 리믹싱(vertical remixing)
b) 크로스 페이딩(cross fading)
c) 프레이즈 브랜칭(phrase branching)
d) 음악 경계 브랜칭(musical demarcation branching)
e) 브리지 트랜지션(bridge transition)
f) 스팅어 기반 시퀀싱(stinger-based sequencing)

정답은 7장 마지막에서 알려줄 것이다. 5장의 내용을 보면 힌트가 있다.

▌ 타임라인과 스팅어의 전환

지금까지 어댑티브 음악은 단순하게 수평적이고 연속적인 직선으로 진행했다. 물론 게임 메카닉 없이는 플레이어가 레벨을 통과하기를 바랄 수가 없는데, 다행히 FMOD는 다양한 어댑티브 음악 기술을 수평적이고 연속적인 것부터 버티컬 리믹싱까지 지원하고, 결합도 허용한다. 여기서는 각 기술의 사용과 대안에 대해 알아보자.

이제 우리가 다룰 예제는 **프레이즈 브랜칭**phrase branching이라는 **수평적 재배열** 기술에 관한 것이며, 전환하는 방법이 단 하나다. 다음 설명을 따라 전환을 반대로 추가해 이 부분을 수정해보자.

1. Event Editor를 열고 뮤직 이벤트가 준비되어 있는지 확인한다. 마커 지점에서 우클릭(맥에서는 Ctrl+클릭)해 메뉴에서 Add Marker를 선택한다. 'Level 1'이라고 이름을 정하고, 첫 번째 루프 지점의 시작점으로 드래그한다. 다음과 같이 다른 모든 레벨 루프 지점에서 이 작업을 반복한다.

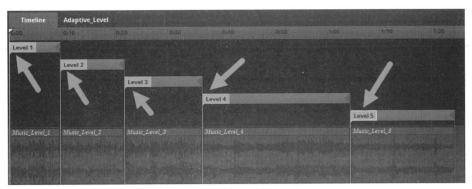

▲ 레벨 마커 추가 및 위치 설정

2. 레벨 루핑 지점 옆에서 우클릭(맥에서는 Ctrl+클릭)하고, 메뉴에서 Add Transition To ➤ Level 1을 선택하면 화살표와 함께 밝은 녹색의 전환 마커가 추가될 것이다. 다음과 같이 레벨 1 루핑 지점과 같은 레벨에서 마커를 레벨 2 루핑 지점 끝으로 이동시킨다.

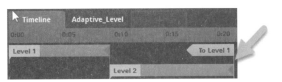

▲ 레벨 2 루프 지점의 마지막으로 전환 마커 설정

3. 마커를 선택하고, 창 하단의 Conditions 지점에서 Add Condition을 클릭한다. 메뉴에서 Add Parameter Condition ➤ Adaptive Level을 선택하고, 루핑 조건에서 했듯이 범위를 1~1.5로 설정한다.

4. 전환에서 우클릭(맥에서는 Ctrl+클릭)한 다음, 메뉴에서 Copy를 선택하고 레벨 3 루프 상단에서 우클릭(맥에서는 Ctrl+클릭)하고, Paste를 선택한다. 그러면 루프의 마

지막에 또 다른 전환 마커가 추가될 것이다. 레벨 4와 레벨 5 상단에도 전환이 생기도록 같은 과정을 두 번 반복한다.

5. 다른 레벨마다 2~5단계를 반복하고, 전환 조건이 옳은 범위에 있는지 확인한다. 작업을 모두 끝내고 나면 다음과 같은 화면을 볼 수 있다.

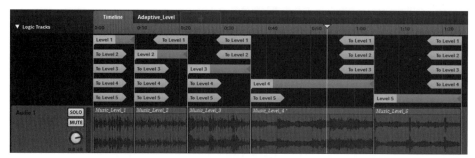

▲ 각 뮤직 레벨에 맞는 전환 마커 완료 뷰

> ℹ️ 작업의 속도를 높이기 위해 복사/붙여넣기를 사용하자. 중요한 부분은 각 마커의 조건이 레벨에 적합해야 한다는 것이다.

6. 작업을 마치면, 프로젝트를 저장하고 빌드한다. 유니티로 돌아와 플레이를 눌러 씬을 작동시키고 주변을 둘러보며 음악의 전환이 앞뒤로 더 나아졌는지 확인하자. 물론 완벽하지는 않으며, 완성도를 높이는 것이 다음 작업이 될 것이다. 테스트를 마치면 씬을 멈춘다.

레벨을 통과하는 것은 주변을 돌아다니며 걸리는 시간만큼의 가치를 주어야 한다. 이것은 최소한 **프레이징 브랜칭** 기술을 사용해 반복되는 구간을 만드는 데 시간이 얼마나 걸리는지를 결정하는 중요한 기능 중 하나다. 더 나은 기술을 꼽자면 **음악 경계 브랜칭**^{musical} demarcation branching 으로, 다음 단계에서 전환하게 해주는 탁월한 기술이다. 다음 설명을 따라 음악 경계 브랜칭을 사용해 현재 설정을 컨버팅하는 방법에 대해 알아보자.

1. Event Editor를 열고 wind 이벤트를 선택한다. 지난 예제에서 썼던 첫 번째 전환 마커를 선택하고 제거한다(다른 레벨 전환 마커에도 반복 작업을 한다). 마커 지점에

우클릭(맥에서는 Ctrl+클릭)하고, 메뉴에서 Add Transition Region To > Level 1을 선택한다. 그리고 새로운 지점을 선택해 창 하단의 Conditions 지점을 참조해 다음과 같이 새로운 Adaptive_Level 조건을 추가하고 Quantization^{양자화}을 설정한다.

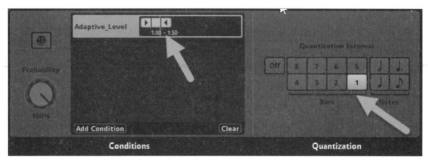

▲ 새로운 전환 지점 조건과 양자화 설정

> ℹ️ 이 경우에는 뮤직 바(musical bar)를 이용해 전환 타이밍을 나타내었다. 만약 음(note)의 표기법 또는 측정에 대해 잘 모른다면 10장 '작곡'에서 다룰 것이므로 걱정하지 않아도 된다.

2. 조건의 설정을 마치면 루핑 구간을 제외하고 전체 상단 부분을 커버하는 지점을 드래그한다. 그리고 남아 있는 레벨에 반복 작업을 한다. 작업을 완료하고 나면 다음 그림과 같을 것이다.

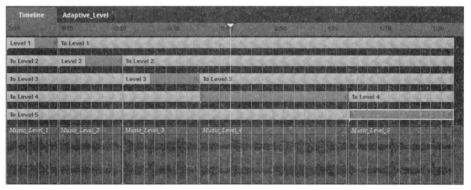

▲ 전환 마커를 전환 지점으로 변경

3. 복사/붙여넣기를 이용하면 작업을 좀 더 빠르게 마칠 수 있다. 정확한 조건과 양자화로 전환 지점의 설정을 모두 마치면, 프로젝트를 저장하고 빌드한다.

4. 유니티를 열고 플레이를 눌러 씬을 작동시킨 후 클립 사이에 전환이 더 빨라졌는지 확인해보면, 이것이 음악 경계 브랜칭 기술의 장점임을 알게 될 것이다. 테스트를 마치면 씬을 멈춘다.

 수정을 하고 난 후 너무 빠르면 양자화 값을 조정할 수 있으며, 다양한 전환 지점에 맞게 값을 다양하게 설정할 수 있다.

대부분의 경우 사운드가 좋았지만 개선하고자 하는 몇 가지 문제가 있었다. 레벨 1~3과 레벨 4, 레벨 5 사이의 전환은 자연스럽지 않았는데, 그 이유는 각기 다른 소스에서 추출했기 때문이다. 또한 다른 템포와 악기들로 구성됐기 때문이기도 하다. 이 부분을 설명하기 위해 전환 타임라인을 소개할 것이며, **크로스 페이딩**^{cross fading}과 **스팅어**^{stinger} 같은 수평적이고 연속적인 기술의 차이점을 알아볼 것이다.

먼저, 레벨 1~3부터 레벨 4 전환 지점까지 전환 타임라인에 크로스 페이딩을 어떻게 실행하는지 아래의 설명과 함께 살펴보자.

1. Event Editor로 가서 music 이벤트를 선택한다. 레벨 1~3 위의 Level 4 전환 지점에서 더블클릭한다. 그러면 타임라인 창이 열리고 작은 동그라미 아이콘이 전환 지점 마커의 마지막에 추가된다. 마우스로 타임 바^{time bar}를 움직여 타임라인 창을 조정하고, 화살표로 바뀌었을 때 2초 정도 창으로 드래그한다.

2. 다음으로 Level 4를 타임라인 쪽으로 반 정도 남겨두고 드래그한다. 중간에서 만나도록 반대편에서도 똑같이 드래그한다. 그리고 페이더^{fader} 커서가 뜰 때까지 마우스를 각 트랙의 가장자리에서 맴돌게 한다. 커서가 바뀌면 트랙 위로 드래그해 트랙의 포션^{portion} 이상의 페이드 레벨을 만든다. 다음 그림에서 자세히 나타내고 있다.

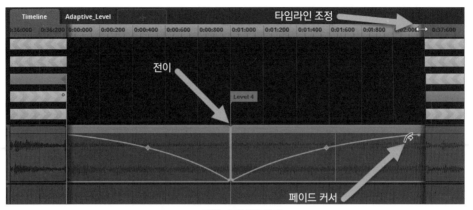

▲ 전환 타임라인 설정

 TIP 한 클립의 끝에서 다른 끝으로 드래그해 다양한 클립 사이에서 사라질 수 있다. 그리고 자동으로 생성되는 크로스 페이드 지점을 볼 수 있을 것이다.

3. 프로젝트를 저장하고 빌드한 다음 유니티 에디터로 돌아간다. 플레이를 눌러 씬을 작동시키고 1~3 지점에서 4 지점으로의 전환이 얼마나 매끄럽게 진행되는지 살펴보자.

레벨 4 전환의 문제점을 수정했으며, 레벨 5의 전환을 해결하기 위해 좀 더 수준 높은 기술을 다룰 것이다. 앞의 예제에서 했던 설명을 따라 진행해보자.

4. 이번에는 Level 5 전환 지점을 이용해 또 다른 전환 타임라인을 만들어보자. 타임라인 범위를 약 4초 정도로 하고 이전에 한 것처럼 크로스 페이드를 설정한다. 작업을 마치면, 다음과 같은 지점에 있을 것이다.

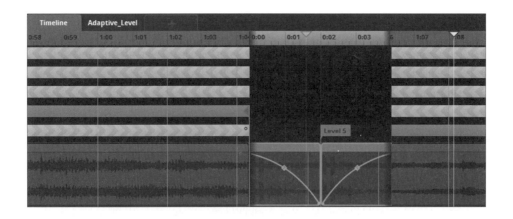

5. 이제 다른 트랙으로 짧게 바이올린 스팅어를 추가하면서 다른 레벨과 Level 5 사이에 전환을 줄 것이다. Audio 1 트랙에서 우클릭(맥에서는 Ctrl+클릭)하고 메뉴에서 **Add Audio Track**을 선택한다. Chapter_7_Music 폴더에서 stinger-violin.wav 파일을 드래그해 Level 5 전환 타임라인 다음에 있는 Audio 2 트랙에 드롭한다. 그러면 다음과 같은 화면이 뜬다.

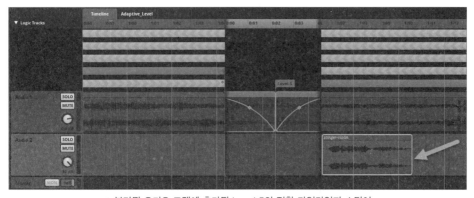

▲ 분리된 오디오 트랙에 추가된 Level 5의 전환 타임라인과 스팅어

6. 수정을 마치면 프로젝트를 저장하고 빌드한다. 그리고 유니티로 돌아와 씬을 작동시키고 테스트한 후 변경사항을 살펴본다. 원하는 지점에 추가적인 수정 작업을 해보자.

여기서 스팅어의 추가는 예제의 일부로 나왔지만, 사실 음악의 기본으로 클립 모음을 사용하고 있기 때문에 실제로 스팅어 기반의 시퀀스를 사용한 예제라고 할 수 있다. 어떤 길이의 뮤직 클립이든 사용할 수 있고 여기서 다뤘던 수준 높은 기술도 이용할 수 있음을 명심하자.

> 스팅(sting)은 짧은 음악 구절로서, 주로 구두점의 형태로 방송이나 영화에서 사용된다. 예를 들어, 스팅은 쇼의 정기적인 섹션을 소개하는 데 사용되거나 씬의 마지막을 암시하기도 하고, 극적인 클라이맥스가 임박했음을 알린다.
>
> – 위키피디아^{Wikipedia}

 퀴즈 정답

아래의 어댑티브 기술 중 FMOD를 지원하는 것은 무엇인가?

a) 버티컬 리믹싱
b) 크로스 페이딩
c) 프레이즈 브랜칭
d) 음악 경계 브랜칭
e) 브리지 트랜지션
f) 스팅어 기반 시퀀싱

FMOD는 보기에 있는 어떤 기술이든 지원할 수 있다.

요약

7장에서는 FMOD를 이용해 새로운 콘텐츠를 알아보고 검토해봤다. FMOD를 이용하는 고급 콘텐츠를 다양하게 알아보면서 툴을 사용해 게임을 개발하는 데 친숙해졌을 것이다. 그리고 작업했던 오디오 믹서로 환경 존을 복제해 다양한 자료를 다뤄봤다. 다이내믹 윈드를 추가해 존 예제의 다음 단계로 넘어가 FMOD 스크립트의 내용을 검토해봤고, 다시 어댑티브 오디오와 발자국 예제로 넘어가 FMOD를 사용해 향상된 기능을 추가해봤다. 다음으로 FMOD를 이용한 어댑티브 음악 작업에서 게임 레벨에 맞는 다양한 음악적 구절을 추출하고 리시퀀싱하는 기술들을 검토해봤다. 마지막으로, 수준 높은 전환 기술을 알아보면서 매끄럽게 전환을 진행하는 방법을 이해했다.

8장에서는 유니티로 돌아가 오디오를 어떻게 시각화하는지 알아보자. 음악의 비트나 주파수를 시각화하는 것은 게임에 새롭고 흥미로운 이펙트를 줄 수 있을 것이다.

08

게임 오디오 시각화

지금까지는 게임 비주얼을 향상하거나 게임 메카닉에 반응하는 데 중점을 두어 오디오를 사용했다. 기본적으로 바람 소리, 배경 음악, 도끼 던지기 같은 모든 오디오는 어떤 액션이나 활동의 결과로 사용됐다. 플레이어의 경험을 높이기 위해 게임 활동에서 오디오를 나누는 것이 전통적으로 오디오를 사용하는 방식이었다. 하지만 좀 더 다른 방식으로 접근해 오디오를 중심으로 게임 그래픽이나 플레이를 이끌어가면 어떨까? 물론 음악 게임으로 분류되어 음악 중심의 게임 플레이에 중점을 둔 장르가 이미 존재하기도 한다. 그러나 오디오 중심 게임 플레이나 시각화는 그것을 넘어 확장된 것이다. 8장에서는 오디오가 어떻게 그래픽 시각화를 구현하고 게임 메카닉과 플레이를 이끌어내도록 확장되는지 알아보자.

여기서는 다양한 그래픽의 시각화를 오디오로 조정하는 방법에 대해 살펴볼 것이다. 작업을 하기 위해 유니티가 제공하는 배경 기술과 툴에 대해 알아야 하므로, 기본 시각화 스크립트가 어떻게 만들어지는지 예제를 통해 살펴보자.

8장에서 다루는 내용은 다음과 같다.

- FFT 창으로 오디오 분석
- 오디오 시각화 검토하기
- 시각화 퍼포먼스와 윈도잉
- 오디오 기반 라이팅
- 마이크로폰 구동 시각화

8장에서는 주로 개발자에 중점을 두고 고급 스크립트 기술을 다루고 있다. 사운드 디자이너와 오디오 엔지니어는 무엇을 할 수 있는지 알기 위해 내용을 검토해보는 것이 좋다. 다소 어렵더라도 시도해보며 자신감을 갖길 바란다.

이전 장들과 달리 이번에는 새로운 프로젝트로 시작할 것이다. 여기에 나오는 예제는 독자들이 유니티를 확실히 이해하고 있다는 전제를 기반으로 한다. 그러므로 앞 장에서 다룬 내용을 잘 알고 있어야 하고 유니티에도 익숙해야 한다. 다음 절에서는 유니티에서 오디오를 시각화하는 방법에 대한 기초를 알아보자.

▌ FFT 창으로 오디오 분석

유니티는 플레이하는 오디오 소스를 분석하고 다양한 아웃풋 주파수 신호 레벨을 결정하는 능력을 갖고 있다. 여기에 나오는 수학은 꽤 복잡하지만, 이론과 배경을 이해하고 있으면 나중에 오디오 시각화 툴을 만들 때 도움이 된다. 그러므로 오디오가 시각화에 맞게 어떻게 분석이 되는지 그 이론을 알아보자. 먼저 오디오 신호의 구성을 살펴보자.

오디오 스펙트럼

푸리에^{Fourier}의 이론에서 '모든 신호는 사인의 합'이라고 말한다. 즉, 모든 신호는 사인 웨이브^{sine wave}(사인파)라고 하는 컴포넌트 사운드 웨이브로 구성되어 있다는 뜻이다. 다음의 그림을 통해 예시를 살펴보자.

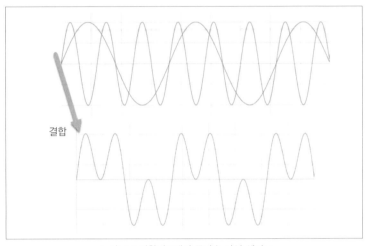

▲ 신호로 결합된 2개의 주파수 사인 웨이브

위의 그림은 2개의 주파수 사운드 웨이브가 단일 신호로 결합되는 예시를 보여준다. 주파수에서 분리되어 다른 것과 다른 하나의 사인 웨이브가 어떻게 만들어지는지 여전히 이해하기 힘들 것이다. 그래서 다음 표를 통해 단일 사인 웨이브의 형식으로 우리가 들을 수 있는 오디오 주파수 범위의 예시를 알아보자.

주파수 범위	주파수 값	샘플 사인 웨이브
초저역(sub-bass)	20~60Hz	https://packt-type-cloud.s3.amazonaws.com/uploads/sites/1086/2017/03/sine-wave-50hz.wav
저역(bass)	60~250Hz	https://packt-type-cloud.s3.amazonaws.com/uploads/sites/1086/2017/03/100hz.wav
중저역(low midrange)	250~500Hz	https://packt-type-cloud.s3.amazonaws.com/uploads/sites/1086/2017/03/300hz.wav

(이어짐)

주파수 범위	주파수 값	샘플 사인 웨이브
중역(midrange)	500Hz~2kHz	https://packt-type-cloud.s3.amazonaws.com/uploads/sites/1086/2017/03/1000hz.wav
중고역(upper midrange)	2~4kHz	https://packt-type-cloud.s3.amazonaws.com/uploads/sites/1086/2017/03/3000hz.wav
고역(presence)	4~6kHz	https://packt-type-cloud.s3.amazonaws.com/uploads/sites/1086/2017/03/5000hz.wav
초고역(brilliance)	6~20kHz	https://packt-type-cloud.s3.amazonaws.com/uploads/sites/1086/2017/03/10000hz.wav

 책에서 오디오 파일을 들을 수 없다면, http://teachmeaudio.com/mixing/techniques/audio-spectrum을 방문해 사인 웨이브의 오디오 스펙트럼을 들어보자.

위의 표에서 각 사운드 파일은 우리가 들을 수 있는 오디오 스펙트럼 또는 주파수 범위 내의 단일 사인 웨이브를 보여준다. 2장 '오디오 스크립트'에서 이펙트와 이퀄라이제이션에 대해 이야기할 때 오디오 스펙트럼은 초저역sub-bass 범위에서 시작했으며, 킥 드럼이나 트라이벌 드럼 사운드에서 들을 수 있는 낮은 톤으로 표현됐다. 초고역brilliance 또는 꿰뚫는 듯한 높은 톤에서는 귀를 다칠 수도 있으며, 모든 음이 그 사이에 존재한다. 다음은 주파수를 늘리기 위해 FMOD에서 발췌한 각각의 사인 웨이브를 보여준다.

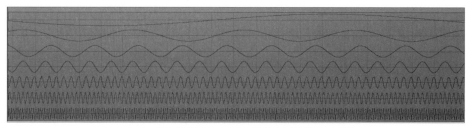

▲ FMOD에서 웨이브로 나타내는 각각의 사인 웨이브 클립

우리가 듣는 모든 사운드는 음악이나 사운드 이펙트 같은 오디오를 만들기 위해 추가된 다양한 톤과 사인 웨이브로 구성되어 있다. 이 책으로 작업하면서 유니티나 FMOD에서 사용하는 복합적인 사운드 웨이브의 형태를 봤을 것이다. 그러나 몇 가지 사항들을 더 알아보기 위해 다음 그림에 나타난 오디오 클립을 살펴보자.

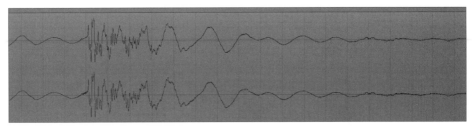

▲ FMOD에서 결합된 웨이브 형태를 보여주는 오디오 클립의 줌인 뷰

위의 그림은 FMOD에서 가져왔지만 음악 파일의 줌인 뷰를 보여준다. 클립의 초반에 단일 사인 웨이브처럼 보이는 것을 어떻게 알아볼 수 있을지 생각해보자.

이제 오디오 스펙트럼이 무엇인지, 오디오 신호는 어떻게 구성되는지에 대한 기본적인 사항을 알아봤다. 이것이 시각화된 사운드와 무슨 관련이 있는가? 오디오 신호를 측정 가능한 개별 사인 웨이브로 다시 나눈다면 어떨까? 앞으로 이 문제를 어떻게 해결할지 살펴보자.

FFT와 윈도잉을 이용한 신호의 해체

예상했듯이 오디오 신호를 컴포넌트 웨이브로 다시 나누는 작업은 수학적으로 간단하지 않다. 처리 과정은 간단한 삼각함수를 이용해 복잡한 함수를 나타내는 푸리에 분석이라는 연구에 기초해 진행된다. 이 개념을 처음으로 증명한 조제프 푸리에^{Joseph Fourier}의 이름을 따서 지은 것이다. 신호를 나누는 데 사용하는 알고리즘은 FFT^{Fast Fourier Transform}라고 불리며, 다양한 형태가 개발돼왔다. 물론 여기서 수학을 다루지는 않겠지만, 알고리즘의 작동법을 이해해두면 도움이 될 것이다.

FFT 알고리즘은 다음과 같이 시간에 기초한 신호를 주파수 컴포넌트 진폭으로 나누어
작업한다.

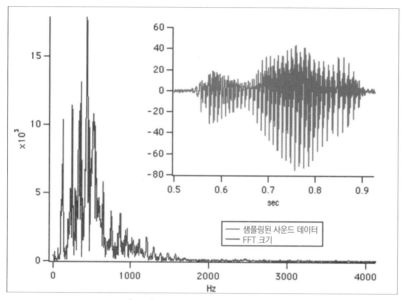

▲ 오디오 신호를 주파수와 진폭으로 나누는 FFT

위의 다이어그램은 FFT 알고리즘이 오디오 신호를 주파수 진폭 또는 개별적인 컴포넌트
웨이브의 진폭으로 변형하는 것을 보여준다. 그러나 다이어그램에도 나타나듯이 특정 데
이터 포인트를 측정하기는 쉽지 않으며, 이것은 데이터나 변형에 누출이나 이탈이 일어
나면서 유발된다. 다행히 **윈도잉**^{windowing}이라는 기술로 해결되며, 데이터를 측정 가능한
컨테이너나 창으로 변환하는 기능을 갖는다. 다음은 FFT에 적용된 해닝 창^{Hanning window}
함수의 예다.

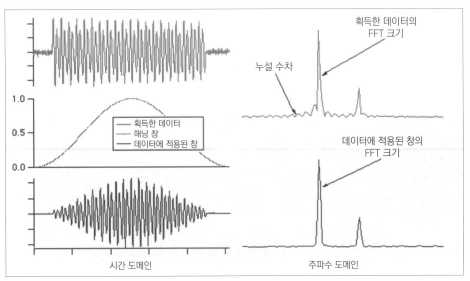

▲ FFT 크기에 적용되는 해닝 창

이 창 함수를 적용하면서 데이터를 측정할 수 있는 뚜렷한 채널로 나누게 되었고, 시간상 어느 지점에서든 오디오 신호의 주파수 표시를 읽을 수 있게 됐다. 다음 절에서는 오디오 신호 시각화 예제를 분석하면서 이러한 이론을 실행에 옮기는 방법에 대해 알아보자.

 수학에 흥미가 있다면, FFT와 윈도잉에 대한 다양한 정보를 온라인에서 찾을 수 있을 것이다. FFT에 관한 기본 수학을 설명해주는 링크는 다음과 같다.

https://betterexplained.com/articles/an-interactive-guide-to-the-fourier-transform

오디오 시각화 검토하기

여전히 FFT의 개념이나 활용이 복잡하게 느껴진다면 완성된 예제를 통해 좀 더 명확하게 알아보자. 수준이 높은 주제이므로 먼저 완료된 예제를 살펴보고 어떻게 작동하는지 알아본다. 다음의 설명에 따라 새로운 유니티 프로젝트에 챕터 애셋을 추가해보자.

1. 유니티를 열고 GameAudioVisualizations라는 새로운 프로젝트를 만든다.

2. 메뉴에서 Assets > Import Package > Custom Package를 선택하고 Import Package 대화창을 이용해 다운로드된 소스 코드의 Chapter_8_Assets 폴더에서 Chapter_8_Start.unitypackage를 가져온다.

3. 애셋을 가져오고 나서 Project 창에서 Chapter_8_Start 씬을 찾아 더블클릭해서 연다.

4. 씬이 로드되면 플레이를 눌러 작동시킨다. 씬을 플레이하면서 주의 깊게 들어보고, 색깔이 있는 큐브가 음악에 따라 커지고 움츠러드는 모습을 지켜본다. 씬이 플레이되는 모습은 다음과 같다.

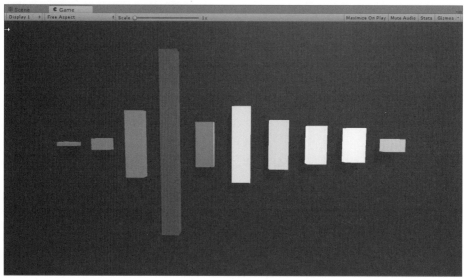

▲ 뮤직 플레이로 오디오 시각화 씬 구동

5. 잠시 들어보다가 설명할 준비가 되면 씬을 멈춘다.

6. Hierarchy 창에서 Visualizer 오브젝트를 찾아 선택하고 Inspector 창에서 오디오 소스 컴포넌트의 AudioClip을 다음과 같이 1000hz로 수정한다.

▲ 오디오 클립을 1000hz 사인 웨이브 오디오 파일로 설정

7. 플레이를 눌러 씬을 다시 작동시킨다. 1000hz의 단일 음이 들리고 다이어그램의 왼쪽에서 여섯 번째 청록색 큐브가 왼쪽에서 네 번째 짙은 파란색 큐브와 같은 크기로 커질 것이다. 테스트를 마치면 씬을 멈춘다.

여기서는 FFT 윈도잉 기능이 어떻게 음악이나 샘플 사인 웨이브의 주파수를 분리하는 데 사용되고, 그래픽적인 결과를 보여주는지 알아봤다. 그리고 이것은 고전적인 오디오 기반 스크린 세이버와 매우 유사하다. 다음 절에서는 어떻게 작동하는지에 대한 세부사항을 알아보자.

세부사항 알아보기

이제 완성된 데모를 봤으므로 다음 설명을 따라 어떻게 작동하는지 알아보자.

1. 유니티를 열고 **Project** 창에서 VisualizeSoundManager 스크립트를 찾아 더블 클릭해 원하는 에디터에서 연다. 이전 장들과 달리 전체 스크립트가 아니라 강조된 부분만 살펴볼 것이다.

2. 다음과 같이 Start 메소드를 스크롤해 시작한다.

```
void Start () {
    audioSource = GetComponent<AudioSource>();
    samples = new float[sampleNo];
    CreateFrequencyBins();
}
```

3. Start 메소드는 지금까지 한 것과 매우 유사하다. 먼저 audioSource 컴포넌트를 가져오고 samples라는 배열을 초기화한 다음, CreateFrequencyBins 메소드를 호출한다. 이것은 나중에 살펴볼 것이며, 다음에는 Update 메소드로 스크롤한다.

```
void Update ( ) {
    audioSource.GetSpectrumData(samples, 0, FFTWindow);
    BinSamples( );
    audioSource.GetSpectrumData(samples, 1, FFTWindow);
    BinSamples( );
}
```

4. 알다시피 Update 메소드는 모든 프레임마다 작동하며, GetSpectrumData라는 특정 메소드를 오디오 소스에 호출할 수 있다. 예상할 수 있듯이, GetSpectrumData는 FFT 윈도잉 함수로서 오디오 신호를 현재 플레이하고 있는 파일로부터 samples라는 실수^{float}의 배열로 나눈다. 메소드로 넘어가는 배열은 64, 128, 256, 512⋯ 순으로 특정한 규격에 맞아야 한다. 특별한 메소드이므로 다음 다이어그램에서 각 파라미터를 자세하게 나누어봤다.

5. 샘플 배열이 어떻게 초기화되는지는 이미 살펴봤다. 채널은 측정하기를 원하는 오디오 채널을 나타낸다. 다음으로 오는 것은 FFTWindow라는 파라미터이며, 신호를 측정하기 위해 사용하고 싶은 윈도잉 함수의 타입을 나타낸다. 나중에 이것에 대해 알아볼 것이다.

6. 스크립트의 나머지 세부사항으로 들어가기 전에 유니티로 돌아가서 Inspector 창에서 컴포넌트의 환경이 설정되는 방법을 살펴보자. Visualize Sound Manager 컴포넌트를 보는 동시에 씬을 멈추기도 하고 작동시키기도 하면서 컴포넌트의 변화에 주의를 기울인다. 다음은 컴포넌트가 작동할 때와 작동하지 않을 때를 보여주는 스크린샷이다.

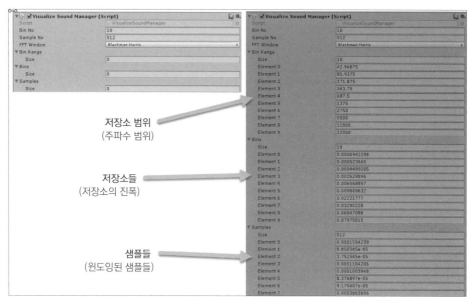

▲ VisualizeSoundManager가 작동할 때와 작동하지 않을 때

7. 작동할 때는 샘플 배열이 512 규격이고, 배열의 값은 샘플 비율 범위 47~ 24000Hz 중 약 47Hz의 주파수 단계에서 진폭을 나타낸다. 이 진폭을 그래프에서 비율로 시각화하면 다음과 같다.

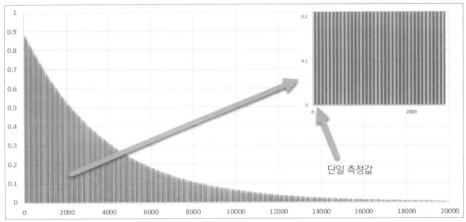

▲ 유니티의 GetSpectrumData로 측정한 오디오 신호의 간소화된 그래프

> ⓘ 그래프는 샘플 비율이나 플레이 비율에 따라 GetSpectrumData가 오디오 신호 데이터를 어떻게 측정했는지 보여준다. 비율과 주파수는 비슷하지만 스케일은 다르다. 그러나 목적에 맞게 작업을 단순화하기 위해 같은 주파수 스케일에 있다는 가정하에 진행하려고 한다.

8. 하지만 명확하지 않은 점은 첫 번째 바 측정이 초저역^{sub-bass}(20~60Hz)의 전체 범위를 다룬다는 것이다. 사실 앞의 오디오 스펙트럼 표에서 처음 4개의 스펙트럼 범위(sub-bass, bass, low midrange, midrange)가 첫 레이블인 2000에 있음을 알았을 것이다. 그러면 지금 무슨 일이 일어나고 있으며 어떻게 개선할 수 있을까?

해결 방법은 GetSpectrumData 메소드를 오디오 신호를 측정하는 직선의 형태로 되돌리는 것이며, 이것이 작동 방법이다. 문제는 우리가 선형 스케일에서 소리를 인지하지 못하고 로그 스케일에서는 인지할 수 있다는 점이다. 앞의 오디오 스펙트럼 표를 다시 살펴보고 이번에는 범위에 주의를 기울여보자. 다음은 로그 척도에서 초저역 범위를 보여주는 그래프다.

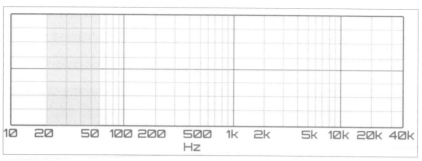

▲ 초저역 오디오 스펙트럼 범위를 강조하는 로그 그래프

오디오 신호를 적절하게 시각화하려면 GetSpectrumData에서 얻은 선형의 샘플 데이터를 로그 스케일로 전환해야 한다. 복잡하게 들릴 수 있지만 그렇지 않으며, 앞으로 우리가 살펴봐야 할 코드가 될 것이다.

9. Start 메소드에서 봤던 CreateFrequencyBins 메소드를 기억하는가? CreateFrequencyBins 메소드를 스크롤해 아래에서 간략하게 살펴보자.

```
private void CreateFrequencyBins()
{
    var maxFreq = AudioSettings.outputSampleRate / 2.0f;
    minFreq = maxFreq / sampleNo;
    binRange = new float[binNo];
    bins = new float[binNo];
    for (int i = 0; i < binNo; i++)
    {
        binRange[i] = LogSpace(minFreq, maxFreq, i, binNo);
    }
}
```

10. CreateFrequencyBins 메소드는 512 선형 샘플 포인트에서 데이터를 로그 스페이스에서 정해진 빈 또는 버킷으로 전환하는 주파수 범위를 만든다. 유니티를 다시 살펴보면 VisualizeSoundManager가 Bin No 설정을 10으로 했으며, 이것은 시각화를 위해 사용하는 색깔이 있는 큐브의 숫자와 같다. 이 메소드에서 중요한 코드를 자세히 살펴보자.

- var maxFreq = AudioSettings.outputSampleRate / 2.0f;: 이것은 데이터의 최대 샘플링 비율 또는 주파수를 결정한다. AudioSettings는 유니티 전역 변수로 믹서의 현재 샘플링 비율을 결정한다. 이 설정은 실행 시간에 조정이 가능하고, 조정을 통해 시각화를 깰 수도 있다.
- minFreq = maxFreq / sampleNo;: 최소 주파수 또는 샘플 비율을 계산한다.
- binRange[i] = LogSpace(minFreq, maxFreq, i, binNo);: 루프에서 이 코드는 LogSpace라는 메소드를 사용하는 binRange를 계산하고, 선형 스케일을 로그 스케일로 전환한다.

11. 중요한 부분은 Bin No 파라미터가 큐브, 라이트, 라인 및 오디오 시각화를 표현하는 데 사용하는 무엇이든지 그 개수를 결정한다는 것이다. 그러나 오디오 스펙트럼이 어떻게 시각화하는지 결정하는 요소이므로 값을 어떻게 설정할지에 주의를 기울여야 한다.

> ℹ️ 앞에서 다뤘던 부분이 중요하긴 했지만, 스크립트의 나머지 부분에도 흥미를 느끼는 독자가 있을 것이다. VisualizeSoundManager는 시작점으로서 개발자가 여기서 다뤘던 내용을 기반으로 만들 수 있게 도와준다.

퍼즐의 마지막 조각은 큐브 시각화를 실행하는 스크립트를 살펴보는 것이다. Project 창에서 VisualScaler 스크립트를 찾아 선호하는 에디터에서 연다. 다음 코드를 살펴보자.

```
using UnityEngine;

public class VisualScaler : MonoBehaviour
{
    public float scale;
    public int bin;

    void Update()
    {
        var val = VisualizeSoundManager.Instance.bins[bin] * scale;
```

```
        transform.localScale = new Vector3(1.0f, val, 1.0f);
    }
}
```

위에서 봤듯이 스크립트는 매우 단순하다. 두 줄의 public 변수는 scale과 bin을 설정한다. bin은 VisualScaler에서 bins 변수의 인덱스 값을 나타낸다.

모든 액션은 Update 메소드에서 진행되며, 스크립트는 포지션 집합을 기반으로 bin에 맞는 값을 VisualizeSoundManager에서 가져온다. 범위에서 원본 값이 아주 작기 때문에 스케일 팩터는 값을 수정하는 데 사용된다. 그리고 앞에서 계산한 val 변수에 기초해 transform.localScale이 설정된다. 앞의 스크립트 버전에서는 Y만 조정됐지만, 이번에는 어떤 스케일 조합이든 사용 가능하다. 스크립트의 마지막 라인을 다음과 같이 수정해보자.

```
transform.localScale = new Vector3(1, val, val);
```

스크립트를 저장하고 유니티로 돌아가 씬을 작동시켜보자. 약간의 수정만으로 시각적으로 얼마나 많이 바뀔 수 있는지 눈여겨보자. 스크립트에 다른 요소를 추가하고 바꿔보면서 스크립트를 자유롭게 수정해보자.

이제 오디오 시각화의 기본 사항을 알아봤으므로, 퍼포먼스에 대해 알아볼 차례다. 오디오 시각화는 고달픈 과정이며, 다음 절에서는 시각화를 이용하는 퍼포먼스 팁을 몇 가지 알아보자.

▌ 시각화 퍼포먼스와 윈도잉

지금까지 Update 메소드에서 GetSpectrumData를 두 번 호출했다. 이제 호출을 통해 어떤 작업이 이뤄지는지 알게 되면서 비용이 꽤 발생한다는 사실도 알았을 것이다. 좀 더 빠르게 호출할 수 있는 방법도 있긴 하지만, 언제나 그렇듯이 시각화를 통해 치러야 할

대가가 있다. 만약 그 방법대로 해서 게임 씬이 적합하지 않은 프레임 비율로 작동된다면 결과가 더 낫다고 할 수 없다.

 모바일 플랫폼에 맞는 오디오 시각화를 보고 싶다면 샘플을 64로 낮춰보자.

오디오 시각화 툴의 이펙트와 퍼포먼스를 개선하기 위해, 다음 설명을 따라 몇 가지 설정을 살펴보자.

1. 유니티로 돌아가서 Audio Source 컴포넌트 AudioClip을 시작할 때의 음악 트랙으로 설정한다. 그리고 플레이를 눌러 씬을 작동시킨다. 이것이 우리가 참고할 기본 제어가 될 것이다. 잠시 보고 들으면서 만족스럽다면 씬을 멈춘다.

2. 이번에는 Visualize Sound Manager의 Sample No를 64로 바꾼다. 씬을 다시 작동시키고, 시각화 차이가 있는지 살펴본다. 시각화의 대응이 좀 더 빨라졌지만, 왼쪽에 있는 큐브(빨강, 자홍, 보라)는 계속 움직일 것이다. 낮은 주파수 빈들이 스펙트럼을 더 포함시키기 위해 규격을 키우기 때문이다. 다음 그림에서 Bin Range 파라미터를 확장해 이 부분을 확인해보자.

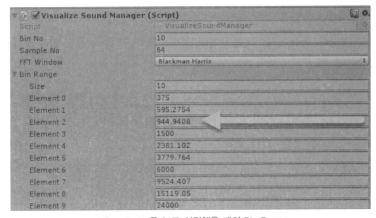

▲ Sample No를 64로 설정했을 때의 Bin Range

3. 씬을 멈추고, 값을 512로 다시 바꾼다. 씬을 다시 작동시키고 Bin Range 크기의 차이점을 알아보고 이것이 시각화에 어떤 영향을 주는지 살펴보자. 검토를 마치면 씬을 멈춘다.

4. 이제 Sample No를 4096으로 맞추고 씬을 작동시킨다. 시스템에 따라 두 가지를 알게 될 것이다. 하나는 이제 시각화 툴이 느리게 작동하지 않고 프레임 비율이 낮아졌다는 것이다. 두 번째는 64의 설정에서 봤던 시각화와 정반대의 현상을 보게 될 것이다. Bin Range를 보면 이 부분을 확인할 수 있으며 이번에는 범위가 아주 작을 것이다. 너무 작아서 왼쪽에 있는 큐브가 거의 움직이지 않는다.

5. 이 시점에서 Sample No를 64~4096 사이의 값으로 설정해보고 씬을 작동시켜보자. 기억할 점은 Sample No가 64, 128, 256, 512…와 같이 2의 승수가 돼야 한다는 점이다.

위에서 봤듯이 Sample No는 시각화가 어떻게 보이고 실행되는지에 중대한 영향을 끼치므로 해당 파라미터를 어떻게 설정하고 조정하는지가 중요하다. 마지막으로 FFT 창 설정도 시각화 및 퍼포먼스에 영향을 끼친다.

FFT가 신호를 변형하는 방법을 다시 살펴보면 데이터를 읽기 쉽게 도와주는 윈도잉이라는 마지막 단계가 있다. 윈도잉이란 단지 데이터를 정리하는 스마트 필터 기능을 적용한 것으로 생각할 수도 있지만 주로 주파수 범위에 전문화되어 있고, 다른 창 함수로 데이터를 다양하게 정리한다. 또한 다양한 창 함수는 신호가 처리되는 타입에 따라 다양하게 실행된다. 복잡하게 들릴 수 있으므로 시각화 툴에서 FFT 창 파라미터를 수정해 이 차이점들을 빠르게 살펴보자. 아래의 설명을 따라 FFT 창 파라미터를 수정한 후 테스트해보자.

1. 앞으로 다시 돌아가서 Audio Source에 있는 AudioClip을 sine-wave-50hz 파일로 바꾼다. 이 예제에서는 간단한 오디오 신호로 시작하면 차이점을 확인하기가 더 쉬울 것이다.

2. Visualize Audio Manager 컴포넌트에서 FFT Window 파라미터를 Rectangular로 바꾼다. 씬을 작동시켜 어떻게 보이는지 확인하고 씬을 멈춘다.

3. 다른 창 함수(Triangle부터 Blackman Harris까지)마다 2단계를 반복해서 실행하고 시각화를 어떻게 수정하는지 살펴보자.

> ℹ️ 보다시피, 차이점이 꽤 크기 때문에 **FFT Window**를 수정해서 노래 또는 다른 어떤 것에 기초한 다양한 양식을 만들어보고 싶을 것이다.

4. 3단계를 반복해서 실행하지만, 이번에는 Sample No를 64, 512, 1024로 조정해 모두 실행한다.

> 💡 **Stats** 창을 켜면 시스템에 따라 다양한 창 함수들 간의 퍼포먼스 차이점을 알게 될 것이다. 씬이 작동하고 있으므로 창을 켜기 위해 **Game** 뷰 상단의 **Stats** 버튼을 클릭한다. 그리고 Graphics/FPS(frames per second) 퍼포먼스를 찾아본다. 궁극적으로 FPS가 30 이하로 떨어지는 것은 원하지 않을 것이다.

5. 다시 돌아가서 다양한 사인 웨이브나 뮤직 클립으로 실행해보자. 이 시점에서 어떤 식으로 설정하든 본인의 시각적인 취향이 반영된 것이므로 설정 값에 있어 정답은 없다고 보면 된다.

8장에서는 수준 높은 개념을 설명하는 데 시간을 많이 할애했다. 하지만 오디오 시각화의 작동법에 대한 세부사항을 이해하면 나중에 새로운 시각화 툴을 만들 때 도움이 될 것이다. 다음에는 극적인 라이팅으로 큐브 샘플을 확장해보자.

오디오 기반 라이팅

오디오 시각화를 결합하는 기술적인 부분의 실행 예제를 살펴보고 나면 AV 마스터가 되는 방법을 알게 될 것이다. 오디오 그래픽 시각화 영역에서 중요한 역할을 하는 것 중 하나는 다름 아닌 라이팅^{lighting}인데, 극적이고 다이내믹한 라이팅을 씬에 추가함으로써 시각화를 더 높은 수준으로 만들 수 있다. 여기서는 오디오 기반 라이팅을 추가하는 방법에 대해 알아보려고 한다. 다음 설명을 따라 씬에 오디오 기반 라이팅을 추가해보자.

1. 유니티에서 Chapter_8_Start 씬을 연다. 메뉴에서 **File > Save Scene As**를 선택하고 **Save** 대화창을 이용해 Chapter_8_Lights를 Assets/GameAudio/Scenes 폴더에 저장한다.

2. **Hierarchy** 창에서 Directional Light를 찾아 게임오브젝트 확인란에 체크하지 않고 **Inspector** 창에서 활성화되지 않게 한다.

3. 메뉴에서 **GameObject > Create Empty**를 선택한다. **Inspector** 창에서 새로운 오브젝트를 'Lights'라 하고 **Add Component**를 이용해 **Light Controller** 컴포넌트를 추가한다. 다음과 같이 오브젝트의 속성을 설정한다.

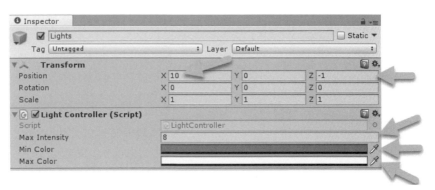

▲ Lights 게임오브젝트에 속성 설정

4. 색깔을 구분할 수 없거나 현재 색깔이 마음에 들지 않으면 **Color** 대화창을 이용해 다른 값을 선택할 수 있다. 유의할 점은 색을 선택할 때 **Min Color**는 색상 스펙트럼의 상단에 있어야 하고 **Max Color**는 하단에 있어야 한다는 것이다.

5. Lights 오브젝트에서 우클릭(맥에서는 Ctrl+클릭)하고 컨텍스트 메뉴에서 Create Empty를 선택한다. 새로운 오브젝트를 'Light_1'이라 하고 Add Component를 이용해 Light 컴포넌트를 추가한다. 다음과 같이 오브젝트의 속성을 설정한다.

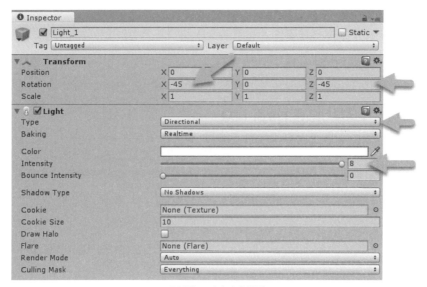

▲ Light_1 오브젝트 파라미터 설정

> ℹ️ 다양한 라이팅 기술을 보기 위해 수정할 수 있는 옵션이 매우 많다. 유니티 라이팅이 익숙하지 않다면 그러한 옵션들을 스스로 수정하고 플레이해보길 바란다. **Scene**과 **Game** 뷰에서 라이팅의 변화를 관찰하는 것도 도움이 될 것이다. 아래에 라이팅에 관한 유니티 튜토리얼 시리즈 링크가 있다.
>
> https://unity3d.com/learn/tutorials/topics/graphics/introduction-lighting-and-rendering

6. **Hierarchy** 창에서 Light_1 오브젝트를 선택하고 **Ctrl+D**를 입력해 복사한다. 이 과정을 8번 반복하여 10개의 자식 오브젝트를 만들어 Lights 오브젝트에 첨부한다. 다음 표를 이용해 오브젝트의 이름을 넣고 필요한 파라미터를 조정해보자.

이름	파라미터	값
Light_2	Transform.Rotation.X	45
	Transform.Rotation.Y	0
	Transform.Rotation.Z	45
Light_3	Transform.Rotation.X	45
	Transform.Rotation.Y	45
	Transform.Rotation.Z	0
Light_4	Transform.Rotation.X	−45
	Transform.Rotation.Y	45
	Transform.Rotation.Z	0
Light_5	Transform.Rotation.X	0
	Transform.Rotation.Y	−45
	Transform.Rotation.Z	0
Light_6	Transform.Rotation.X	0
	Transform.Rotation.Y	45
	Transform.Rotation.Z	0
Light_7	Transform.Rotation.X	45
	Transform.Rotation.Y	−45
	Transform.Rotation.Z	0

(이어짐)

이름	파라미터	값
Light_8	Transform.Rotation.X	0
	Transform.Rotation.Y	−45
	Transform.Rotation.Z	45
Light_9	Transform.Rotation.X	−45
	Transform.Rotation.Y	−45
	Transform.Rotation.Z	0
Light_10	Transform.Rotation.X	0
	Transform.Rotation.Y	45
	Transform.Rotation.Z	0

7. Inspector 창에서 Audio Visualization Manager 컴포넌트를 열고 Decay 파라미터를 .005의 값으로 조정한다. 파라미터는 컴포넌트의 하단에 있다.

> ⓘ Decay 파라미터는 시각화 툴이 측정한 값을 표시하는 시간의 양을 설정하거나 영향을 끼친다. 낮은 값은 매우 짧고 눈에 띄는 변화를 보여주고, 높은 값은 더 길어진 시간 동안 저하된 느린 변화를 보여준다. 이 파라미터의 최상의 값을 결정하는 것은 개인의 취향에 달려 있다.

8. 씬을 작동하기 전에 의사와 상의해보길 바란다. 광감수성 간질이나 감광성 질환을 앓고 있다면 주의해야 한다는 뜻이다. 이 씬에서는 섬광등을 사용하기 때문에 이것에 민감하다면 실행하지 않도록 하자.

> ⓘ 라이트 셰이더의 사용은 생략했다. 셰이더의 추가는 퍼포먼스에 중대한 영향을 끼칠 수 있기 때문이다. 시스템 퍼포먼스가 충분하다고 생각한다면 모든 라이트에 셰이더를 적용해보고 씬을 작동해보자.

9. 씬을 작동시키면 밝은 섬광등이 음악과 함께 리듬을 타는 모습을 보게 될 것이다. 물론 원하는 대로 이 부분을 수정할 수 있다. 테스트를 마치면, 씬을 멈추고 변경된 부분을 저장한다.

여기서는 기본적인 라이팅 기술을 이용해 시각화를 향상할 수 있는 방법을 알아봤다. LightController 스크립트는 여러분이 스스로 검토해보도록 놔둘 것이다. 이 스크립트는 앞에서 작업했던 스크립트와 유사하므로 개발자들이 다루기가 쉬울 것이다.

 퀴즈

다음 질문들에 대답해보자.

일반적으로 사람이 들을 수 있는 주파수의 범위는 무엇인가?

a) 10,000~20,000Hz

b) 20~20,000Hz

c) 20~2,000Hz

d) 300~9,000Hz

주파수 254Hz로 떨어지는 범위는 무엇인가?

a) sub-bass

b) opulence

c) brilliance

d) low midrange

FFT가 가리키는 것은 무엇인가?

a) Fast Frequency Transformation

b) Fast Fast Transform

c) Fast Fourier Transform

d) Fourier Frequency Transform

정답은 8장의 마지막에 나와 있다.

자신만의 라이팅 시각화 툴을 만들기 위해 씬을 자유롭게 수정해보자. 오디오 시각화의 완성된 예제는 Chapter_8_AV_End에서 제공되므로 열어서 살펴본다. 채널 0에 있는 큐브 및 채널 1에 있는 라이트와 함께 2개의 오디오 채널 시각화 툴을 제공하고 있으며, 이것이 여러분의 아이디어를 확장하는 데 영감을 주길 바란다. 다음에는 다양한 오디오 소스를 이용해 기본 씬을 확장해보자.

▌ 마이크로폰 구동 시각화

지난 십여 년간, 컴퓨터와 게임의 상호작용은 놀라울 정도로 진보해왔다. 2006년도 위^{Wii} 발매를 시작으로 게임의 주류는 전반적인 컨트롤러/키보드 중심에서 인간과 물리적인 상호작용으로 바뀌었다. 키넥트^{Kinect}로 이러한 진보를 이어오다가 최근에는 멀티 센서 모바일 기기가 출현한다. 게임에서 새로운 트렌드로 나타난 것은 목소리나 마이크로폰으로 제어하는 모바일 게임이다. 여기서는 마이크로폰을 이용해 이전의 라이트 시각화를 오디오 소스로 어떻게 전환할 수 있을지 살펴볼 것이다.

 마이크로폰이 없다면, 스피커나 헤드폰 잭을 이용해도 무방하다. 스피커를 마이크로폰 잭에 연결하면 어떤 종류의 신호는 소리를 질러야 할 수도 있지만 마이크로폰을 사야 하는 수고는 덜고 작업을 진행할 수 있을 것이다.

다음 설명을 따라 시각화 씬에 오디오 소스로 마이크로폰을 추가해보자.

1. 유니티 에디터에서 Chapter_8_Start.scene을 찾아서 연다.

2. 메뉴에서 Window > Audio Mixer를 선택해 믹서 창을 연다. 그리고 Mixers 목록 옆의 + 버튼을 클릭해 새로운 믹서를 만들고 'Master'라고 이름을 정한다. 새로운 마스터 그룹을 선택하고 Groups 옆에 있는 +를 클릭해 새로운 그룹을 만들고 'microphone'이라고 이름을 정한다. 작업을 마치면 Audio Mixer 창이 다음과 같을 것이다.

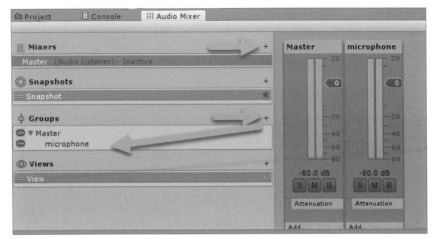

▲ 마이크로폰 마스터 믹서와 자식 그룹 만들기

3. microphone 그룹을 선택해 Inspector 창의 Volume 파라미터에서 우클릭(맥에서
   는 Ctrl+클릭)하고, 다음과 같이 메뉴에서 Exposed 'Volume (of microphone)' to
   script를 선택한다.

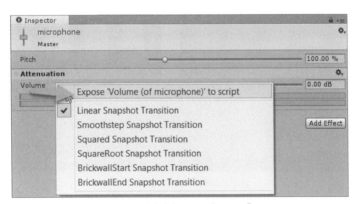

▲ 볼륨 파라미터를 스크립트로 노출

4. **Exposed Parameters**를 클릭해서 열고 **Audio Mixer** 창에서 드롭다운한 다음, MyExposedParam에서 더블클릭해 이름을 다시 짓는다. 다음과 같이 파라미터를 'MasterVolume'이라고 한다.

▲ MyExposedParam을 MasterVolume으로 변경

5. **Hierarchy** 창에서 Visualizer 오브젝트를 찾아서 선택한다. 그리고 **Add Component**를 이용해 MicrophoneListener 스크립트를 찾아서 오브젝트에 추가한다. 다음과 같이 **Audio Source**에서 컴포넌트 파라미터와 새로운 **Microphone Listener**를 설정한다.

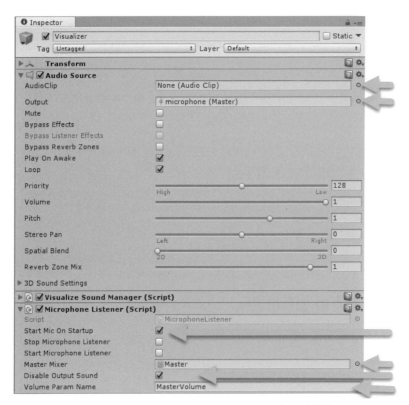

▲ Audio Source와 Microphone Listener 컴포넌트 파라미터 설정

6. 수정을 마치면 새로운 이름을 이용해 씬을 저장하고, 플레이를 눌러 씬을 시작한다. 마이크로폰으로 이야기하거나 소리를 내보고 목소리가 만들어내는 시각화를 지켜본다. 목소리를 이용해 색깔이 있는 모든 큐브를 움직일 수 있는가? 아니면 예상한 만큼의 범위로 이야기했는가?

7. 테스트를 마치면 씬을 멈춘다.

여기서는 MicrophoneListener라는 새로운 컴포넌트 스크립트를 이용해 오디오 소스를 전환해봤다. MicrophoneListener 스크립트는 단순히 유니티 Microphone 오브젝트를 이용해 실시간으로 오디오 믹서로 전송한다. 이 부분에 대한 자세한 내용은 다루지 않을 것이나, 관심이 있다면 개인적으로 검토해보길 바란다. 결론은 시각화를 실행하기 위해 실시간으로 마이크로폰 인풋을 분석하는 것이었지만, 게임을 제어하기 위해 어떤 방식으로 확장이 잘되는지 알 수 있는가?

완성된 게임을 만들기 위한 세부사항을 더 알아보지는 않겠지만, 목소리의 범위를 아는 것은 꽤 탁월한 능력이다. 그러므로 다음 장에서는 보컬 프로세싱과 시각화에 대해 자세히 알아볼 것이다.

 퀴즈 정답

정답은 굵은 글씨체로 표시했다.

일반적으로 사람이 들을 수 있는 주파수의 범위는 무엇인가?

a) 10,000~20,000Hz

b) **20~20,000Hz**

c) 20~2,000Hz

d) 300~9,000Hz

주파수 254Hz로 떨어지는 범위는 무엇인가?

a) sub-bass

b) opulence

c) brilliance

d) **low midrange**

(이어짐)

▌요약

8장에서는 사운드, 오디오 스펙트럼, 신호 처리에 대해 알아봤다. 오디오 신호를 시각화 표현으로 처리하기 위해 FFT 기술과 윈도잉이 어떻게 사용되는지 알아보고, 유니티에서 제공하는 기본 기능을 사용해 오디오 신호를 시각화하기 위한 비트 단위로 나누어봤다. 다음으로 라이트와 함께 극적인 시각 효과를 추가하면서 예제를 확장해봤다. 임포트한 오디오를 사용하지 않고 실시간 오디오 소스로서 마이크로폰을 이용해 게임을 제어하는 방법도 알아봤다.

9장에서는 보컬과 다이얼로그에 대해 알아볼 것이다. 보컬에 맞는 시각화 툴을 만들어보고, 보컬과 보컬 다이얼로그에 맞는 다양한 소스를 살펴보며 게임에서 활용하는 방법에 대해 알아보자.

09

캐릭터 립싱크와 보컬

실시간 캐릭터 립싱크는 캐릭터의 대화를 보여주기 위해 어느 게임에나 필요한 툴이다. 전통적으로 대부분의 캐릭터 립싱크는 애니메이터가 보컬 트랙을 사전에 녹음해 제작했다. 이 방법은 잘 돌아가고 여전히 선호하는 방법이긴 하지만, 캐릭터를 다이내믹하게 립싱크할 수 있게 되면서 전체를 애니메이션으로 모두 만드는 작업에 대한 수요가 감소했다. 캐릭터 립싱크는 이해하는 데 시간이 걸리는 수준 높은 개념이다. 하지만 앞에서 개발했던 오디오 시각화 기술을 확장해 무엇이 가능한지 보여주고 캐릭터 립싱크에 적용해 보려고 한다. 예제를 통해 립싱크 기술에 익숙해지고 나아가서 이것을 다른 환경, 캐릭터, 언어에 어떻게 적용할 수 있는지 알아보자.

9장에서는 오디오 시각화를 통해 알게 된 지식을 실시간 캐릭터 립싱크를 지원하기 위해 확장해볼 것이다. 그 과정에서 스피치와 애니메이션에 대한 기본 사항을 알아보고, 캐릭터 대화와 보컬 녹음 기술 몇 가지를 알아볼 것이다.

9장에서 다루는 내용은 다음과 같다.

- 실시간 립싱크
- 스피치와 음소
- 혼합 형태 애니메이션
- 실시간 캐릭터 립싱크
- 보컬 녹음

8장에서 마무리한 부분부터 시작할 것이므로, 앞 장을 검토해보지 않았다면 지금이라도 살펴보길 바란다. 처음에 이해할 수 있을 정도로 쉬운 내용이 아니라 수준이 높은 주제를 다루고 있기 때문이다. 하지만 지금까지의 내용을 잘 알아뒀다면 앞으로도 어렵지 않게 이해할 수 있을 것이다.

▌실시간 립싱크

스피치, 음소, 그리고 애니메이션에 대한 세부사항을 알아보기 전에, 앞에서 오디오 시각화를 개발했던 방법으로 캐릭터 립싱크에 적용해 간단한 예제를 만들어보자. 다음 설명을 따라 새로운 프로젝트를 만들고 설정해보자.

1. 유니티를 열고 GameAudio_Vocals라는 새로운 프로젝트를 만든다. 비어 있는 프로젝트를 초기화하고, 메뉴에서 Assets > Import Package > Custom Package 를 선택한 다음 파일 대화창을 이용해 다운로드된 소스 코드에서 Chapter_9_ Assets 폴더를 찾는다. 폴더에서 Chapter_9_Start.unitypackage를 선택하고 Open을 클릭해 애셋을 가져온다.

2. Project 폴더에서 Chapter_9_Start.scene을 찾아 더블클릭해서 연다. 필요하면 마이크로폰을 연결하고 플레이를 눌러 씬을 작동시킨다. 씬이 작동하기 시작하면 이야기를 하거나 소리를 만들어 색깔이 있는 큐브가 움직이는 것을 확인한다. Game 뷰는 다음 그림과 같다.

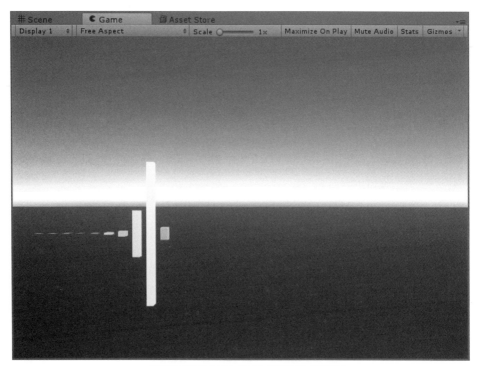

▲ 마이크로폰 리스너로 오디오 시각화 씬 업데이트

> 지금 보고 있는 것은 이전 장의 마지막 부분에서 다뤘던 마이크로폰 리스너 예제다. 이전과 바뀐 점이 있다면 스펙트럼 시각화 큐브가 축소되고 옆으로 이동했다는 점이다. 이렇게 함으로써 립싱크하는 캐릭터를 연결하는 동시에 예상대로 오디오 스펙트럼을 구별할 수 있게 해준다. 8장 '게임 오디오 시각화'를 살펴보지 않았다면 지금이라도 살펴보길 바란다.

3. 테스트를 마치면 씬을 멈춘다.

4. 메뉴에서 Window > Asset Store를 선택한다. Asset Store 창 페이지를 로드한 다음, 검색란에 'reallusion iclone'을 입력하고 엔터를 친다. 그러면 다음과 같이 3개의 iClone 캐릭터와 그 밖의 애셋들을 선택할 수 있다.

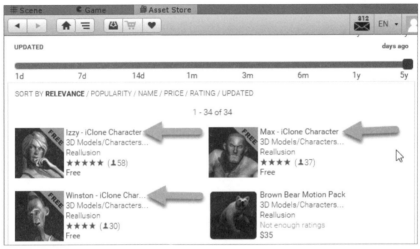

▲ iClone 캐릭터를 찾는 애셋 스토어

5. iClone 캐릭터(Izzy, Max, Winston) 중 하나를 선택한 다음, 애셋을 프로젝트로 다운로드하고 가져온다. 어떤 캐릭터든지 실행이 되지만, 책에서 다룰 예제는 Izzy 캐릭터다. 다른 3D 캐릭터 애셋과 달리 iClone 캐릭터는 나체가 아니다. 어떤 독자들에게는 여전히 Izzy나 Max가 비호감 캐릭터로 느껴질 수 있으므로 그럴 때는 Winston을 선택한다. Reallusion의 iClone 캐릭터는 시연을 목적으로 이용하고 있지만, 프로토타입에 맞는 탁월한 애셋 소스이기도 하다. 스토어에 있는 다른 캐릭터 애셋과 달리, 캐릭터들은 가볍고 어떤 플랫폼에서든 잘 작동한다. 자신만의 iClone 캐릭터를 갖고 싶으면 Reallusion 캐릭터 제작 플랫폼을 이용하면 된다. 제품을 테스트하고 싶다면 https://www.reallusion.com/iclone/game에서 이용 가능하다.

6. iClone 캐릭터를 가져온 다음 Project 창의 '캐릭터 이름/prefab' 폴더에서 애셋을 열면 다운로드한 캐릭터의 이름으로 저장되어 있다. 폴더에서 같은 이름의 프리팹을 찾을 수 있을 것이다. 다음과 같이 프리팹을 씬으로 드래그한다.

▲ iClone 캐릭터 프리팹을 씬으로 드래그하고 지정하기

7. 프리팹을 드래그한 다음 위의 그림과 같이 Transform Position을 0, 0, 0으로 다시 설정한다.

8. 다음과 같이 Hierarchy 창에서 RL-G6_JawRoot 오브젝트를 선택할 때까지 캐릭터의 오브젝트 계층을 확장한다.

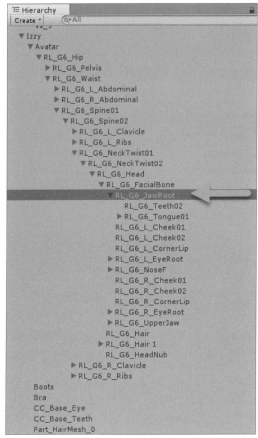

▲ 캐릭터 트랜스폼 뼈대 계층 확장

Hierarchy 창에서 오브젝트를 검색할 수 있지만, 오브젝트를 찾은 다음 검색란을 지워야 확장된 부분이 보일 것이다.

9. 다음으로 Inspector 창에서 Add Component를 이용해 Visual Transformer 컴포넌트를 추가하고 다음과 같이 값에 파라미터를 설정한다.

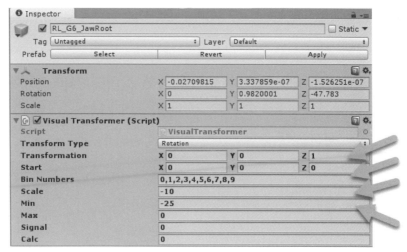

▲ Visual Transformer의 RL_G6_JawRoot 파라미터 설정

VisualTransformer는 앞에서 개발했던 VisualScaler 스크립트의 포괄적이고 확장된 버전이다.

10. 씬을 Chapter_9_LipSync로 저장하고 플레이를 누른다. 소리를 만들고 이야기를 하면, 큐브와 함께 캐릭터의 입 모양이 소리를 내면서 움직인다. 다음 그림에 예시가 나와 있다.

▲ 실시간 단순 캐릭터 립싱크 작동

11. 테스트를 마치면, 씬을 멈추고 프로젝트를 저장한다.

여기서는 실시간으로 캐릭터가 립싱크를 하는 매우 간단한 예제를 개발해봤다. 단순해 보일지는 몰라도 지금까지 학습한 내용을 고려해보면 뛰어난 가능성을 보여주는 부분이다. 물론 아직까지 캐릭터의 립싱크 수준은 복화술에 지나지 않지만, 다음에는 좀 더 실질적인 결과를 만들어보려고 한다.

▌ 스피치와 음소

이전 절에서 실시간 마이크로폰 입력을 이용해 캐릭터 립싱크 데모를 만들어봤다. 데모는 플레이하기에 재미있고 가능성을 보여줬지만, 실제 스피치로 볼 수는 없다. 무엇보다도 사람들은 말할 때 턱만 움직이진 않는다. 스피치와 발성은 후두, 혀, 입술, 치아의 동시적인 발생을 필요로 하는 복잡한 과정이다. 사운드를 시각화하는 방법을 아는 만큼 실제와 같은 립싱크 시뮬레이션을 만들기 위해 스피치 패턴의 핵심 요소를 알아둘 필요가 있다.

애니메이터들이 수년간 실제와 같은 립싱크를 실행해왔고, 스피치 애니메이션을 실행하는 다양한 방법들이 있기 때문에 활용하는 데 많은 도움이 될 것이다. 하지만 실시간 캐릭터 립싱크는 특이한 부분이 있고 제대로 동작하지 않는 부분도 있다. 다행인 것은 여전히 캐릭터 립싱크 애니메이션의 기본을 사용할 수 있고 우리의 목적에 맞게 적용할 수 있다는 점이다.

수년 전 애니메이터들은 음소phonemes 라고 하는 스피치의 기본 사운드가 특정한 얼굴 표정과 동일하다는 사실을 알게 됐다. 다음은 자주 쓰이는 음소와, 화자가 그 소리를 낼 때 입 모양을 보여주는 간단한 애니메이터 차트다.

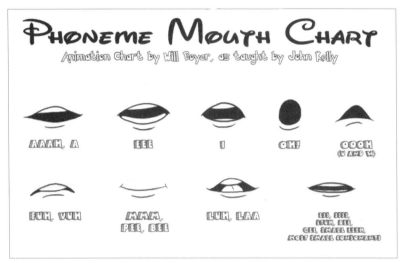

▲ 음소와 입 모양 차트

각각의 소리를 내면서 차트와 비교해보자. 음소마다 자신의 입 모양이 표와 비슷하다고 느껴지는가? 아마 아주 비슷할 것이다. 물론, 영어로 낼 수 있는 사운드에 맞는 다른 음소들(44개 이상)도 있다. 이번에는 다른 음소에는 신경 쓰지 않고, 차트에 보이는 9개의 음소에 대해서만 알아볼 것이다.

이 시점에서 신호 처리와 비닝^{binning} 시각화 코드로 캐릭터의 음소를 제어하기 위해 무엇을 해야 할지 의문이 생길 것이다. 여기서는 약간의 꼼꼼함이 필요하지만 아마 애니메이터가 하는 방법과 비슷할 것이다. 그 밖의 립싱크 툴도 있지만 이러한 툴들도 음소를 추출하기 위한 스피치 인식 API를 사용한다. 여기서 사용하는 오디오 애니메이션 접근법이 완벽하지는 않지만, 다른 언어나 스피치 패턴에도 적용할 수 있는 캐릭터 립싱크 툴을 제공한다.

가장 먼저 할 일은 오디오 시각화 빈에 앞의 기본 스피치 음소를 그리는 것이다. 다음 설명을 따라 보컬 베이스라인을 만들어보자.

1. 유니티로 가서 Chapter_9_VoiceTest를 열어 작동시킨다.

2. 표를 보고 마이크로폰에 각 음소를 크게 말한다.

음소	소리	빈
	AAAAAH, A	[0][1][2][3][4][5][6][7][8][9][10][11][12][13][14][15]
	EEE	[0][1][2][3][4][5][6][7][8][9][10][11][12][13][14][15]
	I	[0][1][2][3][4][5][6][7][8][9][10][11][12][13][14][15]
	OH!	[0][1][2][3][4][5][6][7][8][9][10][11][12][13][14][15]
	U AND W	[0][1][2][3][4][5][6][7][8][9][10][11][12][13][14][15]
	FUH, VUH	[0][1][2][3][4][5][6][7][8][9][10][11][12][13][14][15]

음소	소리	빈
	MMM, PEE, BEE	[0][1][2][3][4][5][6][7][8][9][10][11][12][13][14][15]
	LUH, LAH	[0][1][2][3][4][5][6][7][8][9][10][11][12][13][14][15]
	ESS, SSSS, DEE, GEE, EEEEH	[0][1][2][3][4][5][6][7][8][9][10][11][12][13][14][15]

3. 표를 따라 소리를 낸 다음, 소리를 확장하고 Console 창을 찾는다. 마이크로폰에 충분히 큰 소리로 말하면 최소 하나, 둘, 셋 이상의 바^{bar}를 볼 수 있을 것이다. 이것이 Console 창에 어떻게 나오는지 다음 그림에 나와 있다.

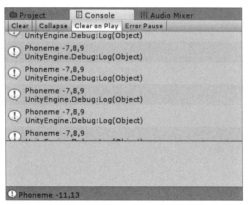

▲ 음소를 소리낼 때 현재 활성화 중인 출력 로그 표시

4. 다시 표로 작업하면서 이번에는 Console 창에 나오는 숫자를 보이지 않게 하거나 표시해본다. 이것은 그 음소로 말할 때 내는 소리와 일치하는 빈이다. 음소마다 1~4의 빈 넘버를 갖고 있다면 잘하고 있는 것이다. 각 음소마다 4개 이상의 빈 넘버를 갖는다면 Phoneme Controller 컴포넌트에서 Min Signal 파라미터를 높인다. 이 컴포넌트는 PhonemeController 게임오브젝트에 위치해 있다. 다음 Inspector 창에 오브젝트, 컴포넌트, 파라미터가 나와 있다.

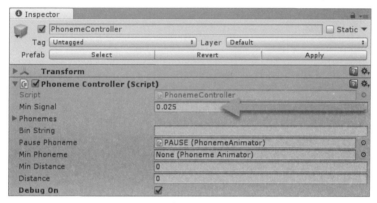

▲ Phoneme Controller에서 Min Signal 한계점 파라미터 조정

ℹ️ 씬의 시각화 툴에서 16개의 빈 또는 시각화 채널이 설정된 것을 볼 수 있다. 10개의 빈을 사용하면 오디오 비닝에서 구별이 잘 안 되고 너무 많은 오버랩이 생길 수 있으므로 위와 같이 진행한다.

5. 표에 값을 채워 넣었으면 씬을 멈춘다. 표에서 2개 이상의 음소 항목이 같은 빈 범위를 갖는 것을 알았다면 위에서 본 것처럼 Phoneme Controller에 있는 Min Signal 파라미터를 조정해 더 큰 값으로 옮긴다. 뚜렷한 패턴을 추출하기 위해 음소를 잘 표현해야 함을 명심하고, 되도록 에러가 적게 발생하도록 한다.

💡 **TIP** 빈 범위를 정하는 데 지속적으로 문제가 생긴다면, 소리로 표현하는 연습을 더 해보고 가상으로 음소를 소리 내는 동안 기록해본다. 그리고 빈 범위 응답을 지켜보는 동안 가능하면 동료에게 음소를 마이크로폰으로 읽어보도록 도움을 청해본다.

6. Project 창의 '캐릭터 이름/prefab' 폴더에서 iClone 캐릭터 프리팹을 찾는다. 이전 씬을 설정하는 데 사용했던 것과 같을 것이다. Hierarchy 창에서 프리팹을 드래그하고 Transform Position을 0, 0, 0으로 재설정한다.

7. 캐릭터의 계층을 확장하여 RL-G6_JawsRoot를 찾아 앞의 예제에서 한 것처럼 변형해보자. Add Component를 이용해 Bone Animator 컴포넌트를 찾아 추가한다. 다음과 같은 값으로 컴포넌트의 파라미터를 설정해보자.

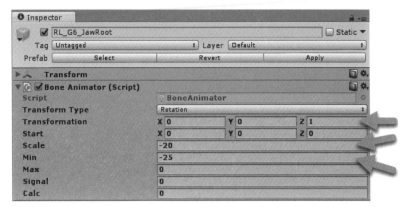

▲ Bone Animator 컴포넌트의 파라미터 설정

> ⓘ BoneAnimator 스크립트는 앞에서 사용했던 VisualTransformer의 변형된 버전이다. 차이점이라면 VisualTransformer는 VisualizeSoundManager에서 업데이트를 가져오고, **Bone Animator**는 **Signal** 세트에서 다른 컴포넌트에 의해 스스로 업데이트된다.

8. 편집을 마치면, 씬을 저장한다.

이제 기본 음소와 그 밖의 추가적인 설정에 맞는 사운드를 알아봤으니 실시간으로 립싱크 캐릭터 애니메이션을 업데이트하는 데 그 정보를 이용할 수 있을 것이다. 다음 절에서는 캐릭터에 어떤 음소를 쓸지 제어하는 데 빈 범위를 이용해볼 것이다.

▌블렌드 셰이프 애니메이션

첫 번째 예제에서는 캐릭터의 턱 변형 또는 애니메이션에서 뼈라고 하는 것을 만들어봤다. 단순한 립싱크 애니메이션 수준에서 뼈의 모양을 만들어봤지만 음소로 이해할 수 있는 얼굴 표정이 담긴 실제 스피치가 빠져 있다. 이제는 적합한 스피치 음소 애니메이션을 만들기 위해 캐릭터의 얼굴 근육을 제작하고 제어해야 한다. 다행히 애니메이터들은 블렌드 셰이프blend shape를 사용해 이 문제를 해결한다. 실제처럼 보이는 립싱크 애니메이션을 만들기 위해 블렌드 셰이프에 대해 알아보자.

블렌드 셰이프 또는 버텍스당 모프per-vertex morph는 애니메이션 툴로 실행하는 동안 메시mesh의 버텍스를 휘어지게 하거나 수정하는 데 쓰인다. 보통 모델러modeler로 모델을 만들지만 서드파티 툴을 이용하기도 한다. 다음 그림의 왼쪽에서는 캐릭터의 뼈, 오른쪽에는 버텍스와 연결선wire을 보여주는 와이어 프레임 모델을 볼 수 있다.

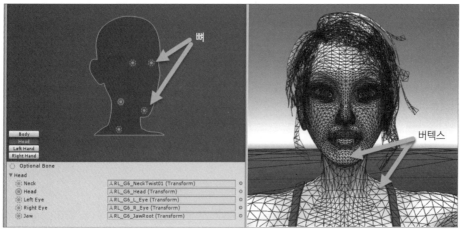

▲ 캐릭터 뼈 설정과 버텍스 와이어 프레임 비교

간단하게 설명하면 뼈와 버텍스당(블렌드 셰이프) 애니메이션의 차이점은 제어 포인트의 위치다. 뼈 애니메이션에서는 뼈와 버텍스로 둘러싸인 모든 부분을 제어하는 반면에, 블렌드 셰이프 애니메이션에서는 뼈로 제어하는 지점에서 버텍스들의 미세한 부분을 제어한다. 또 다른 예를 들면 뼈는 실제 뼈와 유사하고, 블렌드 셰이프는 근육과 유사하다.

이제 다음 설명을 따라 어떻게 캐릭터를 제어하는지 살펴보자.

1. 유니티로 돌아가서 Hierarchy 창에서 RL_G6_Body 오브젝트를 찾아 선택한다.

2. Inspector 창으로 가서 BlendShapes 목록을 확장하고 아이템을 스크롤한다. 보다시피 다양한 블렌드 셰이프가 캐릭터에 추가됐을 것이다. Inspector 창의 모습은 다음과 같다.

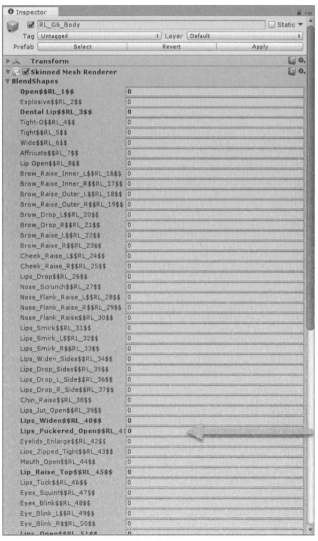

▲ 블렌드 셰이프의 목록

매우 많은 항목이 있으며, iClone 캐릭터에는 46개의 블렌드 셰이프가 있다. 더 많은 항목이 있지만 실행할 때는 46개의 블렌드 셰이프만 수정할 수 있다.

3. **Inspector** 창에서 강조한 블렌드 셰이프의 값을 [0,100] 사이로 조절해보고, 캐릭터의 입술이 바뀌는 모습을 지켜보자. 목록에 있는 그 밖의 블렌드 셰이프에도 같은 작업을 반복해서 캐릭터에 어떤 변화가 있는지 살펴본다. 블렌드 셰이프 설정을 100으로 했을 때의 캐릭터 이미지는 다음과 같다.

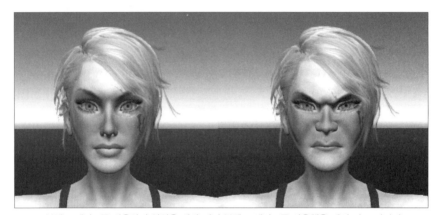

▲ 블렌드 셰이프를 사용하지 않았을 때와 여러 블렌드 셰이프를 사용했을 때의 비교 이미지

4. 이제 다양한 블렌드 셰이프를 이용해 앞에서 다뤘던 각 음소를 모델링하기 시작한다. 그리고 표에 있는 음소를 따라 한 블렌드 셰이프를 기록한다.

음소	소리	블렌드 셰이프(이름/설정)
	AAAAAH, A	
	EEE	

음소	소리	블렌드 셰이프(이름/설정)
	I	
	OH!	
	U AND W	
	FUH, VUH	
	MMM, PEE, BEE	
	LUH, LAH	
	ESS, SSSS, DEE, GEE, EEEEH	

예제에서 혀를 내미는 부분에 대해 걱정하지 않아도 된다. 혀는 다른 블렌드 셰이프의 분리된 메시를 사용한다.

5. 어떤 경우에는 음소를 따라 하기 위해 하나 이상의 블렌드 셰이프를 사용해야 할 때가 있다. 표에 있는 각 아이템을 작업한 후 값을 0으로 재설정한다. 음소를 다 따라 하고 나면, 모든 것을 다시 0으로 맞춘다.

예제를 완료하고 나면 음소가 추가되는 방법이나 말하고 소리를 내는 방법에 대해 제대로 이해하게 될 것이다. 다음 절에서는 앞에서 했던 모든 작업을 이용해 향상된 실시간 립싱크를 만들어보자.

▎ 실시간 캐릭터 립싱크

이제 앞에서 작업했던 내용을 토대로 실시간 립싱크 캐릭터를 설정해보자. 그러나 작업을 하기 전에, 이 메소드의 긍정적인 부분과 부정적인 부분을 알아둘 필요가 있다. 다음 표에서 이 부분을 살펴보자.

부정적인 측면	긍정적인 측면
• 보컬은 화자 또는 화자의 보컬 범위에 의존한다. 남성이 공유할 수 있는 보컬 사운드를 여성이 공유할 수 없는 경우가 생긴다. • 보컬 범위에 의존해 음소의 발성에 겹치는 부분이 있을 수 있다. 예를 들어, 화자가 내는 MMM과 U와 같은 발성으로 등록되지만 음소는 전혀 다르다.	• 실시간이고 다이내믹한 캐릭터 립싱크는 한 번 음을 맞추면 계속해서 재사용할 수 있다. 사전에 녹음된 보컬도 캐릭터 립싱크를 만드는 데 플레이할 수 있다. • 립싱크 시스템은 다른 언어, 방언, 목소리 왜곡에 쉽게 적용할 수 있고, 실제와 같으며 구조적이다. 특히 외계인이나 판타지 언어에 립싱크를 맞출 때는 더욱 유용하다. • 보컬을 음소로 맞추거나 블렌드 셰이프를 사용하는 방법, 이것들을 실시간으로 처리하는 지식은 이후에 다른 립싱크 기술에 쓰이기도 하고 스피치 발성에 대한 작업을 이해하는 데 도움이 되기도 한다.

기본적으로 **AAA**급 게임이나 영화의 CGI 이펙트에 캐릭터 립싱크를 제공한다면 이 시스템을 사용하겠는가? 아마도 아닐 것이다. 캐릭터 립싱크 작업을 하기 위해 종일 일하는 애니메이터를 고용할 때의 예산을 고려해야 하기 때문이다. 하지만 소규모 예산의 독립 회사를 운영하거나 프로토타입을 개발하는 개발자라면 이 시스템이 맞을 것이다. 또한 지금까지 알게 된 지식은 상용화된 립싱크 소프트웨어에서도 쉽게 사용이 가능하다.

 앞에서 언급했듯이 다른 실시간 캐릭터 립싱크 소프트웨어는 보컬에서 음소를 확인하는 스피치 인식을 이용한다. 이것은 수동으로 음소 보컬 차트를 만드는 단계를 제거하므로 누가 이야기하든 시스템이 동작한다. 스피치 인식 소프트웨어는 보통 하드웨어 플랫폼에 밀접하게 연관되어 있기 때문에 여기서 다양한 플랫폼의 가능성을 시험해보는 것은 불가능하다. 만약 스피치 인식을 주어진 실시간 립싱크 툴에 접목해보고 싶다면 개별적으로 시도해보길 바란다.

중요한 작업은 이미 실행했기 때문에, 실시간 립싱크에 맞게 캐릭터를 설정하는 일은 상대적으로 쉬울 것이다. 다음 설명을 따라 설정을 마무리해보자.

1. 유니티를 열고 작업하고 있던 마지막 씬으로 간다. Hierarchy 창에서 PhonemeController 오브젝트를 찾아 확장한다. 다음과 같이 오브젝트는 모든 음소와 새로운 두 가지를 포함하고 있다.

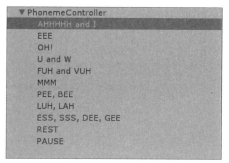

▲ 포함하고 있는 오브젝트를 보여주는 음소 컨트롤러 뷰

2. 자식 오브젝트에서 AHHHH and I 오브젝트를 선택한다. 그리고 Inspector 창에서 다음과 같이 Phoneme Animator 컴포넌트의 파라미터를 설정한다.

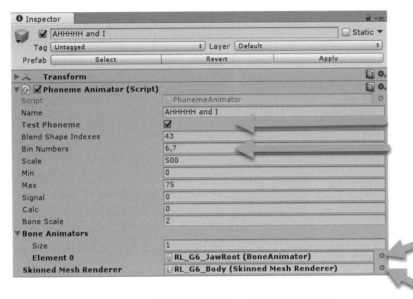

▲ Phoneme Animator 컴포넌트인 AHHHH and I에서 파라미터 설정

3. 지난 예제에서 썼던 블렌드 셰이프 인덱스를 설정하는 것에 대해 걱정할 필요가 없다. 음소 보컬 차트에서 썼던 빈 넘버를 설정한다. 그리고 각 넘버는 콤마로 분리되고 빈 공간이 없어야 하며, 컴포넌트의 하단에 있는 컴포넌트 슬롯이 정확하게 설정되어 있어야 한다.

4. 마이크로폰을 첨부해 씬을 작동시키고, AHHHH 사운드 발성 연습을 해보자. 빈 넘버를 정확하게 설정했으면 캐릭터가 여러분이 소리내는 음소를 만들어내는 것을 볼 수 있을 것이다. 테스트를 마치면, 씬을 멈추고 Test Phoneme 파라미터가 체크되지 않도록 설정한다. 한 번에 단일 음소만 테스트하도록 마지막 단계를 해보는 것이 중요하다.

> 🛈 씬을 작동시키고 아무 변화가 없으면 Phoneme Controller에서 Debug On 파라미터가 참(true)으로 설정됐는지 확인해보자.

5. 각 음소마다 2~4단계를 반복해 적용하는데, REST와 PAUSE 음소 오브젝트는 제외한다. 이 둘은 특별한 음소다. REST는 일반적으로 말할 때의 입 모양이고, PAUSE는 말하지 않을 때의 입 모양이다.

6. 전체 보컬 음소의 파라미터를 설정하고 나서, 다시 돌아가 REST와 PAUSE 음소 오브젝트에 Bone Animator와 Skinned Mesh Renderer 컴포넌트 슬롯을 설정한다.

7. 편집을 마치면, 씬을 작동시키고 스피치 또는 단어를 발성하는 연습을 한다. 전체 음소를 아우르는 단어의 범위를 시도해보자. 모든 것이 제대로 설정됐다면, 캐릭터 립싱크가 여러분의 스피치 발성과 거의 맞아야 한다. 몇몇 사운드에서 변수가 있을 수 있지만 크게 신경 쓰지 않아도 된다.

8. 현재의 블렌드 셰이프 설정이 만족스러우면 그것을 계속 사용하자. 하지만 그중 몇 가지를 개선하고 싶거나 이전에 썼던 블렌드 셰이프 설정을 사용하고 싶다면, 테스트 모드에 있는 각 음소로 돌아가서 Blend Shape Indexes 파라미터 설정을 수정한다.

   주의: 메시의 인덱스 넘버는 실제 인덱스 값으로 정렬되어 있지 않다. Inspector 창에서 RL_G6_Body 오브젝트를 열어 값을 설정하고 인덱스가 정확하게 설정되어 있는지 체크한다. 예제는 다음과 같다.

▲ 실제 인덱스에 비해 지정된 차이점 표시

9. 각 음소에서 새로운 블렌드 셰이프 인덱스 설정을 마치면, PAUSE 오브젝트를 열고 다음과 같이 목록에서 사용했던 인덱스 넘버를 설정한다.

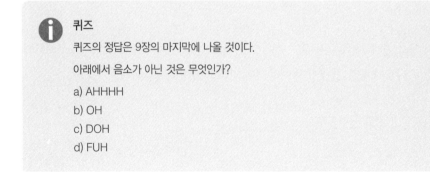

Phoneme Animator (Script)		
Script	PhonemeAnimator	
Name	PAUSE	
Test Phoneme	☐	
Blend Shape Indexes	31,43,32,37	
Bin Numbers	0,1,2,3,4,5,6,7,8,9,10,11,12,13,14,15	
Scale	0	
Min	0	
Max	75	
Signal	0	
Calc	0	
Bone Scale	0	
▼ Bone Animators		
Size	1	
Element 0	RL_G6_JawRoot (BoneAnimator)	
Skinned Mesh Renderer	RL_G6_Body (Skinned Mesh Renderer)	

▲ PAUSE 음소에서 재설정을 위해 블렌드 셰이프 인덱스 설정

PAUSE 음소는 발성이 없도록 재설정하는 데 사용됐다. 그러므로 다른 음소에 의해 수정될 수 있는 어떤 블렌드 셰이프든 재설정할 수 있다.

10. 편집을 마치고 나면, 테스트를 멈추고 씬을 다시 작동시킨다. 이 시점에서 립싱크의 결과에 만족하길 바라지만, 만약 그렇지 않다면 원하는 대로 설정을 다시 맞춘다. 그리고 립싱크 시스템의 한계를 인식하자.

이제 모든 설정이 끝났고 보컬이나 다른 어떤 소리를 따라 하는 뛰어난 립싱크가 만들어졌을 것이다. 립싱크 시스템으로 작업하는 데는 한계가 있지만, 스피치 인지 API에서 알아낸 것처럼 더 나은 음소 추적 알고리즘으로 극복할 수 있는 문제이기도 하다. 새롭고 다양한 스크립트를 열어보고 작동법을 이해하는 것은 독자의 몫으로 남겨두려고 한다. 다음에는 캐릭터 립싱크 시스템을 통해 유니티로 보컬을 녹음해 나중에 재생할 수 있게 해보자.

> 🛈 **퀴즈**
>
> 퀴즈의 정답은 9장의 마지막에 나올 것이다.
>
> 아래에서 음소가 아닌 것은 무엇인가?
>
> a) AHHHH
>
> b) OH
>
> c) DOH
>
> d) FUH

눈의 깜박거림을 만들기에 가장 좋은 방법은 무엇인가?

a) 눈의 뼈를 만들기

b) 눈의 블렌드 셰이프 만들기

c) 눈꺼풀 블렌드 셰이프 만들기

d) 눈 깜빡거림 블렌드 셰이프 만들기

캐릭터 립싱크에서 핵심 요소가 아닌 것은 무엇인가?

a) 보컬에서 음소 추적

b) 캐릭터 뼈 또는 블렌드 셰이프 만들기

c) 화자의 입 크기

d) 화자의 언어

보컬 녹음

실시간 립싱크 시스템이 어떻게 동작하는지 알아봤으므로 게임 캐릭터에 립싱크 보컬을 적용해보고 싶을 것이다. 그러기 위해 보컬과 그 밖의 사운드를 녹음해야 한다. 다른 오디오 녹음 소프트웨어를 사용하는 대신 유니티를 이용해 직접 오디오를 녹음하면 어떨까? 그렇게 하면 아티스트 폴리가 했던 것처럼 게임에서 사운드를 녹음하는 녹음 시스템을 이용할 수 있을 것이다.

유니티를 열고 다음 설명을 따라 녹음 씬을 만들어보자.

1. 메뉴에서 File > New Scene을 선택한다.

2. 새로운 씬이 만들어지면, 메뉴에서 GameObject > Create Empty를 선택해 Hierarchy 창에서 새로운 오브젝트를 만든다. 이 오브젝트의 이름을 'Recorder' 라고 정하고, Transform Position을 0으로 맞춘다.

3. Project 창에서 MicrophoneRecorder 스크립트를 찾아 Hierarchy 창의 Recorder 오브젝트로 드래그한다. 그러면 오브젝트에 새로운 Audio Source와 Microphone Recorder 컴포넌트가 자동으로 추가될 것이다.

4. 다음과 같이 Microphone Recorder 컴포넌트에서 파라미터를 설정한다.

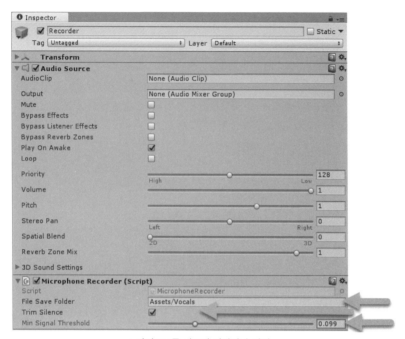

▲ 마이크로폰 리코더 파라미터 설정

> ℹ️ 파라미터의 설정을 통해 녹음된 파일이 저장되게 하고, 무음의 시작 또는 끝 부분을 정리한다. 무음을 정리하는 것은 녹음하는 데 유용하고 작업을 나중에 할 필요가 없어진다. 또한 **Min Signal Threshold**는 적합한 녹음 공간이 없을 때 야기되는 배경 소음이나 그 밖의 소음을 차단한다. 물론 더 나은 방법들도 있으므로 10장 '작곡'에서 그중 하나를 살펴볼 것이다.

5. 준비가 되면 씬을 작동시키고 시작되면 Game 뷰에서 Record 버튼이 보인다. 버튼을 클릭해 녹음을 시작하고 Stop 버튼을 눌러 멈추고 저장하거나 녹음을 플레이한다. 인터페이스 버튼은 다음과 같다.

▲ 마이크로폰 리코더 스크립트를 위한 버튼 인터페이스

6. **Stop and Play!** 버튼을 클릭하면 오디오가 녹음되지 않으므로 어떤 버튼을 누를지 신중하게 결정한다. **Stop and Save!** 버튼을 클릭하면 오디오 웨이브 파일이 Assets/Vocals 폴더에 저장될 것이다. 이 폴더에서 파일을 볼 수 없다면 우클릭(맥에서는 Ctrl+클릭)해 컨텍스트 메뉴에서 **Refresh**를 선택하여 유니티에서 폴더 콘텐츠를 다시 정리한다.

7. 녹음을 마치면 씬을 멈춘다. 녹음한 것은 Assets/Vocals 폴더나 설정한 곳에 있으며 자동으로 번호가 매겨져 있을 것이다. 클립 중 아무거나 골라 **Inspector** 창 하단에 있는 미리보기 패널에서 플레이할 수 있다.

이제 유니티에서 보컬이나 오디오를 빠르게 녹음할 수 있게 됐다. 여기서 해당 스크립트를 살펴보지는 않을 것이다. 스크립트가 복잡하기도 하고, 여러분이 개발자일 때만 흥미로울 수 있는 부분이기 때문이다. 원하는 대로 녹음 스크립트를 확장해 적용해보는 것은 여러분의 몫이다.

 퀴즈 정답

정답은 굵은 글씨체로 표시되어 있다.

아래에서 음소가 아닌 것은 무엇인가?

a) AHHHH

b) OH

c) **DOH**

d) FUH

(이어짐)

요약

9장에서는 8장에서 개발한 오디오 시각화 기능을 실시간 캐릭터 립싱크로 확장했다. 처음에는 기본 오디오 시각화 툴을 이용해 새로운 립싱크 예제를 만들어보고, 그 과정에서 스피치 음소를 이해하면서 립싱크를 좀 더 현실적이고 자연스럽게 만들 수 있는 방법을 살펴봤다. 그리고 오디오 시각화 툴을 이용해 스피치 음소를 분류하는 방법을 이해하기 위해 예제를 다루고 그것을 통해 뼈와 블렌드 셰이프 애니메이션을 이용해 캐릭터의 턱과 얼굴 근육을 만들어야 할 필요를 느끼게 됐다. 또한 기본 스피치 음소마다 모델을 살펴보기도 했다. 이러한 학습을 통해 모든 자료를 통합해 실시간 립싱크를 테스트해봤다. 마지막으로, 마이크로폰을 이용해 직접 유니티로 녹음하는 컴포넌트도 살펴봤다.

10장에서는 오디오 개발에서 더 근본적인 영역인 '작곡'에 대해 알아볼 것이다. 게임에 맞는 사운드와 음악을 작곡하는 다양한 기술과 방법을 알아보자.

10

작곡

뛰어난 사운드 이펙트와 음악을 접할 수 있는 무료 웹사이트 대부분은 아티스트의 데모와 포트폴리오로 채워져 있으며 그들의 상품이나 재능을 보여주고 있다. 약간의 이펙트와 음악을 필요로 하는 경우에는 문제가 되지 않으며, 특히 게임을 어댑티브 음악으로 작업할 때 잘 맞는다. 하지만 자신만의 음악을 작곡하고 믹스하는 능력이 필수다. 작곡에는 추가적인 지식과 시간이 필요하지만, 탁월한 소프트웨어가 있다면 생각만큼 어렵지는 않다. 게다가 잘 모르는 상태에서 작곡할 시간이 부족할 때 음악 이론의 기초와 작곡에 대해 이해하고 나면 더 나은 어댑티브 음악 디자이너 또는 개발자가 될 수 있다.

10장에서는 음악과 사운드 작곡을 해보려고 한다. 먼저 **리퍼**^{Reaper} 라는 작곡 툴을 다운로드한 후, 음악 이론의 기초와 작곡에 대해 알아볼 것이다. 그리고 개성 있는 악보를 만들어보고 녹음해본다.

10장에서 다루는 내용은 다음과 같다.

- 리퍼로 시작하기
- 미디와 가상 악기
- 기본 음악 이론
- 작곡 개선하기
- 음악과 보컬 녹음

여기서는 유니티나 FMOD와 관계없이 이러한 소프트웨어의 내용에 주목해볼 것이다. 이 장으로 바로 넘어왔지만 오디오 믹싱에 대해 기본적인 이해가 가능하면 계속 진행해도 무방하다. 하지만 오디오 믹싱에 대한 배경지식이 없다면 책의 첫 장으로 돌아가서 3개 장 정도를 검토해본다.

▌ 리퍼로 시작하기

작곡을 위한 툴에는 무료로 이용할 수 있는 기본 툴에서부터 모든 기능이 가능한 고가의 전문적인 툴까지 다양한 작곡 툴이 많다. 리퍼는 전문적인 고급 툴이지만, 가격이 합리적이고 60일의 시험 사용기간을 제공한다. 개인적인 생각이지만 무료로 제공하는 툴을 사용하면 중도에 그만둘 가능성이 크기 때문에, 다음 설명을 따라 리퍼를 다운로드하고 설치해 시작해보자.

1. 웹 브라우저에서 http://www.reaper.fm/을 연다.
2. 페이지 상단의 **Download Reaper** 링크를 클릭해 다운로드 페이지로 간다.
3. 페이지의 하단을 스크롤해 운영체제에 맞는 **Windows** 또는 **Mac** 버전과 32 또는 64비트를 선택하고, 링크를 클릭해 소프트웨어 다운로드를 시작한다.

리퍼의 리눅스 버전 설치는 WINE으로 지원한다. WINE은 호환 레이어로서, 리눅스 외에도
TIP 지원하는 윈도우 애플리케이션을 작동하게 해준다. https://www.winehq.org/에서 WINE
에 대해 더 알아볼 수 있다.

4. 소프트웨어의 다운로드를 기다린 후, 다른 애플리케이션과 마찬가지로 실행한다.

5. 소프트웨어를 디폴트 영역으로 설치하기 위해 소프트웨어 설치 유틸리티를 따른다.

6. 설치를 마치면 다른 애플리케이션과 마찬가지로 리퍼를 시작한다. 설치에 따라 소프트웨어는 자동으로 작동할 것이다.

7. 소프트웨어를 시작하면 다음 그림과 같은 인터페이스가 보일 것이다.

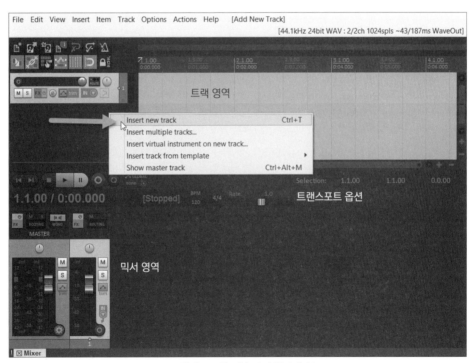

▲ 트랙이 로드된 기본 리퍼 인터페이스

8. 트랙 옆의 진회색 영역에서 우클릭(맥에서는 Ctrl+클릭)하고, 메뉴에서 **Insert new track**을 선택한다. 이 내용이 앞의 그림에 나와 있다.

9. 원하면 플레이를 눌러도 되지만 지금은 오디오 트랙이 없으므로 들을 것이 없다.

리퍼는 작곡을 위한 전문적인 상용 툴로서, 처음에는 인터페이스를 보고 놀랐을 수도 있지만 그럴 필요가 없다. 책의 내용을 잘 이해했거나 이전에 사운드를 디자인해본 경험이 있다면, 인터페이스의 다양한 부분들이 익숙할 것이다. 설치하는 방법은 간단했지만, 다음 절에서 다룰 부분들이 원활하게 동작하기 위해 환경 설정을 할 필요가 있다.

▌ 미디와 가상 악기

미디^{MIDI}는 Musical Instrument Digital Interface의 약자로, 인터페이스를 묘사하는 표준이며 컴퓨터 장치가 음악적 인풋을 인식하게 하는 방법이 되기도 한다. 컴퓨터 합성 음악의 초기에 표준이 개발됐지만, 지금은 현대 음악에서 하는 모든 작업에 맞는 인터페이스가 됐다. 그러나 아직도 많은 사람이 음악의 디지털 표현을 나타내는 데 MIDI를 이용하는 것을 어렵게 느낀다. MIDI를 이해하는 가장 간단한 방법은 음악 표기법의 복합적인 형태로 보는 것이다. 개념을 이해하기 쉽도록, 리퍼를 열어 다음 설명을 따라 MIDI 음악을 가져오자.

1. 리퍼를 열고 메뉴에서 **File ➤ New Project**를 선택하면 작업공간이 정리되고 변경 사항들이 다시 설정될 것이다. 현재 작업을 저장하고 싶으면 **No**를 클릭한다.

2. 메뉴에서 **Insert ➤ Media item**을 선택한다. **Import file into project** 대화창이 뜨면 대화창을 이용해 책의 소스 코드를 다운로드했던 위치에서 Chapter_10_MIDI 폴더를 찾는다. Movie_Themes_-_The_Sting_-_The_Entertainer_by_Scott_Joplin.mid 파일을 찾아 **Open**을 클릭해 곡을 로드한다.

3. MIDI File Import 대화창이 뜨면 옵션을 선택한다. 다음과 같이 2개의 옵션이 선택 됐음을 확인하고 **OK**를 클릭한다.

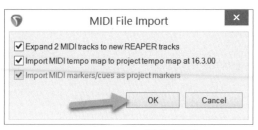

▲ MIDI File Import 대화창과 옵션

4. MIDI 파일을 가져오면, 2개의 새로운 파일이 트랙 영역에 추가된 모습이 보인 다. 이 트랙들은 이전에 작업했던 오디오 웨이브 파일과는 다르다. 리퍼에서 이 것이 어떻게 보이는지 다음 그림에 나와 있다.

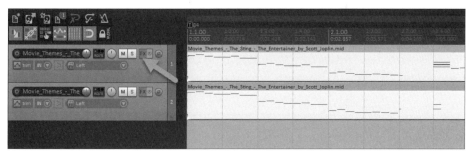

▲ MIDI 트랙을 리퍼로 가져오기

> MIDI 트랙은 언제든지 플레이되는 음악 표기법을 보여준다. 이렇게 MIDI를 살펴보면 오래된 웨스턴 플레이어 피아노에서 사용했던 펀치 카드(punch card)나 롤(roll)처럼 보일 것이다. 혹시 HBO 드라마 〈웨스트월드(Westworld)〉의 오프닝 자막을 본 적이 있다면 비유가 꽤 적절하다고 느낄 것이다.

5. 플레이를 눌러 들어보면 사운드가 없다. 트랙에 MIDI 악기를 추가해야 하기 때문이다.

> ⓘ 음악적 표기법을 정의했지만 음을 플레이할 악기는 정의하지 않았다. 이 경우에 그것을 담당할 악기는 신시사이저나 가상 악기가 될 것이다. 가상 악기를 이용하면 되므로 MIDI 키보드나 다른 MIDI 악기가 필요 없다.

6. 목록에 있는 첫 번째 트랙에서 앞의 그림에서 강조되어 표시된 **FX** 버튼을 클릭한다. 2개의 대화창이 열리면 대화창을 앞으로 가져오기 위해 **Add FX**를 선택한다. 그리고 오른쪽 패널에서 악기 그룹을 선택하고, 다음 그림과 같이 VSTi:ReaSamplOmatic5000(CocKos) 악기를 선택한다.

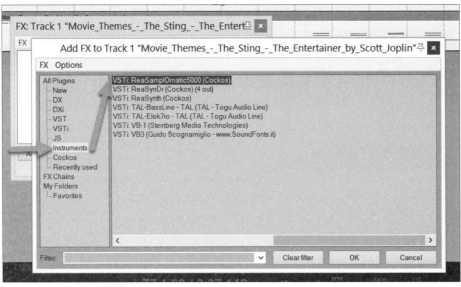

▲ ReaSamplOmatic5000 악기 선택

7. 악기를 선택한 다음 **OK**를 클릭한다. **FX** 배경은 복잡한 옵션들로 중심이 되는 대화창이다. **Browse** 버튼을 클릭한 후 **Open media file**을 이용해 Chapter_10_Audio 폴더를 찾는다. sting_piano_c6.wav 파일을 선택하고 **Open**을 클릭해 파일을 로드한다. 그리고 다음과 같이 **Mode** 드롭다운 메뉴에서 **Freely configurable shifted** 옵션을 선택한다.

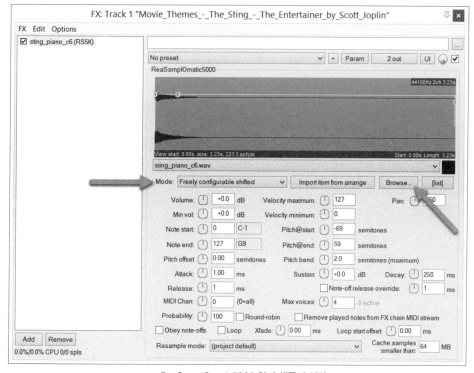

▲ ReaSamplOmatic5000 악기 샘플러 설정

> ⓘ 여기서 우리가 사용하는 가상 악기는 샘플러(sampler)라고 부른다. 미디어 파일을 샘플러로 설정해 한 음이 어떻게 소리나는지 구별할 수 있고, 2장 '오디오 스크립트'에서 간단한 키보드로 작업한 것처럼 다른 음도 만들 수 있다. 여기서는 가상 악기에 대해 더 알아보자.

8. 컨트롤 패널의 왼쪽에 있는 프로젝트 홈 버튼의 시작을 클릭한다. 그러면 트랙의 처음으로 플레이가 이동하고 그것을 눌러 재생을 시작하고 들어본다. 트랙을 스크롤해 플레이하면서 음의 재생을 보고 들어보자.

9. 두 번째 트랙에 6, 7단계를 반복해 적용하고 샘플러 가상 악기에 같은 설정을 적용한다. 작업을 마치면 작곡을 다시 플레이한다. 이제 두 트랙이 같은 악기를 이용해 멜로디와 코드를 재생하는 것을 들을 수 있을 것이다.

10. 첫 번째 트랙의 MIDI 영역에서 더블클릭해 MIDI 에디터 창을 연다. 새로운 창의 우측 하단에 있는 줌인 + 버튼을 이용해 다음과 유사한 부분을 줌인해본다.

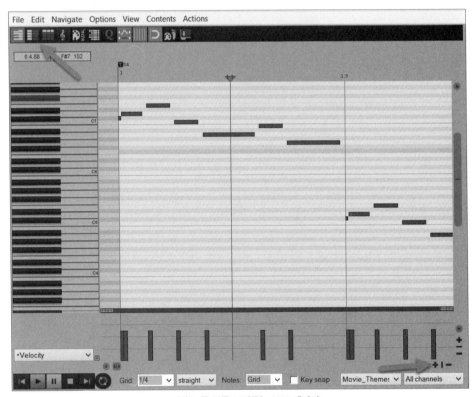

▲ 피아노 롤 뷰를 보여주는 MIDI 에디터

> **ⓘ** MIDI 에디터에 맞는 디폴트 뷰를 피아노 롤(piano roll)이라고 부른다. 음정이 마치 오래된 피아노 플레이어 롤을 잘라낸 것처럼 보이기 때문에 이 이름이 어울린다. 다양한 툴바를 클릭해 뷰를 바꿀 수도 있다. 끝에 있는 음악 표기 뷰는 MIDI 트랙이 악보에서 어떻게 보이는지 알려준다.

11. 왼쪽에 있는 키보드에서 피아노 키를 클릭해 각 음정을 들어보자. 그렇게 하면서 트랙에 음을 추가하거나 편집할 수 있을 것이다. 이 작업은 나중에 할 것이므로 지금은 메뉴를 살펴보고 피아노를 연주해보자.

지금까지는 MIDI의 일부분을 알아봤다고 할 수 있다. 예제를 통해 작곡하는 데 MIDI를 어떻게 사용할지에 대한 기초 지식을 알게 됐고, 소프트웨어로 넘어가면서 리퍼가 얼마나 기능적으로 뛰어난지 알게 됐다. 다른 패키지처럼 성능이 좋을 뿐만 아니라 가격도 합리적이다. 다음 절에서는 MIDI의 또 다른 기능인 가상 악기의 사용에 대해 다뤄보자.

가상 악기

MIDI는 악기의 인터페이스에 맞게 컴퓨터로 다양한 부분을 다루는 일반적인 기준이다. 앞에서 봤던 피아노 롤 뷰는 악기에서 컴퓨터로 보내는 메시지 또는 그 반대로의 메시지로 볼 수 있다. 아직은 키보드나 신시사이저처럼 MIDI 기기에 맞는 악기의 인터페이스를 다루는 기준으로 쓰이지만, 이펙트와 가상 악기 또는 VST를 만들도록 확장할 수 있다. VST 또는 가상 스튜디오 기술은 오디오 인터페이스를 묘사하는 또 다른 방법이다. 지난 예제에서 사용했던 악기는 샘플러로 샘플링된 미디어로부터 음을 만든다. VST가 가능한 타입의 목록은 다음과 같다.

- **VST-FX:** 이 그룹은 리버브, 에코, 이퀄라이제이션 등의 오디오 이펙트를 다룬다. 이전 장들의 내용을 알고 있으면 이러한 이펙트를 이용하는 방법이 어렵지 않을 것이다.

- VST-MIDI: 이것은 MIDI의 신호를 다른 악기로 보내는 이펙트 유형이다. 여기서는 다루지 않을 것이다.
- VSTi: 가상 스튜디오 기술 악기 또는 가상 악기를 의미한다. 아래에 제시한 것처럼 다양한 종류의 가상 악기가 있다.
  - 신시사이저^{synthesizer}: 사운드를 만들어내는 기술로 음을 만든다. 신시사이저는 가장 오랜 시간 동안 MIDI 음악의 특징으로 자리 잡았다. 지금은 다른 악기만큼 흔하다.
  - 샘플러^{samplers}: 미디어 파일을 표본으로 음정을 만드는 데 사용한다. 이것의 확장된 개념이 ROMpler이며, 미리 정의된 튜닝된 소리로 물리적 악기 같은 소리를 만든다. ROMpler의 ROM은 오직 메모리를 읽기만 하므로 읽기 전용이라고 할 수 있다. 다음 예제에서 이 부분을 더 살펴볼 것이다.
  - 드럼 머신^{drum machine}: 신시사이저와 유사하며 드럼 소리에 특화된 음을 만든다.

대부분의 경우 VST는 운영체제에 특화된 소프트웨어 플러그인으로 작동한다. 윈도우 VST는 맥에서 작동하지 않는다. 윈도우에서 사용 가능한 무료 VST 플러그인이 많지만, 맥에서 동작하지 않는 이유는 애플^{Apple}의 경쟁 프로토콜 오디오 유닛을 더 선호하기 때문이다.

탁월한 작곡 툴인 **GarageBand**가 맥에서 무료로 이용 가능하다. 이것은 이펙트와 가상 악기를 묘사할 때 오디오 유닛 프로토콜을 이용한다. 소프트웨어가 리퍼의 옵션 전부를 갖고 있지는 않지만, 맥 유저들에게는 투자할 만한 가치가 있는 플랫폼이다.

리퍼를 다시 열고 다음 설명을 따라 제3의 VSTi ROMpler 플러그인을 설정하고 설치하는 방법을 살펴보자.

다음 예제는 윈도우 설치에 특화되어 있으므로, 맥 유저들에게는 특정 부분이 다를 수 있다. 그러나 개념은 두 플랫폼에서 같다고 보면 된다.

1. 메뉴에서 Options > Preferences를 선택하면 REAPER Preferences 대화창이 열릴 것이다. 창의 왼쪽에서 VST 그룹을 선택하고 다음의 대화창을 살펴보자.

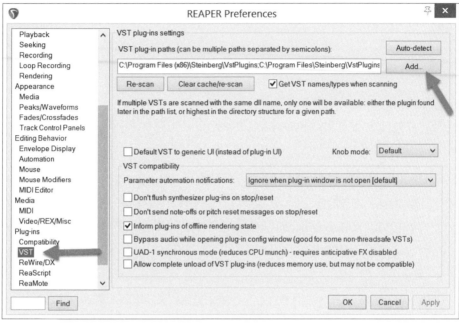

▲ VST 플러그인 폴더 추가

2. Add를 클릭하고 Browse for Folder 대화창을 이용해 Chapter_10_VST 폴더를 찾는다. 윈도우에서 어떻게 보이는지 다음 그림에 나와 있다.

▲ 해당 OS 플랫폼에 맞는 VST 폴더 선택

> 리퍼를 광범위하게 이용하고 방대한 양의 플러그인을 내려받을 계획이라면 공간이 많은 드라이브에 새로운 VST 폴더를 만든다. VST 폴더는 10 또는 100기가바이트 범위로 커지기 때문이다.

3. 폴더를 설정한 다음 OK를 클릭하고 대화창을 닫는다.

4. 트랙 상단의 FX를 클릭하고 FX: 대화창을 연다.

5. 그런 다음 창 하단의 Remove를 클릭해 이미 환경을 설정했던 샘플러 VST를 제거한다.

6. Add를 클릭해 Add VST to Track 대화창을 열고 창 메뉴에서 FX > Scan for new plugins를 선택한다. 새로운 플러그인인 VST 악기가 로드되면 악기 그룹에서 VSTi:VSCO2 Piano (Bigcat) 악기를 선택하고 OK를 클릭한다. 그러면 ROMpler 설정 패널이 열릴 것이다. 디폴트를 유지하면서 대화창을 닫는다.

> 대부분의 VST 플러그인은 보기 좋은 인터페이스를 제공하며, 디바이스의 하드웨어 버전이나 추상적인 것을 나타내기도 한다. 대부분의 경우 플러그인 인터페이스는 공통적인 인터페이스를 갖고 있지 않기 때문에 작업이 어떻게 되는지 알아보기 위해 직접 다뤄볼 필요가 있다.

7. 플레이를 눌러 오디오를 플레이하고 가상 악기 사운드가 이전에 이용했던 샘플러와 비교해 어떻게 다른지 잘 들어보자. 첫 트랙의 높고 낮은 음에 주의를 기울여보면 새로운 악기가 플레이가 잘되는 것을 알 수 있다. 이것은 폭넓은 미디어 파일에서 나온 ROMpler 샘플 때문인데, 최적의 실행을 위해 미리 설정되어 있다.

8. 다 듣고 나면 오디오를 멈춘다. 악기 소리의 차이점을 여전히 인지하기 어렵다면 앞의 예제를 반복해서 샘플러를 로드하고 다시 플레이해보자.

윈도우 유저들은 책에 포함된 소스 코드가 DSK 뮤직^{DSK Music}의 ROMpler 전체 컬렉션임을 알 것이다. DSK 뮤직의 빅터^{Victor}는 뛰어난 악기를 나눌 권리를 제공하고 있다. DSK는 굉장히 많은 악기를 제공한다. 다음 그림에 **DSK Overture** ROMpler의 예가 있다.

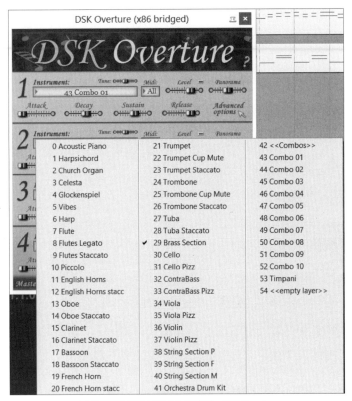

▲ 악기들의 오케스트라를 보여주는 DSK Overture

무료로 다운로드 가능한 수천 개의 VST 악기와 이펙트가 있다. 그러나 모든 VST가 다르고, 대다수가 불안정하며 제대로 작동하지 않는 경우도 있다. 그러므로 제대로 작동하는 VST를 찾는 데는 시간이 걸린다. 상용화된 VST는 또 다른 선택사항으로, 전문가용으로 만들어진 플러그인이다. 이것들은 고가이며 곧 퀄리티가 높다는 뜻이기도 하다.

이제 가상 악기와 MIDI 트랙으로 리퍼를 설정했으므로 다음에는 기본 음악 이론을 살펴볼 차례다.

▌ 기본 음악 이론

미리 말해두지만 이 절은 음악 이론을 가르치려는 것이 아니다. 기본 음악 이론을 설명하자면 책 한 권으로도 부족하며, 이번 절의 목적은 기본적인 음악 이론 몇 가지와 게임에 맞고 재미를 줄 수 있는 음악의 틀을 짜는 데 필요한 간단한 기술을 알려주는 데 있다. 음악을 작곡하는 데 쓰이는 지식이 사운드 디자이너와 작업하거나 어댑티브 음악을 개발하는 데 있어 도움이 되기를 바란다. 자신만의 음악을 작곡하고 싶다면, 온라인에서 더 많은 자료를 찾아볼 수 있다.

 음악 이론에 대해 이미 잘 알고 있다면 각 장의 연관성을 알기 위해 검토하고 있다고 생각하면 된다. 이 장은 주로 음악 이론에 대한 지식이 없는 사람을 대상으로 설명하고 있다.

코드와 코드 진행

코드^{chord}는 음정 또는 피치가 동시에 플레이될 때 소리가 나는 화성의 조합이며 고전 웨스턴 음악의 근본이기도 하다. 이런 스타일의 음악은 이제 게임에서는 흔하게 작곡되어 쓰인다. 간단하게 알아보기 위해, 세 음의 구성인 장3화음과 단3화음 코드에 대해 살펴볼 것이다. 아래에 이 화음의 코드에 대한 다이어그램이 나와 있다.

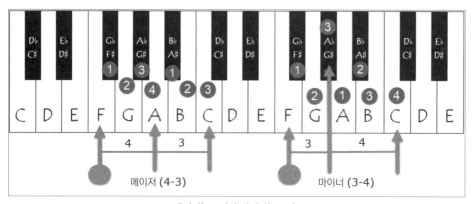

▲ F 메이저(Major)와 마이너(Miner) 코드

이 그림은 F에서 메이저 코드와 마이너 코드의 예시를 보여주고 있다. 첫 음이 F이므로, F 코드라고 부를 것이다. 여기서 셈이 시작된다. 메이저 코드에 맞게 4개의 음(흰색과 검정색 키)에서 다음 음인 A까지 센다. 그런 다음 다른 3개의 음을 마지막 음인 C까지 센다. 마이너 코드의 경우 정반대다. F로 시작해서 3개의 음을 G#까지 세고, 다른 4개의 음을 C까지 센다. 이해를 높이기 위해 이 두 가지 코드를 MIDI 트랙으로 드롭해보자.

1. 리퍼를 열고, 메뉴에서 File ➤ New Project를 선택한다. 프로젝트를 저장하라는 창이 뜨면 No를 선택한다.

2. 메뉴에서 Insert ➤ Virtual instrument on new track을 선택하면 FX: 창이 열릴 것이다. 이전에 사용했던 샘플러 피아노를 선택해 환경을 설정하고, 다른 VSTi 피아노나 키보드를 다운로드한다. 가상 악기의 설정을 마치면 창을 닫는다.

3. 메뉴에서 Insert ➤ New MIDI item을 선택하고 비어 있는 4개의 바 MIDI 아이템을 추가할 것이다. MIDI 아이템에서 더블클릭해 MIDI 에디터를 연다.

4. C4 또는 C5 주변에서 F 키를 찾는다. F 키는 항상 3개의 검정색 키 그룹의 왼편에 있는 하얀색 키다. 키를 클릭해 음정을 목록으로 만든다. 그리고 마우스를 이용해 음을 트랙으로 드래그해 하나의 바(1/16에서 4개의 음)를 채운다. F에서 4개음의 합을 구하고 다른 음의 조합으로 드래그한다. 이 작업을 반복하는데, 이번에는 마지막 음에서 3개 음의 합계를 구하고 다시 드래그한다. 작업을 마치면 화면이 다음과 같을 것이다.

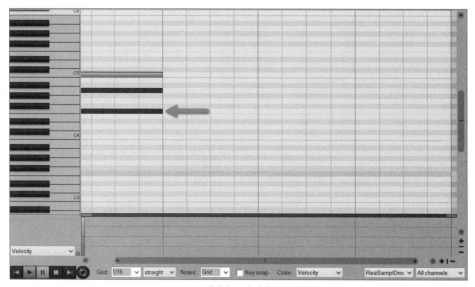

▲ MIDI 트랙에서 F 메이저 코드 기록

5. 창 하단의 플레이를 눌러 트랙을 플레이한다. 트랙이 플레이되면 사운드가 조화롭게 들려야 한다. 그렇지 않다면 무언가 잘못된 부분이 있는 것이다.

6. 이제 마이너 코드에 맞게 프로세스를 반복한다. 마지막 코드 바로 위의 F 음에서 시작하지만 이번에는 두 번째 바 위의 첫 번째 코드 다음에서 음을 끌어온다. 그리고 앞에서 한 것처럼 셈을 시작한다. 마이너 코드는 3개의 첫 음이 있고 그다음 4개의 음이 있다. 마이너 코드를 가져온 다음 MIDI 트랙은 다음과 같을 것이다.

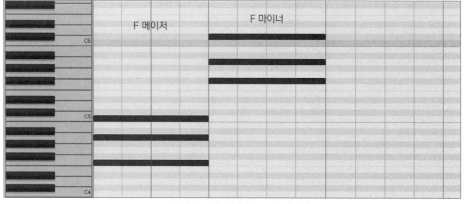

▲ MIDI 트랙에 추가된 메이저 코드와 마이너 코드

> **i** 편의상 대문자 M으로 메이저를 나타내고 소문자 m으로 마이너를 나타낸다. 그러므로 F 메이저의 약칭은 FM 또는 단축한 F가 되고, F 마이너의 단축한 형태는 Fm이 된다.

7. 트랙을 다시 플레이하고 2개의 트랙을 같이 들어보자. 마이너 코드만 듣고 싶다면 타임라인의 상단에서 마이너 코드 앞의 두 번째 바 bar 로 플레이를 옮긴다. 듣기를 멈추면 프로젝트를 저장하고 나중에 다시 살펴본다.

2개의 코드를 함께 플레이하면 사운드가 귀에 거슬릴 것이다. 이렇게 거슬리는 것을 원하지 않는다면 어떤 코드가 조합이 잘되고 테마에 맞는 기초를 제공할 수 있는지 알아보는 것이 어떨까? 다음 절에서는 기본 코드 진행 팁과 테마에 적용하는 방법을 다뤄보자.

코드 진행

어떤 악기를 처음 연주할 때는 키가 다 섞여 버리고 소리가 아주 좋지는 않을 것이다. 그것은 음악을 만드는 데 사용하는 기본 규칙이나 이론이 있다는 사실을 몰라서일 수도 있다. 지금까지는 메이저와 마이너 코드를 구성하는 데 기본 셈 규칙을 따랐다. 이 메소드는 코드뿐만 아니라 코드 진행과 음계를 확장한다. 나중에 음계에 대해 알아보겠지만, 2개의 코드 간 거리를 어떻게 계산할지 알아보자. 다음 그림은 2개의 코드를 보여주고 키는 상관없이 코드 간의 거리를 어떻게 계산하는지 보여주고 있다.

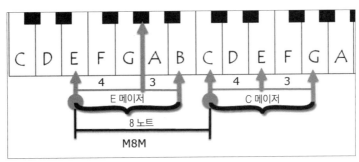

▲ 2개의 메이저 코드 간 거리 세기

코드의 시작 음부터 2개의 코드 간 거리를 세어봤다. 그림에서는 E로 시작했고, 거기서부터 두 번째 코드의 다음 루트까지 키를 합산했다. 2개의 코드 간 거리를 세어보자. 셈은 다음 키에서 시작해야 하고, 모든 키를 센다. 지난 예제에서 다룬 마지막 코드들 간의 키를 세어본다. F 메이저에서 F 마이너로 왔기 때문에 12개의 키 또는 하나의 옥타브가 있을 것이다. 앞의 그림에서는 코드 타입과 거리(M8M)를 의미하는 축약의 형태를 사용했다.

흥미롭게도 똑똑한 몇몇 사람들은 코드 간의 거리를 재는 방법이 영화, 텔레비전, 게임의 음악 테마와 관련이 있다는 사실을 알아냈다. 다음 표는 다양한 테마에서 흔하게 쓰이는 코드 진행 거리를 보여준다.

테마	코드 진행	단축형	예제
주인공	Major 2 Major	M2M	〈백 투 더 퓨처〉
우주 공간	Major 6 Major	M6M	〈스타트렉〉
판타지	Major 8 Major	M8M	〈로드 오브 더 링〉
슬픔, 상실	Major 4 minor	M4m	〈로스트〉
로맨틱	Major 5 minor	M5m	〈스타게이트〉
경이로운	minor 5 Major, Major 7 minor	m5M, M7m	〈박물관이 살아있다〉
어둠의 신비	minor 2 Major	m2M	〈배트맨〉
드라마틱	minor 11 Major	m11M	〈다크 나이트〉
적대적인	minor 6 minor, minor 8 minor	m6m, m8m	〈제국의 역습〉

이 개념을 알아보기 위해 앞의 그림에서 봤던 예제를 확장해보자. 다이어그램이나 음정의 세기에서 볼 수 있듯이, 진행은 축약을 사용한 M8M이다. 위의 표를 보면 그것이 판타지 테마와 관련이 있음을 알 수 있다. 그러므로 다음 설명에 따라 MIDI 트랙으로 이것을 가져와서 어떻게 들릴지 알아보자.

1. 리퍼를 열고 MIDI 에디터로 간다. 앞에서 끌어왔던 전체 음 주변에서 마우스를 우클릭(맥에서는 Ctrl+클릭)하고 드래그한다. 마우스를 해제했을 때 음이 선택되고 컨텍스트 메뉴가 뜨면 메뉴에서 Delete를 선택해 모든 음을 삭제한다.

2. C4 주변에서 E 키를 찾는다. 2개의 검정색 키 그룹의 오른쪽에 있는 흰색 키로 쉽게 찾을 수 있을 것이다. E로 음을 끌어와서 마디를 4개의 음으로 채운다. 계속해서 진행해 코드를 끌어오는 것을 마치기 위해 4-3을 센다.

3. 우클릭(맥에서는 Ctrl+클릭)하고 드래그해 끌어온 모든 음을 선택한다. 메뉴에서 Edit > Copy를 선택해 음을 복사한다. 그리고 E 코드에서 루트 음을 지난 부분을 선택하고 메뉴에서 Edit > Paste를 선택한다. 다음과 같이 E 코드가 복사됐을 것이다.

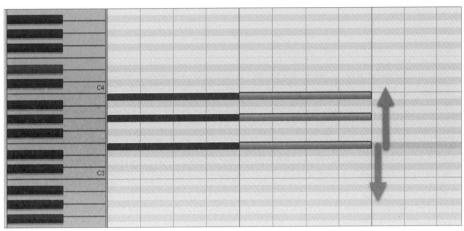

▲ 메이저 코드 복사

4. 이제 선택한 음인 두 번째 코드를 8개의 음 위아래로 드래그한다. 키를 셀 필요는 없으며, 대신에 그리드grid 라인을 센다. 이 코드는 이미 메이저 코드이기 때문에 어디로 이동하든 메이저가 된다.

코드를 복사하고 위아래로 드래그하는 것은 다양한 테마를 테스트하는 좋은 방법이다. 이 시점에서 M2M, M6M, M8M 같은 코드 진행을 만들 수 있다.

5. 편집을 마치면, 트랙을 플레이하고 들어본다. 사운드가 훨씬 자연스러워졌지만, 두 가지 마디만 가지고 논하기는 어렵다.

6. 모든 음을 선택하고 복사한다. 그리고 세 번째 마디 영역을 클릭해 음을 붙여넣는다. 코드를 조정해 다음과 같이 위아래를 거꾸로 해본다.

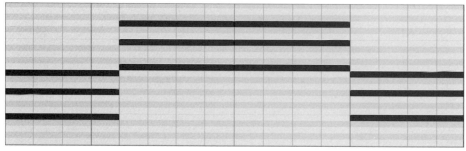

▲ 마디의 4개의 바(bar)를 채우기 위해 코드 뒤집기

7. 편집을 마치면 트랙을 플레이하고, 작곡한 것을 들어본다. 원하는 대로 코드를 수정할 수 있지만, 예제에서 선택했던 음과 코드를 따르자.

이제 코드에 대해 알아봤으므로, 다음 절에서는 멜로디를 추가해보자.

멜로디와 음계

멜로디는 곡에서 흥미롭고 뚜렷하게 묘사된다. 코드가 기본 음을 설정하는 반면에 멜로디는 노래라는 것을 인식하게끔 해준다. 첫 세션에서 고전적인 멜로디를 작곡하지는 않겠지만, 여러분이 만드는 단순한 멜로디에 놀라게 될 것이다.

멜로디를 만들기 전에, 음계가 무엇인지 알 필요가 있다. 음계는 음 또는 피치의 조합으로 함께 좋은 소리를 만든다. 다양하면서도 많은 음계가 있으므로 어떻게 정의되는지 알아보자. 목적에 맞게 멜로디를 만들 때 사용할 수 있는 음계나 음정을 추출하는 고전적인 형식을 이용할 것이다. 다음 그림은 전체 톤과 절반 톤을 세면서 온음계가 어떻게 생기는지 보여준다.

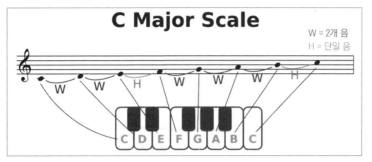

▲ C Major Scale

위의 그림은 C Major Scale에 맞는 음을 어떻게 세는지 보여준다. W는 전체 음 또는 2개의 음을 나타내고, H는 세미 톤 또는 단일 음을 나타낸다. 다이어그램을 보면서 메이저 또는 마이너 코드의 음을 어떻게 셀 수 있는지 알아보자. 음계에 맞는 음을 만들어내는 간단한 메소드를 이용해볼 것이다. 물론 음악 이론을 알면, 음계에 있는 모든 음을 찾는 것이 쉬울 수 있다.

 다이어그램에서 본 것처럼 C Major Scale은 모두 흰색 키다. C 메이저에서 작곡을 간단하게 만들 수는 있지만, 어떤 면에서는 음악에 맞는 다른 음계를 만들어보고 싶을 것이다.

간단한 음계 메소드를 알려주고 멜로디를 쓰기 위해 다음과 같이 해보자.

1. 이전 절에서 만들었던 부분에서 리퍼를 다시 연다. MIDI 에디터를 창 하단으로 옮겨서 끄지 않고 방해가 되지 않게 한다.

2. MIDI 코드 트랙의 왼쪽 끝에서 마우스가 맴돌게 하면서 기호를 드래그해 바꾼다. 마우스를 아래로 내려 MIDI 아이템 끝으로 드래그해 다음과 같이 12개의 마디를 커버한다.

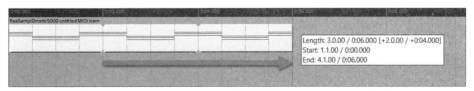

▲ MIDI 아이템 확장

3. 메뉴에서 Insert > Virtual instrument on new track을 선택한다. FX 대화창을 이용해 코드 트랙에서 사용했던 것과 같은 악기를 선택하고 환경을 설정한다.

4. 메뉴에서 Insert > New MIDI item을 찾아 트랙에 나온 것과 같은 영역을 채우기 위해 드래그한다. MIDI 클립에서 더블클릭해 에디터 창의 또 다른 경우를 열어보자.

5. 코드 창 위에 MIDI 멜로디 창을 오른쪽으로 겹치게 놓지만 첫 번째 음의 조합이 보이게 한다. 멜로디를 C6 또는 C7로 스크롤하고 키에 맞도록 하지만, 최소한 한 옥타브씩은 높아야 한다. 그리고 다음과 같이 코드 키와 매치되는 단음을 끌어온다.

▲ 멜로디를 위한 키를 배치한다.

6. 끌어온 3개의 음이 첫 번째 코드에 맞는 음계가 된다. 이제 첫 번째 코드의 범위 내에서 그 음들을 수평적으로 이동시킬 수 있다. 하지만 수직적인 이동이 불가능한 이유는 피치를 수정해 키를 바꿀 수 있기 때문이다. 음의 이동을 마치면 트랙을 재생하고 들어보자.

> 3개의 음을 이용해 노래를 간단하게 만들어봤다. 하지만 코드마다 3개의 음을 사용함으로써 공간을 억지로 이용해야 하기도 했다. 종종 신입 작곡가들이 작곡할 때 공간마다 작곡하는 것이 더 낫다고 생각해 모든 비트를 음으로 채워 넣으려고 한다. 하지만 3개의 음을 모두 사용해서는 안 되며, 만약 그렇게 하고 싶으면 하나를 제거해야 한다.

7. 남은 3개의 코드마다 5단계와 6단계를 반복해서 적용한다. 음을 수평으로 이동시킬 수 있고, 한 옥타브에 12개의 음을 수직으로 이동시킬 수 있다. 멜로디에 음을 추가함으로써 트랙을 계속 플레이하고 수정한 부분을 들을 수 있다. 멜로디에 만족한다면, 프로젝트를 저장한다.

> 음을 무작위로 배열하는 대신 멜로디를 만들 때 가사를 만들거나 소리에 대한 생각을 넣으면 도움이 된다. 시인은 아니어도 여러분이 추구하는 시나 구절을 이용해본다. 작곡을 하면서 시를 불러보고 특정 문구나 감정을 강조하고 싶은 부분에 음을 넣어본다. 보컬이 없어도 조화가 잘되어 들어보면 놀랄 것이다.

작곡이 처음이라면 완벽함에 신경 쓰지 않아도 되며 개선할 시간은 얼마든지 있다. 첫 곡을 만들었다는 사실에 만족하길 바란다. 다음 절에서는 작곡에 간단한 개선사항을 추가하는 방법을 보여줄 것이다.

▌ 작곡 개선하기

다른 것과 마찬가지로 음악은 베이스 라인이나 드럼처럼 추가적인 요소를 넣어서 개선할 수 있다. 이것은 더 나은 라이팅, 셰이더, 포스트 이펙트로 씬을 개선하는 것과 유사하다. 하지만 개선하는 부분이 지나치면 오히려 본래 의도를 망칠 수도 있다. 그러므로 지나치지 않기 위해 신중하면서도 절제해야 한다.

단순한 곡을 개선하고 깊이와 재미를 더하기 위해 추가적인 트랙을 더 넣어보려고 한다. 다음 설명을 따라 새로운 트랙을 추가해보자.

1. 리퍼를 열고 메뉴에서 Insert > Virtual instrument on new track을 선택한다. 그리고 FX 대화창이 열리면 VSTi:ReaSynth(Cockos) 악기를 선택한다. 이것은 신시사이저를 이용해 베이스 라인 트랙으로 사용할 것이다. OK를 선택하고 다음과 같이 악기의 환경을 설정한다.

▲ 베이스 악기로 ReaSynth 신시사이저 환경 설정

2. 메뉴에서 Insert > New MIDI track을 선택한다. 트랙을 드래그해 상단에 있는 트랙과 같게 맞춘다. 그리고 MIDI에서 더블클릭해 에디터를 연다.

3. 베이스 라인에 맞추어 메인 키 코드(E와 C) 사이를 앞뒤로 번갈아 하려고 한다. C4에 있는 에디터에 중점을 두고 다음과 같이 음을 끌어온다.

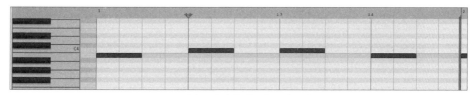

▲ 베이스 라인에 맞는 음 끌어오기

4. 트랙을 플레이하고 베이스 라인이 곡을 어떻게 개선했는지 들어보자. 만약 베이스 라인이 멜로디와 맞지 않다면 원하는 대로 이동시키고, 다른 음을 선택해본다. 3개의 같은 음계를 사용해야 한다는 점만 기억하면 된다. 테스트를 마치면 베이스 라인 에디터 창을 닫는다.

5. 메뉴에서 Insert > Virtual instrument on new track을 선택하고 FX 대화창이 열리면 VSTi:ReaSynthDrum(Cockos)를 선택한다. Build Routing Confirmation 창이 뜨면 추가 트랙을 넣기 위해 NO를 선택한다.

6. 메뉴에서 Insert > New MIDI item을 찾아 미디 클립을 드래그해 앞 트랙과 같은 지점을 커버한다. 에디터를 더블클릭해 열면 이번에는 여러 개의 키가 다음과 같이 드럼 사운드로 지정되어 있는 모습을 볼 수 있을 것이다.

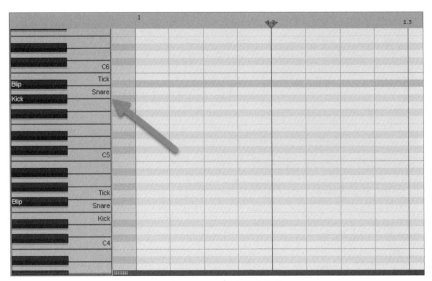

▲ ReaSynthDrum 악기의 지정 키

7. 마우스를 이용해 다양한 키를 클릭해보면 지정된 키만 소리를 만드는 것을 알수 있다. Snare로 위에 있는 건반 3개에 한 가지 음을 끌어와서 곡에 단순한 리듬을 추가할 수 있다. 비트를 만들어보고, 남은 트랙에서 어떻게 들리는지 살펴보자. 원래 있던 멜로디와 어울리지 않을 수도 있으므로 그럴 때는 음을 조정해서 듣기 좋은 비트를 만들어본다.

8. 비트나 리듬이 멜로디와 잘 맞도록 2개의 음 또는 톤을 추가해보자. 이 시점에서 작업물을 간단하게 하고 싶다면 그냥 두어도 무방하다. 편집을 마치고 곡이 만족스러우면 프로젝트를 저장한다.

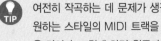 여전히 작곡하는 데 문제가 생길 수 있으며 이때는 또 다른 옵션을 찾으면 된다. 온라인에서 원하는 스타일의 MIDI 트랙을 내려받아 직접 만든 음악을 편집하는 데 기초로 이용할 수 있을 것이다. 그렇게 하면 원곡과 다르게 악기나 템포 등이 바뀔 것이다. 곡에 대한 저작권을 사지 않는 한, 잘 알려진 음악으로부터 어느 정도까지 영감을 받았는지 스스로 조심해야 한다.

이제 간단한 곡을 만들어봤으므로 다음 절에서는 그것을 파일로 녹음해 게임에서 플레이해볼 것이다.

퀴즈

정답을 찾아보자.

VSTi는 무엇을 나타내는가?

a) Visual Studio Technology Instrument
b) Virtual Studio Technology Instrument
c) Virtual Sound Technology Instrument
d) Visual Sound Technology Instrument

C#에서 장3화음 코드를 추출하기 위해 사용하는 순서는 무엇인가?

a) 3–3
b) 2–2–1–2–2–2–1
c) 3–4
d) 4–3

C4에서 C5 사이에 몇 개의 음을 셀 수 있는가?

a) 11
b) 7
c) 12
d) 10

정답은 10장의 마지막에 나올 것이다.

▮ 음악과 보컬 녹음

이제 음악을 작곡하면서 트랙을 곡이나 개별적인 트랙으로 녹음하고 옮길 수 있게 됐다. 트랙마다 개별 악기를 갖는 것은 장점이 될 수 있으며, 특히 버티컬 리믹싱 기술로 어댑티브 음악을 개발할 때 더욱 빛을 발한다. 마찬가지로, 음악이 어떻게 변하는지 이해하면 수평적으로 다시 반복되는 다양한 음악을 쉽게 이용할 수 있다.

다음 설명을 따라 우리가 만들었던 곡을 미디어 파일로 옮겨보자.

1. 리퍼를 열어 곡을 만들었던 프로젝트로 간다. 메뉴에서 File > Render를 선택하면 Render to File 창이 열릴 것이다. 노래에 이름을 입력하고 다음과 같이 옵션을 선택한다.

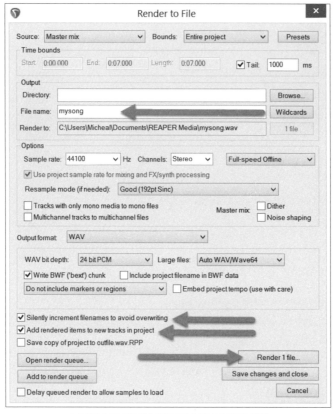

▲ 파일로 렌더링하기 위해 파일 이름과 옵션 설정

2. 파일에 이름을 넣고 옵션을 설정한 다음 Render 1 file 버튼을 클릭한다. 그러면 또 다른 대화창이 열리면서 어떻게 실시간으로 노래가 파일로 옮겨지는지, 웨이브 형태는 어떤지 볼 수 있다.

3. Close 버튼을 눌러 창을 닫으면 옮긴 오디오 클립에 새로운 트랙이 추가된 모습이 보일 것이다. S 버튼을 눌러 트랙을 솔로로 할 수 있고 어떻게 렌더링되는지 들어본다.

노래가 옮겨진 방식이 마음에 들지 않으면, 볼륨/아웃풋을 조정하는 컨트롤을 이용해 믹서를 수정할 수 있다. 이제 트랙을 믹싱하거나 조정하는 것은 꽤 익숙할 것이다. 다음 절에서는 리퍼를 이용해 보컬을 녹음하고 최적화하는 기술에 대해 알아보자.

보컬 녹음과 최적화

게임에 필요한 보컬이나 사운드를 녹음하는 일은 어려울 수 있다. 쉬울 거라고 생각하겠지만 그렇지 않다. 더 나쁜 경우는 적절한 녹음 공간을 가지고 복합적인 보컬 트랙을 녹음했는데 결과가 서로 맞지 않고 시끄럽기만 할 때다. 다행히 리퍼는 상용 오디오 제작 툴이므로, 보컬과 사운드를 최적화할 수 있는 다양한 이펙트를 갖고 있다.

다음 설명을 따라 보컬을 녹음하고 최적화해보자.

1. 리퍼를 열고 메뉴에서 File > New Project를 선택한다. 앞의 프로젝트를 저장하지 않았다면, 지금 하자.

2. 트랙 옆에 있는 회색 부분을 더블클릭하면 새로운 트랙이 추가될 것이다. 트랙에서 Record Armed를 클릭하고 Record Input 옵션이 다음과 같이 선택됐는지 확인한다.

▲ 트랙 레코딩 옵션 설정

3. 녹음을 시작할 준비가 되면 Ctrl+R(맥에서는 커맨드+R)을 입력한다. 사운드가 녹음되면 트랙에서 나오는 웨이브를 볼 수 있을 것이다. 3까지 센 다음 보컬의 녹음을 시작한다. 작업을 마치면, Ctrl+R(맥에서는 커맨드+R)을 입력해서 녹음을 멈춘다.

4. 트랙 위의 빨간색 버튼을 클릭해 녹음을 해제한다. 플레이를 눌러 보컬을 들어
   보면 녹음 초기의 명백한 소음이 들릴 것이다. 녹음에서 배경 소음을 제거하는
   이펙트를 사용해보자.

5. 마우스를 이용해 보컬을 시작하기 전 오디오 클립 하단을 드래그하고 선택한다.
   3초를 기다리면, 선택할 게 많아질 것이다. 다음으로 녹색의 FX 버튼을 클릭해
   FX 대화창을 연다. 녹음 버튼 옆에 플레이 헤드 컨트롤에서 루프 또는 반복 버튼
   을 클릭한다.

6. FX 창에서 Cockos 그룹을 선택하고 VST:ReaFir(FFT EQ+Dynamics Processor)
   (Cockos) 이펙트를 선택한다. OK를 클릭해 이펙트 파라미터 설정을 열고, 다음
   과 같이 Mode와 옵션을 선택한다.

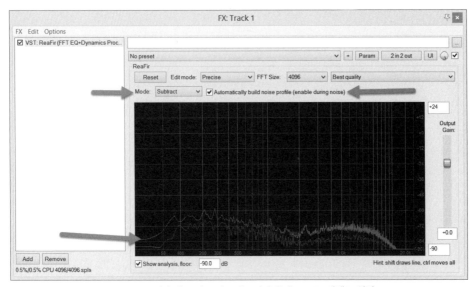

▲ Subtract 필터 세트 및 오디오 레코딩과 함께 ReaFir 이펙트 설정

7. 플레이를 눌러 보컬의 초반부를 플레이한다. 오디오가 플레이되면, 앞의 그림처럼 소음이 ReaFir 이펙트에 잡힌 것이 보일 것이다. 오디오 섹션 반복을 두 번 정도 했으면 Stop 버튼을 누른다. Automatically build noise profile 옵션을 체크하지 않고 소음 캡처 기능을 끈다.

8. FX 창을 닫고 우클릭(맥에서는 Ctrl+클릭)해, 컨텍스트 메뉴에서 Remove Selection 을 선택한다. 그리고 플레이를 다시 클릭해 오디오를 플레이하고 들어본다. 오디오에 있는 소음이 완전히 제거됐을 것이다.

 일반적으로 이쯤이면 초반 소음 부분을 제거하고 EQ 압축이나 노멀라이즈 이펙트를 추가할 것이다. 리퍼에서 이용 가능한 이펙트이며, 보컬을 최적화하기 위해 그러한 것들을 탐색하는 것은 여러분에게 달려 있다.

리퍼의 보컬 녹음에 대해 알아봤다. 보다시피, 오디오 녹음을 개선하고 깔끔하게 하기 위한 매우 다양한 이펙트가 있음을 알 수 있다.

 퀴즈 정답

VSTi는 무엇을 나타내는가?

a) Visual Studio Technology Instrument
b) **Virtual Studio Technology Instrument**
c) Virtual Sound Technology Instrument
d) Visual Sound Technology Instrument

C#에서 장3화음 코드를 끌어내기 위해 사용하는 순서는 무엇인가?

a) 3–3
b) 2–2–1–2–2–2–1
c) 3–4
d) **4–3**

C4에서 C5 사이에 몇 개의 음을 셀 수 있는가?

a) 11
b) 7
c) **12**
d) 10

▌ 요약

10장에서는 유니티와 완전히 별개의 프로그램인 리퍼^{Reaper}라는 전문적인 작곡 및 녹음 툴을 이용해 음악 이론과 작곡에 대해 알아봤다. 처음에는 리퍼를 사용하기 위해 다운로드해 설치하고 환경을 설정했다. 그런 다음 MIDI에 대해 배우고 작곡에 어떻게 이용하는지 알아봤다. 그리고 리퍼에서 가상 악기를 사용하고 MIDI 트랙에 가상의 사운드를 어떻게 추가하는지 알아봤다. 이러한 기본 지식을 이용해 게임에 맞는 음악을 만드는 데 사용하는 음악 이론과 간단한 작곡 규칙도 살펴보고, 그 과정에서 멜로디, 베이스 라인, 드럼 트랙도 추가해봤다. 곡을 어떻게 파일로 옮기는지 알아본 다음, 마지막으로 리퍼의 녹음 툴과 배경 소음을 제거하는 방법을 살펴봤다.

다음 마지막 장에서는 유니티와 FMOD로 돌아가 문제를 해결하고, 퍼포먼스와 관련된 팁을 알아보자.

11

오디오 퍼포먼스와
문제 해결

유니티는 오디오 시스템을 다시 설계하는 뛰어난 작업을 해냈지만, 오디오 리소스를 최적화하는 데는 여전히 어려움이 따른다. 리소스를 제대로 관리하지 않으면 플랫폼에 따라 퍼포먼스 이슈가 생길 수 있다. 마찬가지로 FMOD 역시 탁월하고 뛰어난 툴이지만, 오디오 시스템을 선택할 때 주의해야 할 퍼포먼스 이슈가 있다. 오디오를 실행할 때 퍼포먼스의 한계를 아는 것이 게임과 플랫폼에 맞는 시스템을 결정하는 요인이 된다. 게임을 개발할 때는 무엇보다도 플레이어에게 최상의 경험을 제공하기 위해 플랫폼에서 아주 작은 부분까지 활용하려고 한다. 마지막으로, 현재와 미래의 오디오 개발에 따른 다양한 문제를 해결하기 위한 팁들을 다뤄보자.

11장에서는 유니티와 FMOD를 이용해 오디오 퍼포먼스와 문제 해결에 대해 알아보려고 한다. 퍼포먼스 튜닝^{performance tuning}은 게임 개발에 있어 필수적인 과정이고 오디오에 있어서도 그러하다. 두 오디오 시스템의 퍼포먼스를 알아보고, 문제 해결에 도움이 되는 팁을 알아볼 것이다.

11장에서 다루는 내용은 다음과 같다.

- 오디오 퍼포먼스 고려사항
- 유니티로 퍼포먼스 분석
- 유니티에 맞는 오디오 최적화 팁과 트릭
- FMOD 퍼포먼스와 최적화
- 오디오 문제 해결

11장에서는 앞에서 개발했던 예제로 작업할 것이다. 그러므로 최소한 유니티와 FMOD에 관련된 부분을 검토해봐야 퍼포먼스 관련 절을 이해할 수 있다. 유니티와 FMOD를 다뤄본 경험이 있다면, 관련 소프트웨어를 잘 알고 있으므로 이해가 가능할 것이다. 그 말은 유니티 퍼포먼스 최적화를 위해 최소한 5장 '어댑티브 오디오를 위한 오디오 믹서의 사용'을 먼저 살펴보고, FMOD 퍼포먼스를 다루는 7장 '다이내믹하고 어댑티브한 오디오를 위한 FMOD'를 검토해봐야 한다는 뜻이다. 문제 해결 팁을 찾는 독자라면 이 장의 마지막 부분으로 넘어가자.

▌오디오 퍼포먼스 고려사항

오디오 퍼포먼스의 분석과 조율에 대한 세부사항을 알기 전에, 효율적인 오디오 시스템을 결정짓는 주요 요인들을 살펴봐야 한다. 오디오 시스템을 말할 때는 모든 컴포넌트 (Audio Source vs FMOD), 리소스(오디오 클립), 믹스(Mixer vs FMOD), 이펙트를 포함한다. 퍼포먼스에 주된 영향을 끼치는 것은 품질, 리소스의 크기, 믹싱과 이펙트의 사용이다. 하지만 궁극적으로 이 모든 것은 선택한 플랫폼과 해당 플랫폼의 한계에 따라 결정된다. 플랫폼의 타입이 중요하기 때문에 이 부분을 먼저 살펴볼 것이다.

플랫폼	퍼포먼스 기준	고려사항	문제점
데스크톱 (윈도우/맥/리눅스)	**CPU**: 탁월함 **메모리**: GB **디스크 공간**: GB	다른 플랫폼보다는 덜 제한적이지만, 물리나 그래픽 같은 게임 시스템에 의해 제한될 수 있음	고품질 또는 다수의 리소스와 오디오 컴포넌트 사용
태블릿 (iOS, 안드로이드, 윈도우)	**CPU**: 좋음 **메모리**: MB~GB **디스크 공간**: MB~GB	메모리와 CPU 사양이 더 낮기 때문에 데스크톱보다 더 제한적임	태블릿 배포는 예외를 정하지 않는 이상 휴대폰과 같은 공간 공유
휴대폰 (iOS, 안드로이드, 윈도우)	**CPU**: 나쁨~좋음 **메모리**: MB **디스크 공간**: MB	메모리와 디스크 공간이 중요한 고려사항임	여러 플랫폼에 맞게 게임을 만들려면 오디오 시스템의 다운그레이드가 요구됨
웹	**CPU**: 나쁨 **메모리**: MB **디스크 공간**: 없음	현재 가장 제한적인 플랫폼임. 리소스 메모리와 스트리밍에 특히 주의해야 함	오디오 시스템의 고유 제한은 단일 웹 타깃 배포에 가장 적합함

각 플랫폼에 맞는 퍼포먼스를 분석하고 조율하는 데 따른 세부사항을 다루지는 않겠지만, 메인 요소에 대해서는 알아보려고 한다. 그것은 타깃 플랫폼에 팁을 적용하는 유저에게 달려 있는 문제이기도 하다. 다음 표에서 오디오 시스템의 요소를 나누어보고 퍼포먼스에 어떤 영향을 주는지 알아보자.

요소	퍼포먼스 고려사항	최적화	주의할 점
오디오 소스 또는 FMOD 이벤트	• 한 씬에 다양한 오디오 소스 • 오디오 컴포넌트를 가진 게임 오브젝트의 인스턴스화	한 씬에 리소스의 개수를 주의해서 관리	오브젝트 풀링(pooling)이 좋은 해결책
리소스 (오디오 클립)	• 로드된 오디오 클립에 맞는 인게임 메모리 • 디스크로부터 로딩 타임 • CPU에 미치는 압축 해제 효과	*타입에 따라 오디오 리소스 최적화	유니티 디폴트는 상태가 좋지 않으며 맞춤화(customization)가 필요함
믹스	• CPU 퍼포먼스에 미치는 영향	퍼포먼스에 중대한 영향을 주진 않지만 숨어 있는 이펙트에 주의 요망	그룹이나 중첩된 믹스의 다른 레벨을 통해 무심코 이펙트를 복사하지 않도록 주의 요망
이펙트	• CPU에 미치는 영향 • 메모리에 미치는 영향	*이펙트의 신중한 사용 및 재사용을 통해 최적화	믹싱을 통해 무심코 이펙트를 복사하기 쉬움

앞의 표에서 *로 표시되어 있는 오디오 시스템의 중요한 두 가지 요소는 이펙트의 리소스와 사용에 관련된 것이다. 그 밖의 요소들도 물론 문제가 될 수는 있지만, 목적에 맞게 리소스와 이펙트에 최적화된 팁과 트립을 알아보려고 한다. 다음 절에서는 유니티로 오디오 퍼포먼스를 분석해보자.

▌ 유니티로 퍼포먼스 분석

퍼포먼스 분석을 통해 최적화를 이해하는 것이 가장 손쉬운 방법이다. 그러므로 여기서는 5장에서 다뤘던 Viking Village 프로젝트를 분석해보려고 한다. 앞에서 저장했던 프로젝트를 열고 다음 설명을 따라 실행해보자.

1. 유니티를 열고 GameAudioBasics 프로젝트를 로드한다.

> ⓘ 앞에서 GameAudioBasics 프로젝트를 만들지 않았다면, 유니티에 해당 프로젝트를 만들고 애셋 스토어에서 Viking Village 예제 프로젝트를 다운로드하거나 가져온다. 기본 프로젝트를 설정하는 데 도움이 필요하다면, 1장 '유니티로 구현하는 게임 오디오 소개'를 살펴보자.

2. 메뉴에서 Assets > Import Package > Custom Package를 찾아 Import 대화창을 이용해 Chapter_11_Assets 폴더를 찾아서 연다. Chapter_11_Start.unitypackage를 선택하고 Open을 클릭한다. 대화창의 설명에 따라 모든 애셋을 가져온다.

> ⓘ 원본 프로젝트를 수정한 상태로 유지하고 싶다면 프로젝트 폴더의 사본을 만들거나 새로운 프로젝트를 만들어 다시 시작하기 위해 Viking Village 프로젝트를 다운로드한다.

3. 가져오기를 마치면 Project 창에서 Chapter_11_Start 씬을 찾아 더블클릭해 연다.

4. 메뉴에서 Window > Profiler를 찾으면 Profiler 창이 열릴 것이다. 마우스로 드래그해 다음과 같이 Inspector 창의 옆에 위치시킨다.

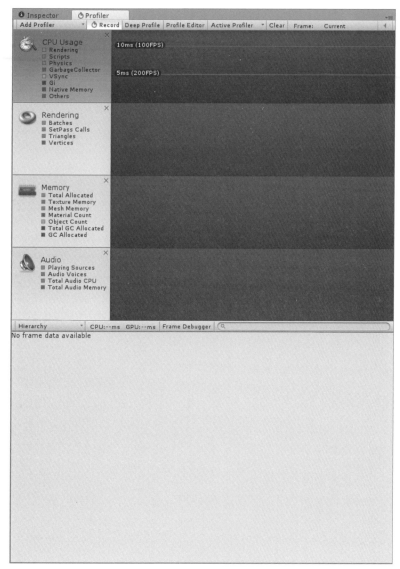

▲ Inspector 창 옆에 위치한 Profiler 창

5. 플레이를 눌러 씬을 작동시키고 W, A, S, D 키를 이용해 씬을 돌아다닌다. Esc를 눌러 마우스의 잠금을 해제하고 Profiler 창에서 Audio 패널을 선택한다. 다음과 같이 오디오 퍼포먼스에 대한 세부사항이 보일 것이다.

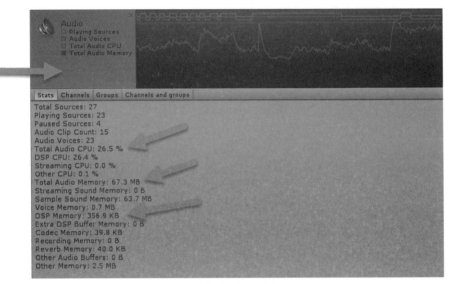

▲ 오디오 퍼포먼스 Profiler 창과 Stats 검사

> ℹ️ 여러분의 컴퓨터에 보이는 통계 비율과는 꽤 다를 것이다. 중요한 것은 그 수치가 얼마나 많고 언제 변하는지 지켜보는 것이다.

6. 많은 요소가 현재 진행 중에 있지만, 지금은 위의 그림에서 가리키는 Stats에 주목한다. 씬을 돌아다니며 그래프와 Stats가 어떻게 변하는지 지켜본다.

7. 작업을 마치면, 마우스를 풀고 씬을 멈춘다.

초기의 테스트를 통해 씬에 좋은 일과 나쁜 일이 일어나는 것을 볼 수 있었다. 먼저 메모리 사용이 67.3MB 정도로 일관되게 적다. 물론 모바일 게임의 경우라면 수치가 문제가 될 수 있겠지만, 아직은 괜찮다고 할 수 있다. 둘째로 오디오 CPU 사용은 평균 20~25%

를 유지하면서 최고 사용이 30% 정도 된다. Total Audio CPU 통계치 하단을 보면 문제가 커지는데 주범은 DSP CPU이다. DSP는 Digital Signal Processing의 약자로, 오디오 시스템을 실행하는 오디오 프로세스를 의미한다. DSP가 퍼포먼스에 어떤 영향을 주는지 알기 위해 유니티를 열고 다음의 예제를 실행해보자.

1. 플레이를 눌러 씬을 작동시키고 Profiler 창에서 Audio 패널이 강조되어 있음을 확인한다. DSP와 Audio CPU 사용이 높은 지점을 찾을 때까지 씬을 돌아다닌다.

2. 메뉴에서 Window > Audio Mixer를 찾는다. Audio Mixer 창이 Console 창 옆에 있지 않으면 드래그해 제자리에 놓는다. Master 그룹을 선택하고 자식 그룹 전체가 보이게 한다.

3. 에디터의 상단 정지 버튼 주변에 마우스를 놓고 고점의 Audio CPU 사용을 기다린다. 고점을 찍었다는 생각이 들면 정지를 눌러 씬을 멈춘다.

4. 씬이 멈추면 Audio Mixer 창에 있는 모든 믹서 그룹의 B 버튼을 클릭한다. 작업을 마치면, 믹서 창이 다음과 같다.

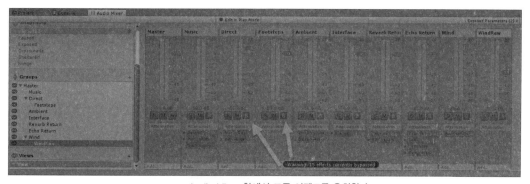

▲ Audio Mixer 창에서 모든 이펙트를 우회한다.

 TIP B 버튼을 누르면 그룹에 모든 이펙트가 우회된다.

5. 모든 그룹을 바이패스bypass(우회)하고 난 후, 정지 버튼을 눌러 게임을 다시 작동
시킨다. Profiler 창에서 오디오 그래프와 Stats 패널을 지켜본다. 씬이 다시 시작
되고 난 후, CPU 사용이 뚜렷하게 저하된 것이 보일 것이다. 다음 그림에서 그
래프가 어떻게 나타나는지 볼 수 있다.

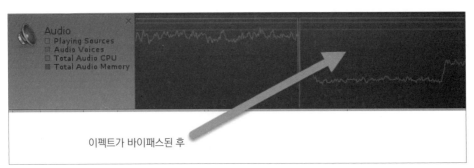

▲ 이펙트를 바이패스한 후, 오디오 CPU 퍼포먼스에 미치는 영향

> 모든 이펙트를 끄고 나면 잠시 후에 그래프가 다시 올라간 상태로 되어 있을 것이다. 왜냐하
> 면 최댓값을 보여주도록 설정되어 있기 때문이다. 위의 그림에서 본 것처럼 차트에 생긴 눈에
> 띄는 변화를 지켜보기를 바란다.

6. Audio Mixer 창으로 돌아가 B 버튼을 다시 클릭해 모든 이펙트를 활성화한다. 그
리고 다음과 같이 Profiler 창의 Channels 탭을 클릭한다.

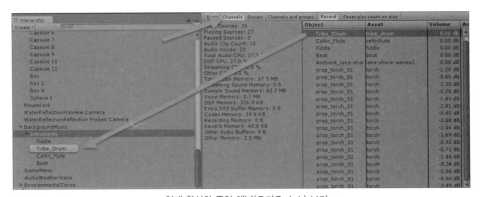

▲ 현재 활성화 중인 채널(오디오 소스) 보기

7. 이 탭은 최근에 활성화된 채널이나 오디오 소스를 보여줄 것이다. 목록으로 돌아가 Hierarchy 창에서 강조된 오브젝트를 더블클릭한다. 해당 오브젝트를 선택한 다음 Inspector 창에서 비활성화한다. 목록을 살펴보면서 퍼포먼스에 가장 큰 영향을 끼치는 채널을 알아둔다. 모든 채널을 비활성화했을 때 Profiler 창은 다음과 같다.

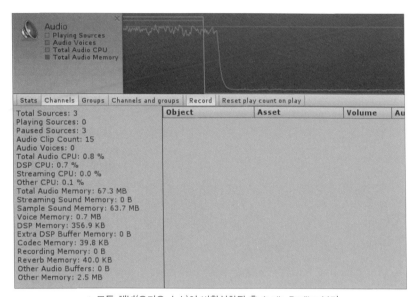

▲ 모든 채널(오디오 소스)이 비활성화된 후 Audio Profiler 보기

8. 원한다면 아이템 목록으로 다시 돌아가 씬을 멈추고 다시 시작할 수 있다. 유니티가 실행되고 있을 때 게임오브젝트의 변경 작업들은 모두 리셋된다는 점을 기억해두자. 문제가 될 수 있는 소스와 그룹 이펙트의 목록을 확인한 다음 씬을 멈춘다.

놀라운 점은 4개의 악기가 실제로 DSP CPU 절반 이상을 소모시킨다는 것이다. 이것은 6장 'FMOD 소개'에서 다뤘던 어댑티브 음악의 버티컬 리믹싱 때문인데, 어댑티브하고 다이내믹한 오디오는 CPU를 소모시킨다. 여기에 대해서는 FMOD와 관련해 나중에 더 살펴보기로 하자.

오디오 소스를 검토하고 이펙트를 바이패스하는 간단한 기술은 CPU 문제를 정의하는 데 도움이 되지만 오디오 메모리의 어디가 문제인지는 파악하기 힘들다. 다음 절에서는 그러한 메모리 문제와 CPU 퍼포먼스를 해결하는 기술을 살펴보자.

▌유니티에 맞는 오디오 최적화 팁과 트릭

이제 오디오 퍼포먼스 시스템을 분석하는 방법을 알았고, 잠재적인 문제를 더 쉽게 알아낼 수 있게 됐다. 하지만 모든 것이 항상 문제를 일으키는 것은 아니며, 오히려 이슈를 해결하려다가 다른 문제를 만들 수도 있다. 그러므로 지속적으로 다시 돌아가 최적화된 모든 오디오 시스템을 다시 분석해봐야 한다. 모든 팁이나 트릭이 예상했던 대로 적중하는 건 아니다.

앞에서 언급했듯이, 주된 목적은 오디오 시스템 메모리와 DSP CPU 사용 이펙트의 최적화에 있다. 그러므로 이 부분을 하위 절로 나누어 다음 절에서는 오디오 메모리 최적화에 대해 알아보자.

메모리 최적화 팁과 트릭

앞에서는 오디오 메모리의 고정 사용을 살펴봤고 결과가 좋았다. 하지만 만약 같은 게임을 모바일 플랫폼에 배포하고 메모리를 줄여야 한다면 어떻게 해야 할까? 다행히 오디오 클립의 메모리 공간을 줄이기 위한 몇 가지 트릭이 있다. 다음 예제를 통해 여러 가지 옵션과 트레이드오프에 대해 알아보자.

1. 유니티를 열고 Project 창에서 Assets/Audio/Ambient 폴더를 연다. 그리고 lake-shore-waves2 오디오 클립을 선택한다. Inspector 창을 선택하고 다음과 같이 Load Type을 Streaming으로 바꾼다.

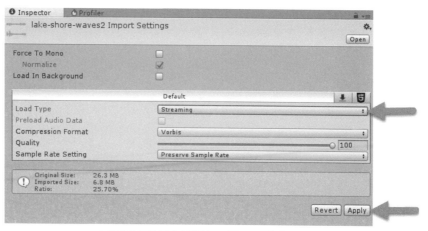

▲ 오디오 클립 리소스에서 Load Type 바꾸기

2. 그리고 **Apply**를 클릭해 리소스를 수정한다. Project 창의 Assets/Audio/Music 폴더에서 viking_music 클립을 찾는다. 이전의 클립에서 한 것처럼 클립을 선택하고 **Load Type**을 Streaming으로 바꾼다.

3. 플레이를 눌러 씬을 작동시키고 **Profiler** 창을 연다. 이제 메모리 사용이 어떻게 절반 이상 줄었는지 확인한다. **Streaming CPU** 통계치는 다음과 같이 전체 CPU 사용에 영향을 미치는 값을 나타내고 있는지 확인한다.

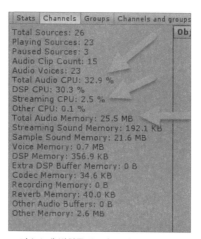

▲ 리소스에 변화를 준 뒤 오디오 시스템 분석

그림에서 볼 수 있듯이 메모리 사용을 절반 이상 줄이면 CPU 사용이 늘어나는데, 이것은 알 아둬야 하는 트레이드오프 중 하나다. 이 경우에 스트리밍으로 리소스를 수정하는 것은 좋지 않을 수 있다.

4. 스트리밍으로 수정한 각 오디오 클립 리소스로 돌아가서 Decompress On Load 로 재설정하고 다음과 같이 설정을 바꾼다.

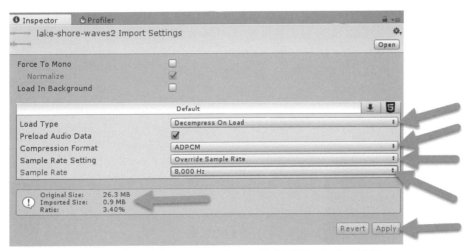

▲ 오디오 클립을 Decompress On Load로 재설정하고 Quality 낮추기

5. Apply 버튼을 클릭하고 Imported Size가 어떻게 바뀌는지 살펴본다. 그리고 2개 의 클립에 적용한다.

이것은 가능한 한 파일 크기를 줄여보려는 예제다. 대부분의 경우, 샘플 비율을 그 정도로 줄 이고 싶지는 않을 것이다.

6. 씬을 계속 작동시키면서 Profiler 창을 가져오자. 이제 오디오 메모리 사용은 이전 의 절반 정도이며 스트리밍 CPU 사용은 없다. 여기서 트레이드오프는 오디오 품질이 떨어진다는 점이다. 품질이 감소된 이전과 이후의 파도 소리를 들어보면

다른 오디오 연주와의 차이점을 구별하기 어려울 것이다.

7. Project 창의 Assets/Audio/Direct 폴더에서 grunt 오디오 클립을 찾아 선택한다. 그리고 Inspector 창에서 Compression Format을 PCM으로 바꾸고 Apply를 클릭한다. 다음 샘플에서 Imported Size가 어떻게 바뀌었는지 확인한다.

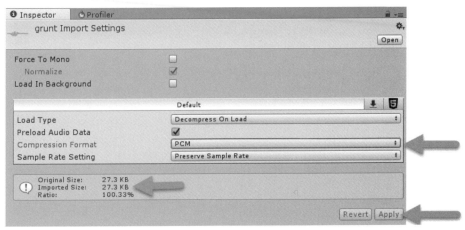

▲ grunt 오디오 클립의 압축 설정 변경

> grunt 사운드 이펙트처럼 다른 압축 포맷을 이용해 오디오 클립을 전환하는 것은 메모리 사용을 줄이는 좋은 방법이다. 이 클립을 가져왔을 때 보비스(Vorbis)의 디폴트를 사용한다. 보비스는 중간의 긴 연주 클립에 알맞은 포맷이지만 짧은 클립에는 맞지 않는다.

8. 씬을 다시 작동시키고 오디오 메모리에 변화가 있는지 살펴본다.
9. 테스트를 마치면 씬을 멈춘다.

오디오 리소스의 메모리 공간을 줄일 수 있는 방법들을 알아봤다. 오디오 리소스의 메모리와 CPU 사용을 줄일 수 있는 전략들이 더 있지만, 그것들을 언제 사용하고 어떤 타입의 오디오에 사용할지를 조절할 수 있어야 한다. 예를 들어 특정한 타입의 오디오는 다른 전략에 맞추어 잘 작동하기도 하므로, 다음 표에서 이러한 유형들을 정리해봤다.

리소스 타입	사용	전략	주의할 점
주변 사운드와 음악	지속적으로 플레이하며 중간부터 긴 길이에 사용	**로드 타입**: 스트리밍 **압축 포맷**: 보비스	디스크에서 리소스를 지속적으로 로드한다. CPU 스트리밍 대가로 메모리 공간이 적다. 오디오 클립이 크고 지속적으로 플레이할 때 작동을 잘한다.
주변 사운드와 사운드 이펙트, 악기, 음악, 또는 보컬	드물게 플레이하지만 재생이 빠르며, 중간부터 긴 길이에 사용	**로드 타입**: 메모리에서 압축 **압축 포맷**: 보비스 **품질**: 100 이하	메모리에서 오디오 클립을 압축한다. CPU 대가로 메모리 공간이 감소한다. 중간부터 큰 오디오 클립은 드물지만 빠르게 플레이하는 것이 좋다.
주변 사운드와 음악	오디오 품질은 중요하지 않으며 중간부터 긴 길이에 사용	**로드 타입**: 로드에서 압축 **압축 포맷**: PCM이나 ADPCM **샘플 비율 설정**: 샘플 비율 재지정	디스크 공간과 메모리를 저장하기 위해 오디오 품질을 낮춘다. 플랫폼 배포 크기를 줄여야 할 때 예비 전략으로 사용한다. 오디오와 그것의 사용에 따라 좋은 옵션이 될 수 있다.
사운드 이펙트 또는 악기 루프	빈번하게 플레이되며 짧은 길이에 사용	**로드 타입**: 로드에서 압축 **압축 포맷**: PCM	PCM은 압축 없이 로드하고 매우 빨리 플레이된다. 대부분의 경우, 이 설정을 이용해 가져온 짧은 클립을 수정하길 원한다.
사운드 이펙트 또는 악기	빈번하게 플레이되지만 중간부터 긴 길이에서 사용	**로드 타입**: 메모리에서 압축 **압축 포맷**: ADPCM	ADPCM은 PCM보다 3~4배 작은 파일을 만든다. 파일은 메모리에서 압축되면서 플레이할 때 CPU를 소모하지만 보비스보다는 적다. 어댑티브 음악 버티컬 리믹스에서 사용했던 4개의 악기 반복 사운드에 이 설정을 사용해본다.
사운드 이펙트	드물게 플레이되며 짧은 길이에 사용	**로드 타입**: 메모리에서 압축 **압축 포맷**: ADPCM	파일은 드물게 연주되기 때문에 압축을 사용해 플레이할 때 CPU 패널티를 적게 받도록 하는 것이 효율적이다.

게임 메모리 사용을 향상하기 위해 위의 표를 가이드로 사용해 리소스 오디오 클립 설정을 조정해보자. 어떤 전략을 이용해야 할지 헷갈린다면, 두 가지 방법을 같이 시도해보고 결과를 분석한다. 독립된 씬에서 오디오 클립 설정을 분석하면 도움이 되는 경우도 있다. 그렇게 함으로써 어떤 변화를 주어야 할지 결정하기가 용이해진다. 다음 절에서는 더 나은 퍼포먼스를 위해 이펙트를 최적화하는 방법을 알아볼 것이다.

이펙트 최적화 팁과 트릭

앞의 분석 예제에서 믹싱 이펙트와 다른 신호 처리의 결과인 DSP CPU가 중요한 부분임을 알게 됐다. 지난 절에서 봤던 메모리 최적화 전략과는 달리, 이펙트 최적화 전략은 간단하지가 않다. 대부분의 경우 이펙트 퍼포먼스에 문제가 있다면 문제가 되는 이펙트를 전체적으로 제거해야 할 수도 있다. 또 다른 방안은 리퍼^{Reaper}나 FMOD 같은 DAW 툴을 선택하는 것이다.

문제가 되는 이펙트를 어떻게 정의하고 비활성화하는지는 이미 살펴봤으므로, 다음 표에 나온 오디오 믹서 이펙트의 표준 목록에 중점을 두고 최적화 퍼포먼스에 맞는 팁과 트릭을 알아보자.

이펙트 타입	예	팁/트릭	주의할 점
3D 입체	오디오 소스 3D 스페셜라이저(spatializer) 오큘러스(Occulus) 스페셜라이저	이 이펙트를 사용해 오디오 소스의 수를 제한한다. 오디오 소스 3D 사운드 설정에서 최대 거리를 더 낮은 값으로 변경한다.	대부분의 개발자는 이 이펙트가 DSP를 필요로 한다는 사실을 잊어버린다. 표준 오디오 소스에 맞게 최대 거리 디폴트를 500으로 설정하고 싶지 않을 것이다. 이펙트 거리가 커질수록 DSP 소모가 커진다.
주파수 필터	로우패스(Lowpass, 심플) 하이패스(Highpass, 심플) ParamEQ	이펙트의 사용을 스크립트 제어로 제한한다. 리소스로 가져오기 전에 오디오에 균형을 잡고 걸러낸다.	이것은 상태가 좋지 않은 오디오 리소스를 개선하기 위한 방법으로 남용될 수 있다. 다이내믹 스크립팅이나 버티컬 리믹싱에 유용한 이펙트다.
딜레이	SFX 리버브(SFX Reverb) 에코(Echo) 코러스(Chorus) 플랜지(Flange)	단일 딜레이 이펙트로 복수 그룹을 리턴으로 전송한다. 가능하면 믹스당 딜레이 이펙트 사용을 한 번으로 제한한다.	일반적으로 가장 비용이 많이 드는 이펙트이고 SFX 리버브가 가장 비싸다. 되도록 적게 사용하도록 하며 여러 그룹은 같은 이펙트를 통해 보낸다.
압축	노멀라이즈(Normalize) 압축기(Compressor) 덕 볼륨(Duck volume)	가능할 때 이펙트를 리턴으로 전송한다.	보컬이나 기타 사운드를 수정하기 위해 압축기와 노멀라이즈를 사용한다면, 가져오기 전에 다른 DAW로 오프라인에서 작업하게 한다. 덕 볼륨은 가격이 비싸기 때문에 가능하면 여러 그룹을 같은 이펙트로 전송한다.

(이어짐)

이펙트 타입	예	팁/트릭	주의할 점
바이패스	Send Receive	여러 그룹을 같은 이펙트로 처리하는 데 유용하다.	Send 이펙트는 신호를 복제하고 추가적인 DSP 사용을 만든다. 하지만 여러 소스를 딜레이 이펙트로 전송하면 좋은 교환이 된다.
스냅샷	스냅샷(Snapshot)	파라미터가 설정된 개수를 스냅샷 내에서 필요한 만큼으로 제한한다.	여러 파라미터를 갖고 있고 비선형 전환 메소드를 선택했다면 스냅샷의 전환에 비용이 많이 들 것이다.

위의 표를 꼼꼼히 살펴보고 이펙트 퍼포먼스를 분석하는 데 참고하자. 믹서 내에서 믹스를 만들 때 퍼포먼스에 영향을 주는 이펙트들을 이해하는 데 도움이 될 것이다. 스냅샷 부분에서 전환 작업이 중요함을 말하고 있지만 분석할 때는 잘 보이지 않는다. 스냅샷 전환을 분석할 수 있는 유일한 방법은 컴포넌트 제어를 비활성화하고, 퍼포먼스에 대한 이펙트를 모니터링하는 것이다.

 이펙트를 수정하거나 제거하기 전에 DSP 퍼포먼스가 실제로 문제가 있는지 아는 것이 중요하다. 이것을 모니터하기 위해 DSP 사용이 고점을 찍을 때 렌더링 프레임 비율이 어떻게 나오는지 살펴본다. 프레임 비율이 떨어지면 문제가 있을 가능성이 높다. 어떤 부분에서 그것은 렌더링, 물리, AI, 오디오 사이에 우선순위를 두는 균형 잡기로 볼 수 있다.

다음 절에서는 오디오 시스템으로 FMOD를 사용할 때 퍼포먼스를 어떻게 분석하고 최적화하는지 알아보자.

▌ FMOD 퍼포먼스와 최적화

6장과 7장에서 다뤘던 오디오 시스템인 FMOD 스튜디오는 유니티 외부에 있다. 그리고 유니티는 핵심 오디오 시스템으로 FMOD를 사용한다. 그러므로 우리가 앞서 논의했던 최적화 전략 대다수는 FMOD 스튜디오로 작업할 때도 똑같이 적용할 수 있다. 여기서는

FMOD로 분석하는 방법과 퍼포먼스를 최적화하기 위해 어느 부분의 설정을 조정해야 할지 알아보겠다.

이제 FMOD 스튜디오로 작업할 것이므로 6장 'FMOD 소개' 와 7장 '다이내믹하고 어댑티브한 오디오를 위한 FMOD'를 검토해보길 바란다.

다음 설명을 따라 유니티와 FMOD 프로젝트의 설정을 시작해보자.

 7장의 마지막까지 작업했다면 수정하지 말고, 다음 예제로 넘어간다.

1. 유니티를 열고 'GameAudio_FMOD'라는 새 프로젝트를 만든다.

2. 메뉴에서 Window > Asset Store를 선택한다. 스토어 페이지를 열어 Viking Village 유니티 애셋을 찾고 다운로드하거나 가져온다.

3. 메뉴에서 Assets > Import Package > Custom Package를 선택하고 이전에 FMOD에서 다운로드했던 FMOD 유니티 통합 패키지를 찾는다. 패키지를 찾을 수 없다면, FMOD.com으로 가서 로그인하고 패키지를 다운로드한다.

 유니티 프로젝트로 FMOD 유니티 통합 패키지를 설치한다.

4. 메뉴에서 Assets > Import Package > Custom Package를 선택하고 가져오기 대화창을 이용해 Chapter_11_FMOD 폴더를 연다. 그런 다음 Chapter_11_FMOD.unitypackage를 선택해 가져온다.

5. 소스 코드의 Chapter_11_FMOD에서 찾는 것은 GameAudio_FMOD라는 또 다른 폴더다. 전체 폴더를 유니티 GameAudio_FMOD 프로젝트 폴더로 복사한 다음, 프로젝트 폴더의 내용은 다음과 같다.

▲ GameAudio_FMOD 폴더를 유니티 프로젝트 폴더로 복사

6. FMOD 스튜디오를 시작하고 메뉴에서 File ➤ Open을 선택한다. 대화창을 이용해 복사했던 폴더를 찾아서 열고, GameAudio_FMOD.fspro를 선택해 FMOD 스튜디오에서 연다.

7. 메뉴에서 File ➤ Build를 선택해 프로젝트를 만든다.

8. 유니티로 돌아와 메뉴에서 FMOD ➤ Edit Settings를 선택하고 Studio Project Path를 설정한다. Browse 버튼을 이용해 FMOD 프로젝트를 찾아 다음과 같이 설정한다.

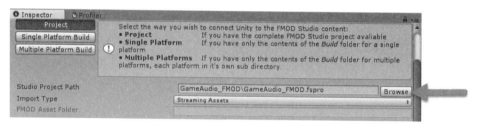

▲ FMOD 설정에서 Studio Project Path 설정

9. Project 창에서 Chapter_11_FMOD 씬을 찾아 더블클릭해 로드한다. 이제 예상대로 모든 것이 동작하는지 씬을 실행하고 테스트해보자.

프로젝트를 설치한 다음, 아래 설명을 따라 퍼포먼스 최적화 전략을 분석하고 실행하는 방법을 살펴보자.

1. 씬을 작동시키면 FMOD Studio Debug 오버레이는 자동으로 Game 뷰 내에 보인다. 다음 그림과 같다.

▲ 퍼포먼스 분석 통계치를 보여주는 FMOD 스튜디오 디버그 오버레이

> ℹ️ 이 창에서 유니티 오디오 시스템을 작동시키는 프로젝트로 값을 직접 비교하지 않도록 한다.
> FMOD 프로젝트에서도 모든 이펙트와 주변 사운드를 구현하지는 않았기 때문이다.

2. 메뉴에서 Window > Profiler를 선택해 Profiler를 연다. Audio 패널을 다시 선택해 통계치를 확인해보면 모든 것이 최소 레벨에서 작동하고 있음을 알 수 있다. 대부분의 경우 이미 알고 있듯이 FMOD는 유니티 오디오 시스템 외부에서 작동하고 있다.

3. 유니티에서 씬을 작동하면서 FMOD를 연다. FMOD 메뉴에서 Window > Profiler를 선택하면 Profiler 창이 열린다. Profiler 창으로 바꾸고 메뉴에서 File > Connect to Game을 찾으면 Connect to Game 창이 뜬다. 디폴트를 이용해 Connect 버튼을 클릭한다. 녹음을 클릭하기 전까지 아무 일도 일어나지 않을 것이다.

4. 다음 그림과 같이 Record를 클릭해 Profiler가 활성화되면서 데이터를 모으기 시작하는 것을 지켜보자.

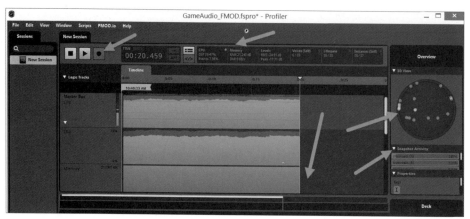

▲ 게임에서 퍼포먼스 통계치를 캡처한 FMOD Profiler 창

> 많은 정보가 수집되는데 어려워하지 않아도 된다. 기억해야 할 점은 여기에 있는 통계치가 유니티 통계치와 유사하다는 것이다.

5. 게임이 작동하는 것을 인터페이스를 통해 지켜보자. 언제든 유니티로 돌아갈 수 있고, 퍼포먼스의 변화를 확인할 때는 Profiler 창으로 돌아가 씬을 돌아다닐 수 있다. 여러 개의 모니터를 이용하거나 유니티와 FMOD 창을 동시에 열어놓으면 작업이 용이하다.

6. 분석을 마치면 유니티에서 씬을 멈추고, FMOD Profiler에서 분석 세션을 멈춘다.

FMOD Profiler에 대한 세부사항을 모두 검토할 여유가 없기 때문에 잠재적인 문제점을 바로 찾아주는 유용한 분석 방법이 있다. 분석 세션으로 돌아가 각 트랙을 살펴보면, 다음과 같이 트랙 중의 하나가 특히 사용량이 높음을 확인할 수 있을 것이다.

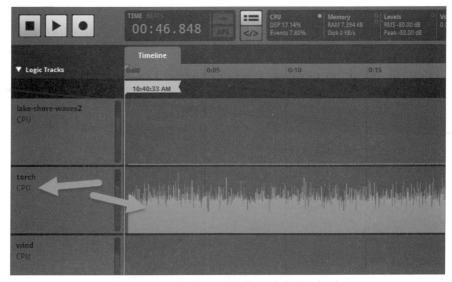

▲ 가능한 퍼포먼스 이슈를 나타내는 토치의 분석 퍼포먼스

토치는 공간 이펙트를 사용하는데 CPU 사용이 왜 이렇게 높을까? 유니티에서는 이것이
문제가 되지 않았으므로 아래의 토치 이벤트를 확인해보자.

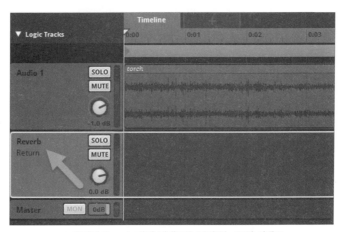

▲ 추가된 Reverb 리턴 이펙트를 보여주는 토치 이벤트

이 이벤트를 잠시 살펴보면 Reverb 이펙트가 주범임을 알 수 있다. 앞에서 봤던 최적화 전략에서는 리버브 같은 딜레이 이펙트를 남용하지 않도록 주의해야 한다는 부분이 있었다. 하지만 여기서는 단일 토치 이벤트마다 리버브 이펙트를 적용했다. 이것을 해결하기 위한 간단한 방법은 Reverb 이펙트를 제거하고 그룹 믹서를 통해 적용하는 것이다. 어떻게 작업해야 할지 고민해보길 바란다.

이번 절을 마치기 전에 다음 설명에 따라 오디오 리소스를 관리하는 방법을 알아보자.

1. FMOD Event Viewer를 열고 Assets 탭을 선택하면 프로젝트 애셋의 목록과 리소스를 관리하는 방법에 대한 요약을 보여줄 것이다. 토치 애셋을 클릭하고 다음과 같이 패널 하단의 설정을 살펴보자.

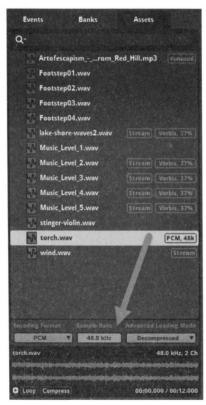

▲ Assets 패널에서 프로젝트 오디오 리소스 검사

2. 여기에 나오는 것은 오디오 리소스의 최적화 옵션과 같다. 새로운 리소스를 추가하면 FMOD가 디폴트 설정으로 선택하는 옵션을 잘 실행하는 것을 알 수 있다. 이제는 앞에서 언급했던 최적화 전략을 이용해 설정을 재지정할 수 있다.

FMOD 퍼포먼스에 대해 아직 다룰 내용이 많지만, 지금까지 작업했던 부분으로도 시작하는 데 도움이 됐을 것이다. 이제 문제 해결 팁을 알아보면서 마무리해보자.

 퀴즈

다음 질문에 답해보자.

짧고 빈번하게 플레이되는 오디오 리소스에는 어떤 타입의 압축을 사용해야 할까?

a) ADPCM

b) 보비스(Vorbis)

c) PCM

d) MP3

길게 작동하는 오디오 클립에는 어떤 로드 타입이 맞을까?

a) 메모리에서 압축

b) 보비스(Vorbis)

c) 로드에서 압축 해제

d) 스트리밍(Streaming)

DSP가 의미하는 것은 무엇인가?

a) Digital Sound Processing

b) Dynamic Sound Processing

c) Dynamic Signal Processing

d) Digital Signal Processing

정답은 11장의 마지막에 나와 있다.

오디오 문제 해결

이 절에서는 책에 나오는 예제로 작업하면서 겪을 문제에 대한 해결책을 주려고 한다. 그리고 앞으로 개발할 게임의 참고자료가 될 수도 있을 것이다. 다음 표에는 앞으로 자주 만나게 될 문제들이 나와 있고, 답을 구해야 할 질문들이 제시되어 있다.

문제	해결해야 할 질문
오디오 소스로부터 사운드를 들을 수 없음	씬에 Audio Listener가 추가됐는가? Audio Source 또는 게임오브젝트가 가능한가? Audio Clip 파라미터가 설정됐는가? Play on Awake가 가능하거나 스크립트에서 소스가 플레이되는가? 볼륨이 최대로 설정되어 있는가? 아웃풋이 활성화 믹싱 그룹으로 설정되어 있는가? 소스의 3D 사운드 설정 범위에 Audio Listener가 있는가? 소스가 음소거 믹싱 그룹으로 나오는가? 리소스에서 오디오를 플레이하고 설정 뷰를 가져올 수 있는가?
믹싱 그룹으로부터 오디오 아웃풋을 들을 수 없음	믹싱 그룹이 음소거되어 있는가? 또 다른 오디오 그룹은 단독인가? 볼륨 또는 감쇠가 최대로 올라가 있는가? 믹싱 그룹은 다른 그룹(마스터나 부모)으로 전송되는가? 오디오는 덕 볼륨(Duck Volume) 같은 이펙트로 인해 음소거되는가?
믹싱 그룹에 적용되는 이펙트를 들을 수 없음	이펙트 설정이 알맞은 순서로 되어 있는가? 이펙트는 SFX 리버브 또는 덕 볼륨 같은 리턴 신호나 피드백을 필요로 하는가? 이펙트 파라미터가 정확하게 조정되어 있는가? Receive 이펙트의 앞뒤로 이펙트가 설정되어 있는가?
FMOD 스튜디오 이벤트 이미터(Studio Event Emitter)를 들을 수 없음	씬에 FMOD 스튜디오 이벤트 리스너가 있는가? FMOD 프로젝트가 만들어져 있는가? 이벤트명 FMOD가 알맞게 설정되어 있는가(이름을 재설정해야 하는가)? 파라미터 제어 볼륨을 설정해야 하는가? 믹스로 전송되는 신호가 음소거되어 있거나 다른 솔로 그룹에 의해 우회했는가? FMOD 설정 패널에서 Project Path와 Streaming Assets 폴더가 설정되어 있는가?

여전히 오디오에 문제가 있다면, 유니티 커뮤니티를 이용하는 것이 좋다. 그리고 FMOD 역시 새로운 질문에 대한 답을 찾을 수 있는 좋은 포럼 사이트가 있다.

 퀴즈 정답

짧고 빈번하게 플레이되는 오디오 리소스에는 어떤 타입의 압축을 사용해야 할까?

a) ADPCM

b) 보비스(Vorbis)

c) **PCM**

d) MP3

길게 작동하는 오디오 클립에는 어떤 로드 타입이 맞을까?

a) 메모리에서 압축

b) 보비스(Vorbis)

c) 로드에서 압축 해제

d) **스트리밍(Streaming)**

DSP가 의미하는 것은 무엇인가?

a) Digital Sound Processing

b) Dynamic Sound Processing

c) Dynamic Signal Processing

d) **Digital Signal Processing**

▌요약

11장에서는 게임 개발에서 항상 중요한 문제인 퍼포먼스를 다뤄봤다. 먼저 플랫폼에 맞추어 개발할 때 고려해야 할 사항들을 살펴보고, 유니티 분석기를 사용하는 방법과 오디오 퍼포먼스를 분석하는 방법을 알아봤다. 그리고 리소스와 이펙트를 최적으로 다루기 위해 필요한 전략들을 살펴봤다. FMOD 스튜디오로 FMOD 오디오 시스템을 분석하는 방법과 문제를 인식하고 해결하는 방법도 알아봤다. 마지막으로, 독자들이 예제를 접할 때나 앞으로 개발하면서 겪게 될 문제점들을 짚어보고 문제 해결에 대해 알아봤다.

유니티로 게임 오디오를 개발하는 여정이 끝이 났다. 다행히 게임에 적용할 수 있는 다양한 개발 기술들을 익힐 수 있었을 것이다. 게임 오디오의 다양한 부분을 다루고자 했지만, 사실상 책 한 권으로 모든 내용을 알기는 힘들다. 여기서 익힌 지식을 기반으로 하여 더 고급 주제로 나아가길 바란다. 게임 오디오의 다양한 분야와 오디오 개발에 대한 양질의 정보가 온라인에 넘쳐나므로 이를 통해 지식을 넓힐 수 있다. 앞으로 맡게 될 게임 개발과 사운드 디자인, 음악 상품에 있어서 성과를 거둘 수 있길 바란다.

찾아보기

에이콘출판의 기틀을 마련하신 故 정완재 선생님 (1935-2004)

유니티 게임 오디오 개발

게임 오디오의 기본 개념부터 오디오 및 이펙트 개발까지

발   행 | 2018년 10월 24일

지은이 | 마이클 랜햄
옮긴이 | 문 기 영

펴낸이 | 권 성 준
편집장 | 황 영 주
편   집 | 이 지 은
디자인 | 박 주 란

에이콘출판주식회사
서울특별시 양천구 국회대로 287 (목동)
전화 02-2653-7600, 팩스 02-2653-0433
www.acornpub.co.kr / editor@acornpub.co.kr

이 도서의 국립중앙도서관 출판시도서목록(CIP)은 서지정보유통지원시스템 홈페이지(http://seoji.nl.go.kr)와
국가자료공동목록시스템(http://www.nl.go.kr/kolisnet)에서 이용하실 수 있습니다.(CIP제어번호: CIP2018032929)

책값은 뒤표지에 있습니다.